高速公路旅客周转量

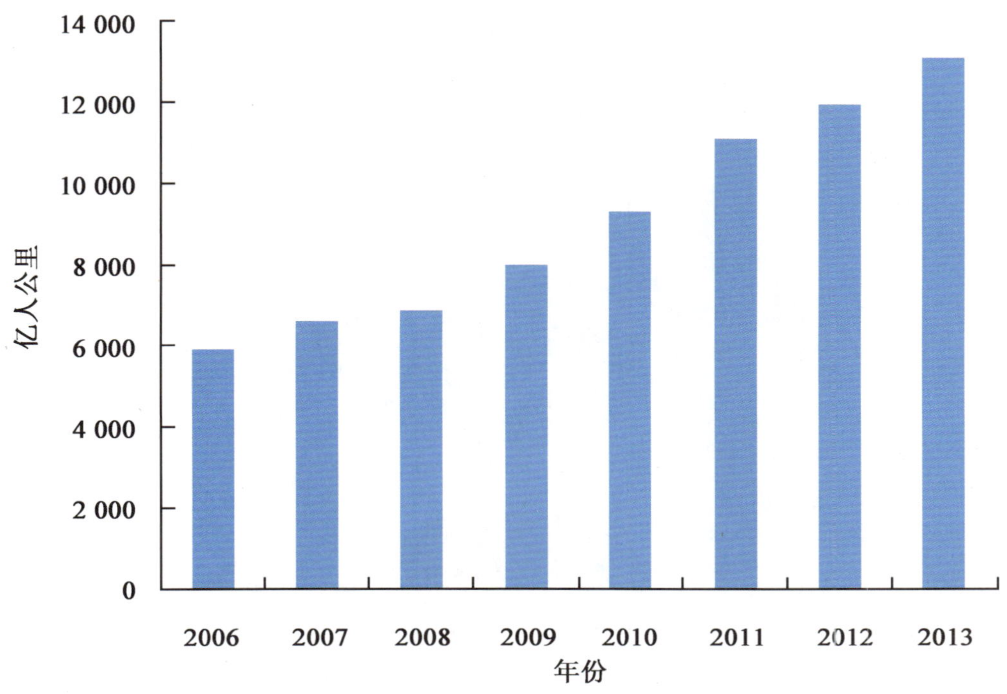

高速公路≥20座客车在全社会营业性客车旅客周转量中的比例

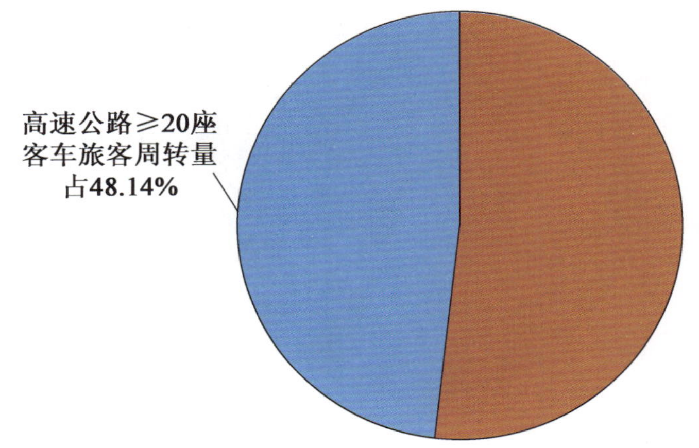

客车组成结构

≥8座客车车数
占7.22%
≤7座客车车数
占92.78%
≥8座客车客运量
占33.45%
≤7座客车客运量
占66.55%
≥8座客车旅客周转量
占44.35%
≤7座客车旅客周转量
占55.65%

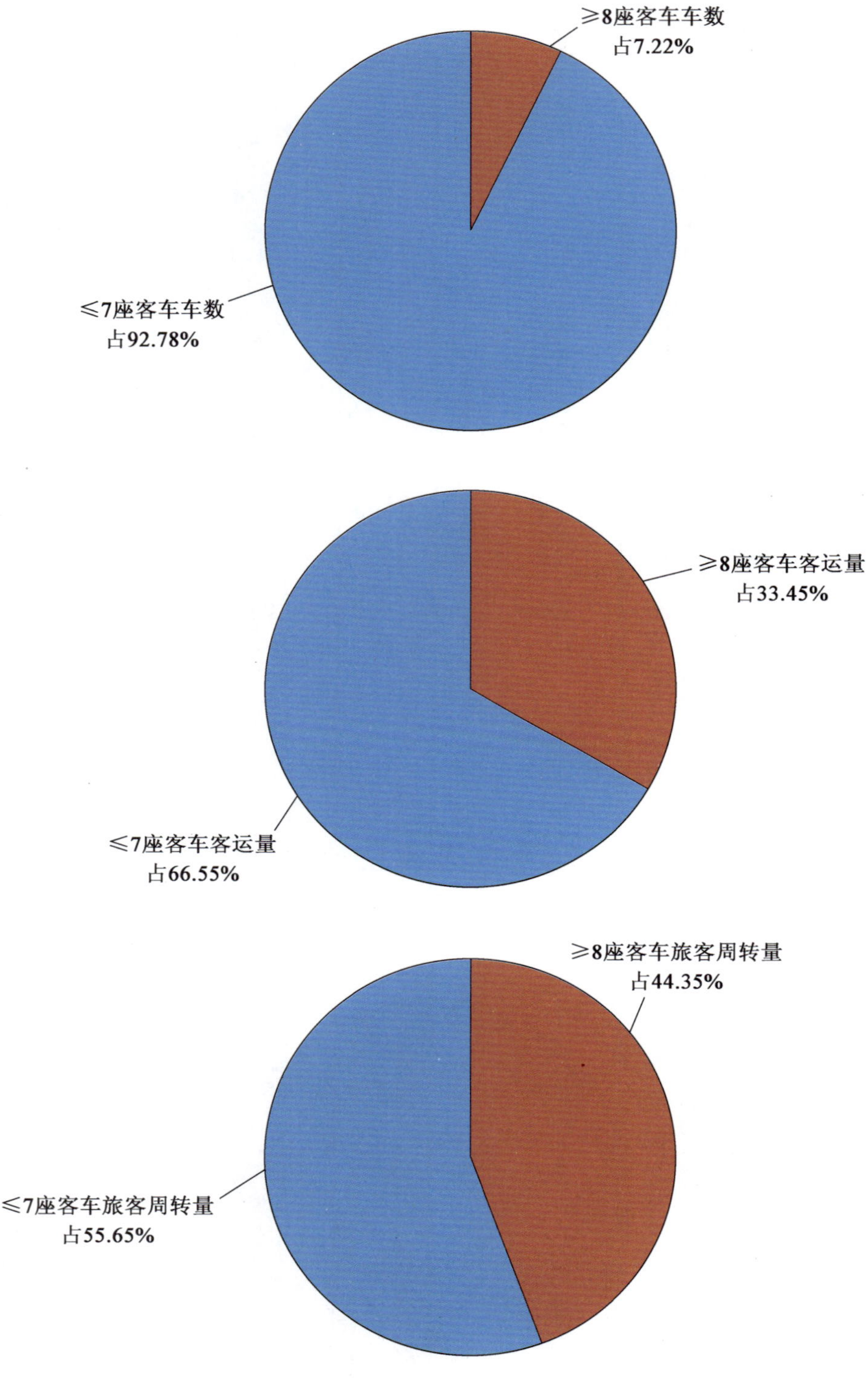

高速公路货物周转量

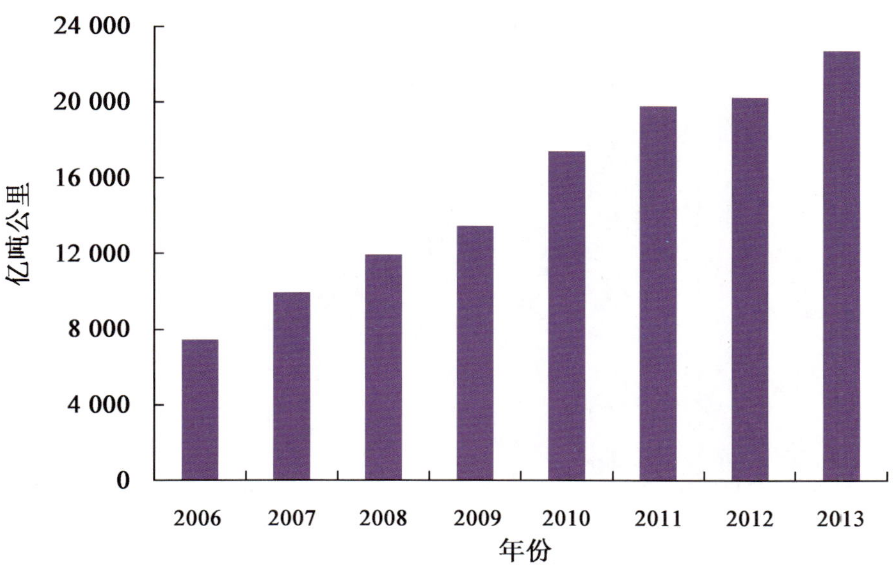

高速公路在全社会营业性货车货物周转量中的比例

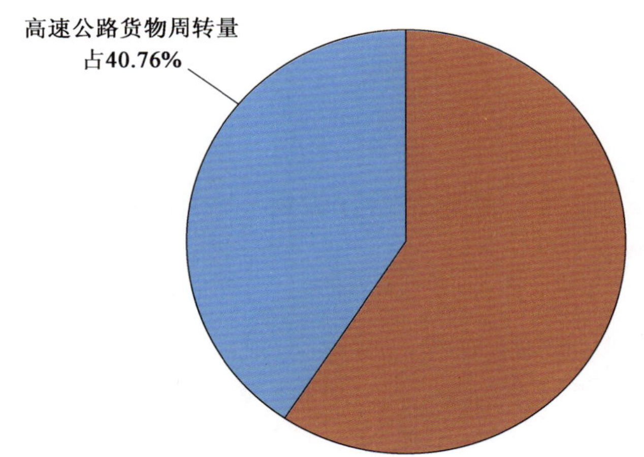

货车组成结构

车数构成

2轴货车
占43.42%
半挂列车
占41.66%
3轴、4轴单车
占14.92%

行驶量构成
2轴货车
占31.49%
半挂列车
占54.32%
3轴、4轴单车
占14.19%
货物周转量构成
2轴货车
占8.11%
3轴、4轴单车
占10.88%
半挂列车
占81.01%

高速公路行驶量

货车行驶
1 465.99亿车公里
占34.66%
客车行驶
2 763.622亿车公里
占65.34%

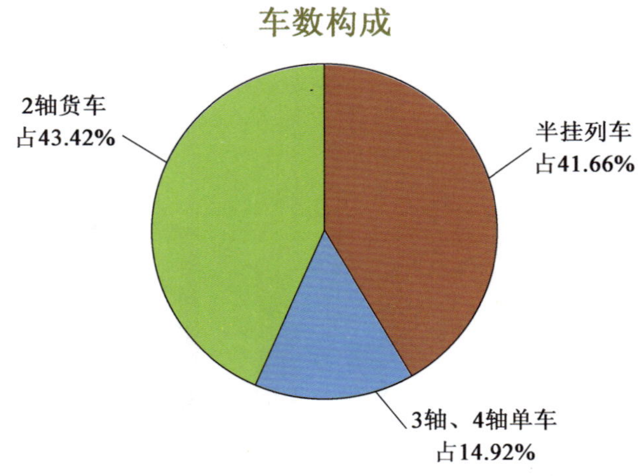

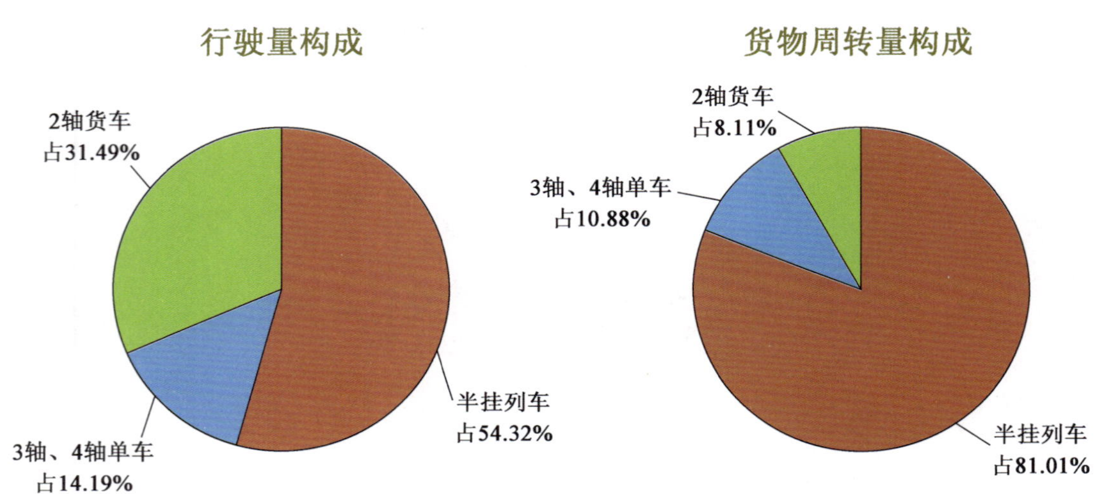

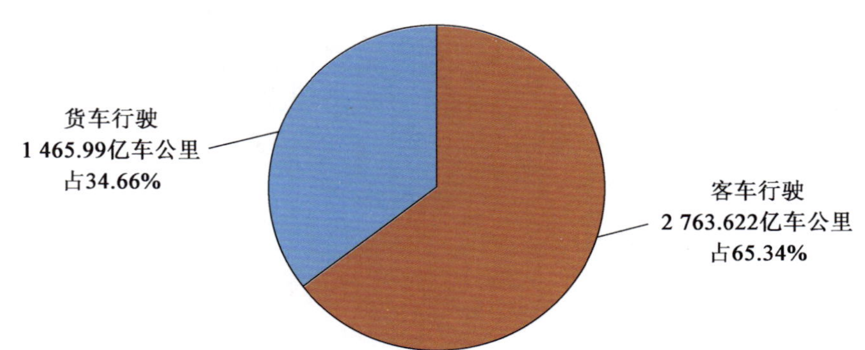

2013
中国高速公路
运输量统计调查分析报告

交通运输部综合规划司
长安大学运输科学研究院 编

人民交通出版社股份有限公司
China Communications Press Co.,Ltd.

内 容 提 要

2013年年底，我国高速公路通车里程104 438公里(不含港澳特别行政区和台湾省，下同)，占公路总里程的2.40%。完成了全社会公路营业性货物周转量40.79%、全社会公路营业性旅客周转量40.76%的运输任务。本报告发布了2013年中国高速公路运输量数据、高速公路安全运输状况和ETC系统应用情况，定量分析了我国高速公路近年来运输结构的变化，还对经济结构调整期间高速公路和铁路运输量的不同变化趋势进行了探讨。

本报告可以为高速公路的规划、设计以及相关科研工作提供重要的基础资料，为高速公路建设、管理、运营和养护提供决策依据。

图书在版编目(CIP)数据

2013中国高速公路运输量统计调查分析报告 / 交通运输部综合规划司，长安大学运输科学研究院编. — 北京：人民交通出版社股份有限公司，2014.10

ISBN 978-7-114-11797-8

I. ①2… II. ①交… ②长… III. ①高速公路—运输量—调查报告—中国—2013 IV. ①U492.2

中国版本图书馆CIP数据核字(2014)第241702号

2013 Zhongguo Gaosu Gonglu Yunshuliang Tongji Diaocha Fenxi Baogao

书　　名：**2013中国高速公路运输量统计调查分析报告**
著 作 者：交通运输部综合规划司　长安大学运输科学研究院
责任编辑：赵瑞琴
出版发行：人民交通出版社股份有限公司
地　　址：(100011)北京市朝阳区安定门外外馆斜街3号
网　　址：http://www.ccpress.com.cn
销售电话：(010)59757973
总 经 销：人民交通出版社股份有限公司发行部
经　　销：各地新华书店
印　　刷：北京市密东印刷有限公司
开　　本：880×1230　1/16
印　　张：13
插　　页：1
字　　数：356千
版　　次：2014年10月　第1版
印　　次：2014年10月　第1次印刷
书　　号：ISBN 978-7-114-11797-8
定　　价：68.00元
(有印刷、装订质量问题的图书由本公司负责调换)

编　委　会

编写领导小组

编　写　组

数据处理和运输分析组

陈荫三　李　彬　闫晟煜　李腾飞　刘　旋　郑帅广

邓　群　曹文娟　王剑梅

报告撰写组

陈荫三　李　彬

各省（区、市）统计组

李　彬　李腾飞　刘　旋　郑帅广　邓　群　曹文娟

王剑梅

文印组

李　彬　刘　博

编制工作参与单位

北京市交通委员会发展计划处

北京市首都公路发展集团有限公司

天津市市政公路管理局

天津市高速公路管理处

华北高速公路股份有限公司

天津高速公路集团有限公司

天津滨海新区高速公路投资发展有限公司

天津津滨高速管理有限公司

河北省交通运输厅综合规划处

河北省交通通信管理局

京沈高速公路联网收费联合结算中心

河北省高速公路管理局

山西省交通运输厅综合规划处

山西省高速公路管理局

内蒙古自治区交通运输厅规划处

内蒙古高等级公路建设开发有限责任公司

辽宁省交通厅综合规划处

辽宁省高速公路管理局

吉林省交通运输厅综合规划处

吉林省高速公路管理局

黑龙江省交通运输厅综合规划处

黑龙江省交通信息通信中心

哈尔滨太平国际机场收费站

黑龙江省交通科学研究所

上海市交通委员会

上海市路政局路网监测中心

江苏省交通运输厅综合计划处

江苏省高速公路联网运营管理中心

浙江省交通运输厅规划计划处	海南省交通运输厅综合规划处
浙江省公路管理局高速公路收费结算中心	海南省公路管理局养护科
安徽省交通运输厅综合规划处	重庆市交通委员会综合规划处
安徽省高速公路联网运营有限公司	重庆高速公路集团有限公司路网管理中心
安徽省交通运输联网管理中心	四川省交通运输厅综合规划处
福建省交通运输厅综合规划处	四川省交通运输厅高速公路监控结算中心
福建省高速公路有限责任公司	四川高速公路建设开发总公司
江西省交通运输厅综合规划处	贵州省交通运输厅综合计划处
江西省高速公路联网管理中心	贵州省高速公路管理局
山东省交通运输厅规划基建处	云南省交通运输厅综合规划处
山东省交通通信信息中心	云南省交通运输厅规费征收管理办公室
河南省交通运输厅综合规划处	云南省公路开发投资有限责任公司征费管理处
河南省高速公路联网监控收费通信服务有限公司	陕西省交通运输厅综合规划处
湖北省交通运输厅计划处	陕西省高速公路收费管理中心
湖北省高速公路联网收费中心	甘肃省交通运输厅综合规划处
湖南省交通运输厅计划统计处	甘肃省高速公路管理局
湖南省高速公路监控中心	宁夏回族自治区交通运输厅规划处
广东省交通运输厅综合规划处	宁夏交通信息监控中心
广东联合电子收费股份有限公司	青海省交通厅综合规划处
广东清连公路发展有限公司	青海省高等级公路建设管理局
广西壮族自治区交通运输厅规划计划处	新疆维吾尔自治区交通运输厅综合规划处
广西壮族自治区高速公路管理局	新疆维吾尔自治区公路管理局

目录 *Mulu*

第1章　高速公路运输态势分析

2013年年底，我国高速公路通车里程104 438公里(不含港澳特别行政区和台湾省，下同)，同比增长8.56%。

2013年我国高速公路行驶量4 229.61亿车公里，同比增长16.40%。实现货物周转量22 720.37亿吨公里，同比增长12.06%。实现旅客周转量13 112.42亿人公里，同比增长10.04%。

2013年我国高速公路占公路总里程的2.40%，实现的货物周转量占全社会营业性货车货物周转量的40.76%，同比增长6.71个百分点。高速公路上≥20座客车实现的旅客周转量占全社会营业性客车旅客周转量的48.07%，同比增长18.05个百分点。

2013年每万元国内生产总值(按现价计算)的高速公路货运量1.924 6吨，同比增加0.033 3吨。2013年我国平均每人在高速公路上乘车次数为10.693 2次，同比增加1.086 3次。

1.1　高速公路交通状况

2013年我国高速公路行驶量4 229.61亿车公里，其中货车行驶量1 465.99亿车公里，客车行驶量2 763.62亿车公里。

2013年我国高速公路车道里程461 284公里，日均车道交通量为2 327辆次，其中货车855辆次，客车1 640辆次。

逐年的行驶量增长状况以及日均车道交通量变化见表1.1。乘用车数量持续增长，推动日均客车车道交通量逐年增加。受经济结构调整影响，日均货车车道交通量有所回落。各省(区、市)日均车道交通量分布不均匀，见图1.1和图1.2。

高速公路交通状况　　表1.1

年份	2008	2009	2010	2011	2012	2013
车道里程(公里)	265 784	287 152	328 642	375 866	424 588	461 284
行驶量(亿车公里)	2 005.37	2 310.27	2 808.29	3 240.26	3 633.75	4 229.61
日均车道交通量(辆次)	2 067	2 203	2 341	2 361	2 327	2 495
货车(辆次)	877	873	957	888	818	855
客车(辆次)	1 190	1 330	1 384	1 473	1 509	1 640

2013年我国高速公路日均货车车道交通量855辆次。高于855辆次的有北京(1 817辆次)、山东(1 496辆次)、江苏(1 422辆次)、浙江(1401辆次)、河北(1218辆次)、上海(1 198辆次)、广东(1 192辆次)、海南(1 128辆次)、天津(1057辆次)、辽宁(915辆次)、江西(912辆次)、安徽(872辆次)、陕西(855辆次)共计13个省市。

2013年我国高速公路日均客车车道交通量1 640辆次。高于1 640辆次的有北京(5 403辆次)、江苏(3 342辆次)、广东(3 322辆次)、上海(3 030辆次)、浙江(2 893辆次)、四川(2 218辆次)、重庆(2 173辆次)、山东(2 003辆次)、海南(1 747辆次)、安徽(1 664辆次)共计10个省市。

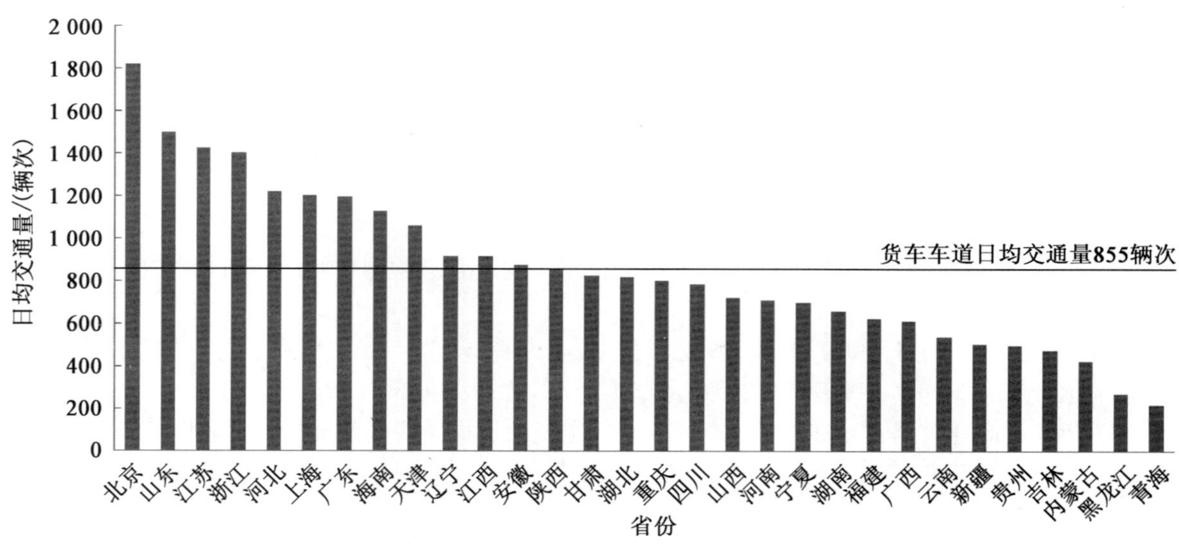

图 1.1 日均货车车道交通量分布

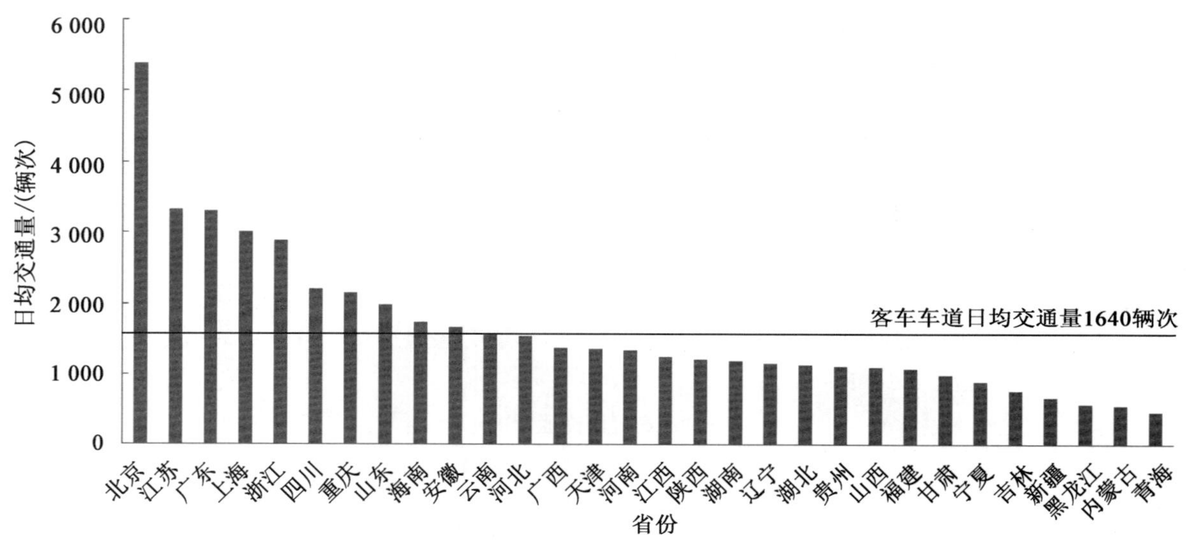

图 1.2 日均客车车道交通量分布

1.2 高速公路旅客运输状况

2013 年，高速公路旅客周转量达到 13 112.42 亿人公里，高于铁路的旅客周转量，相当于铁路旅客周转量的 119.34%。从 2009 年起高速公路旅客周转量高于铁路，见表 1.2 和图 1.3。

2006—2013 年旅客周转量趋势(以 2006 年为 100%) 表 1.2

年份	2006		2007		2008		2009		2010		2011		2012		2013	
	亿人公里	%	亿人公里	%	亿人公里	%	亿人公里	%	亿人公里	%	亿人公里	%	亿人公里	%	亿人公里	%
铁路	6 622	100.0	7 217	109.0	7 778	117.5	7 879	119.0	8 762	132.3	9 612	145.2	9 812	148.2	10 596	160.0
高速公路	5 901	100.0	6 591	111.7	6 850	116.1	7 978	135.2	9 293	157.5	11 087	187.9	11 916	201.9	13 112	222.2

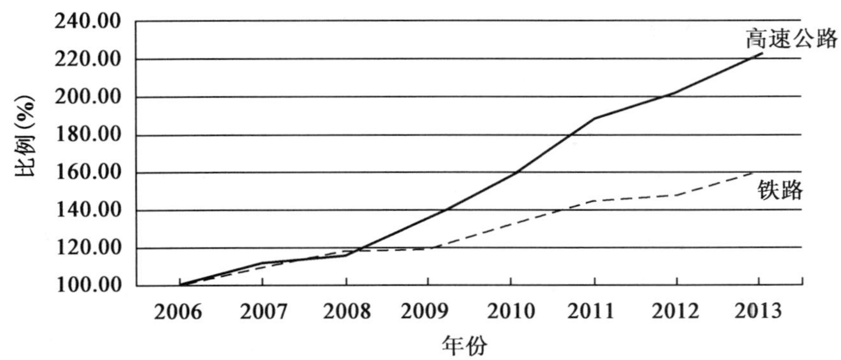

图 1.3　旅客周转量增长趋势(以 2006 年旅客周转量为基数)

1.2.1　乘用车旅客周转量比例过半

2013 年高速公路乘用车旅客周转量达到 7 297.06 亿人公里,同比增长 22.51%,占高速公路旅客周转量的比例为 55.64%,比 2012 年增加 5.65 个百分点。乘用车客运比例快速增长态势见表 1.3 和图 1.4。

高速公路客运中≤7 座客车客运比例　　表 1.3

年份	2006	2007	2008	2009	2010	2011	2012	2013
旅客周转量比例(%)	29.75	38.12	41.01	43.30	45.09	47.10	49.99	55.64
客运量比例(%)	41.07	46.54	48.54	53.94	56.56	60.09	63.64	66.55

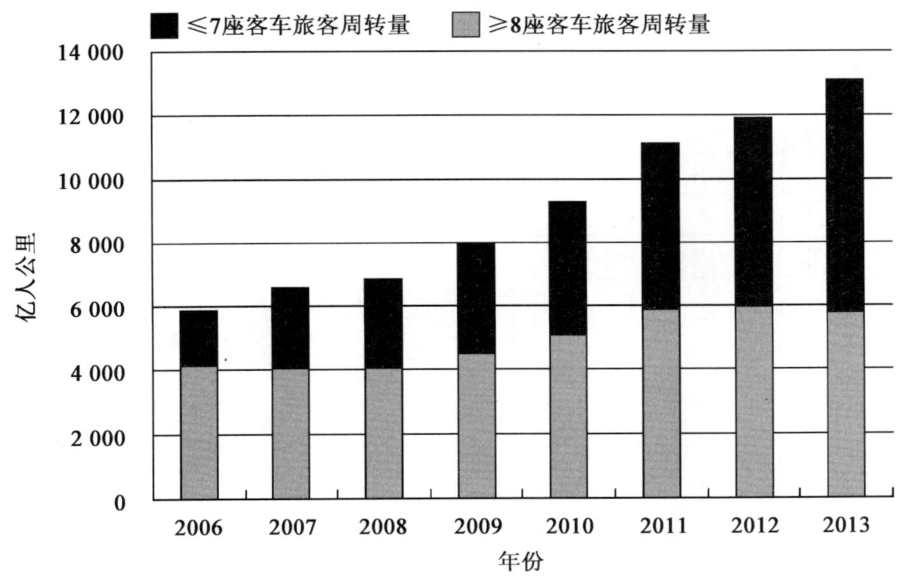

图 1.4　2006—2013 年高速公路旅客周转量

2013 年,高速公路上乘用车旅客运输密度(以下简称客运密度)为 698.70 万人公里/公里,比 2012 年增长 12.84%,见表 1.4 和图 1.5。

高速公路客运中≤7 座客车客运密度　　表 1.4

年份	2006	2007	2008	2009	2010	2011	2012	2013
客运密度(万人公里/公里)	387.20	466.04	465.82	530.99	565.40	614.79	619.18	698.70

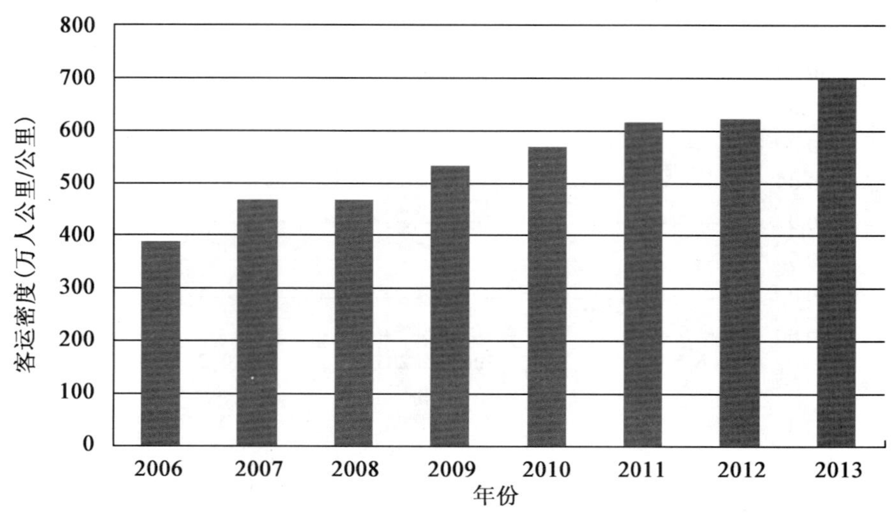

图 1.5　2006—2013 年高速公路≤7 座客车客运密度

1.2.2　≥20 座客车旅客运输量持续下降

受高铁分流的影响，2013 年高速公路上≥20 座客车旅客周转量 5 408.53 亿人公里，同比下降 2.45%。

2013 年高速公路≥20 座客车客运密度为 517.87 万人公里/公里，同比下降 10.14%，下降幅度略低于 2012 年，见表 1.5 和图 1.6。

高速公路客运中≥20 座客车客运密度　　表 1.5

年份	2006	2007	2008	2009	2010	2011	2012	2013
客运密度（万人公里/公里）	914.32	756.51	670.05	695.32	688.47	651.16	576.32	517.87

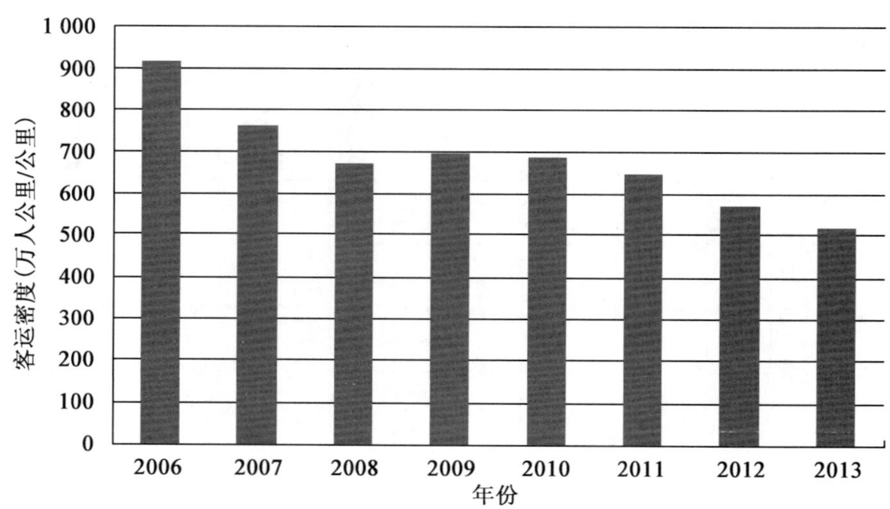

图 1.6　2006—2013 年高速公路≥20 座客车客运密度

1.3　高速公路货物运输状况

2013 年高速公路货物周转量达到 22 720.37 亿吨公里，同比增长 12.06%。高速公路货物周转量增幅高于铁路(−0.05%)和内河、沿海水运(8.60%)。随着宏观经济形势的回暖，高速公路货物周转量

增幅明显高于 2012 年的同比增幅。而受到经济结构调整影响，铁路货物周转量同比出现负增长。

2013 年度，我国高速公路货物周转量占全社会营业性货车货物周转量的 40.76%，比 2012 年度增长了 6.71 个百分点。相当于铁路货物周转量的 77.88%，大幅上升 8.41 个百分点；相当于内河和沿海水运货物周转量的 73.93%，增长 2.28 个百分点。

2006—2013 年货物周转量变化趋势如表 1.6 和图 1.7 所示。

2006—2013 年货物周转量趋势（以 2006 年为 100%）　　表 1.6

运输方式＼年份	2006 年		2007 年		2008 年		2009 年		2010 年		2011 年		2012 年		2013 年	
	亿吨公里	%	亿吨公里	%	亿吨公里	%	亿吨公里	%	亿吨公里	%	亿吨公里	%	亿吨公里	%	亿吨公里	%
铁路	21 954	100.0	24 214	110.3	25 106	114.4	25 239	115.0	27 644	125.9	29 130	132.7	29 187	132.9	29 174	132.9
内河和沿海水运	12 908	100.0	15 599	120.8	17 413	134.9	18 031	139.7	22 428	173.8	26 068	202.0	28 295	219.2	30 730	238.1
高速公路	7 458	100.0	9 970	133.7	11 981	160.6	13 517	181.2	17 452	234.0	19 802	265.5	20 275	271.9	22 720	304.6

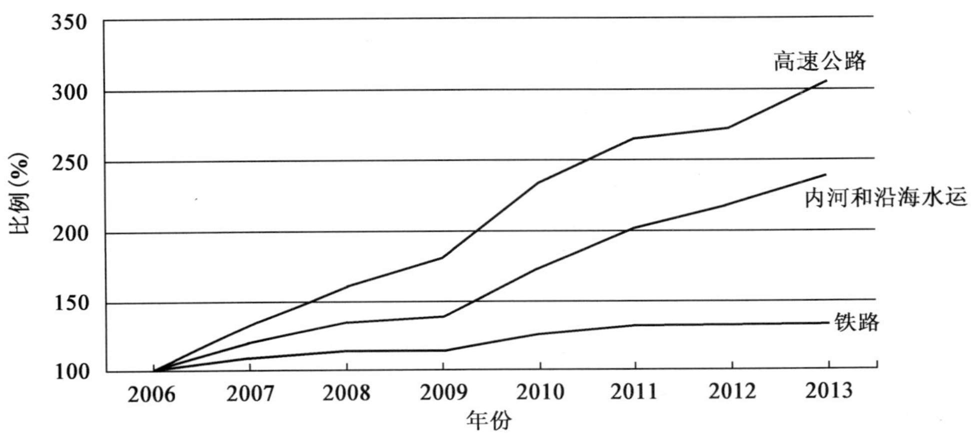

图 1.7　货物周转量增长趋势（以 2006 年货物周转量为基数）

2013 年货运密度为 2175.49 万吨公里/公里，比 2012 年增长 3.22%，见表 1.7 和图 1.8。

高速公路货运密度　　表 1.7

年份	2006	2007	2008	2009	2010	2011	2012	2013
货运密度（万吨公里/公里）	1 645.09	1 849.31	1 986.79	2 077.88	2 354.76	2 331.07	2 107.61	2 175.49

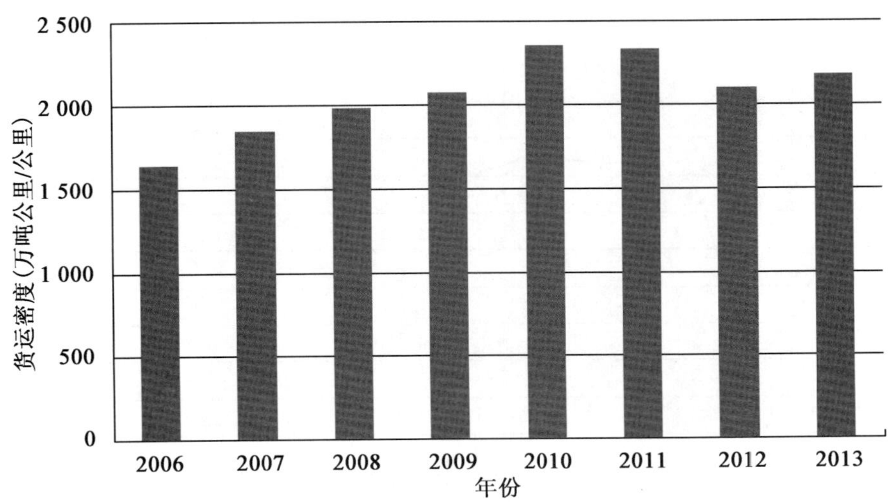

图 1.8　2006—2013 年高速公路货运密度

1.4　高速公路运输量的月度波动

1.4.1　货运月度波动

2013 年货物发送量、货物周转量和货物平均运距的月度波动如表 1.8～表 1.10 和图 1.9～图 1.11 所示。

2013 年货物发送量月度波动(以月均货物发送量为 100.00%)(%)　　表 1.8

月份		1月	2月	3月	4月	5月	6月	7月	8月	9月	10月	11月	12月
货物发送量	高速公路	89.04	39.06	99.55	100.07	107.01	101.85	105.09	108.74	113.54	114.28	112.38	109.38
	铁路	104.19	93.71	102.80	94.43	98.07	94.69	96.45	99.26	101.18	106.27	102.67	106.28

2013 年货物周转量月度波动(以月均货物周转量为 100.00%)(%)　　表 1.9

货物周转量＼月份	1月	2月	3月	4月	5月	6月	7月	8月	9月	10月	11月	12月
高速公路	94.53	39.56	104.13	103.57	105.43	98.60	99.62	104.54	112.44	113.89	112.40	111.28
铁路	105.77	91.29	104.68	95.96	97.26	93.90	95.77	99.15	100.61	105.53	103.45	106.62

2013 年货物平均运距月度波动(以月均货物平均运距为 100.00%)(%)　　表 1.10

货物平均运距＼月份	1月	2月	3月	4月	5月	6月	7月	8月	9月	10月	11月	12月
高速公路	106.16	101.28	104.61	103.50	98.53	96.81	94.79	96.14	99.02	99.66	100.02	101.74
铁路	101.52	97.41	101.83	101.62	99.18	99.17	99.30	99.89	99.44	99.30	100.76	100.33

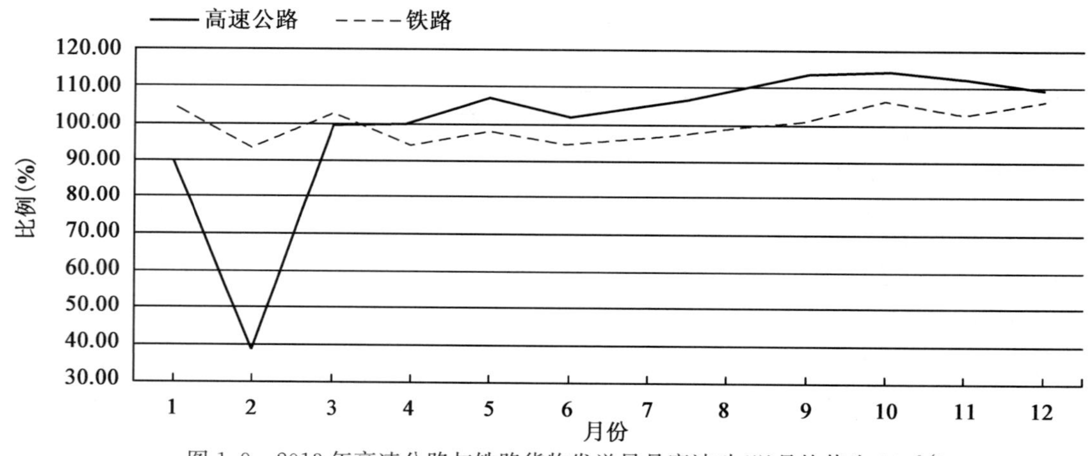

图 1.9　2013 年高速公路与铁路货物发送量月度波动(以月均值为 100%)

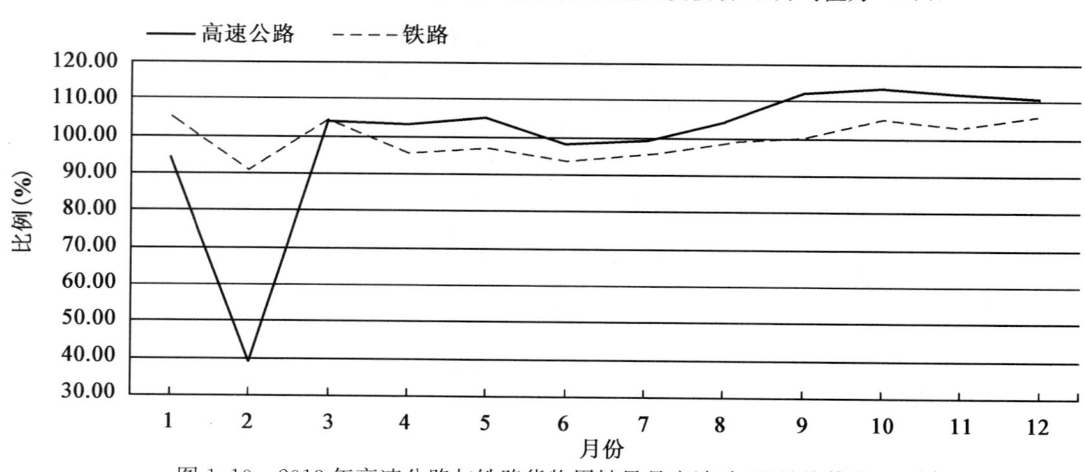

图 1.10　2013 年高速公路与铁路货物周转量月度波动(以月均值为 100%)

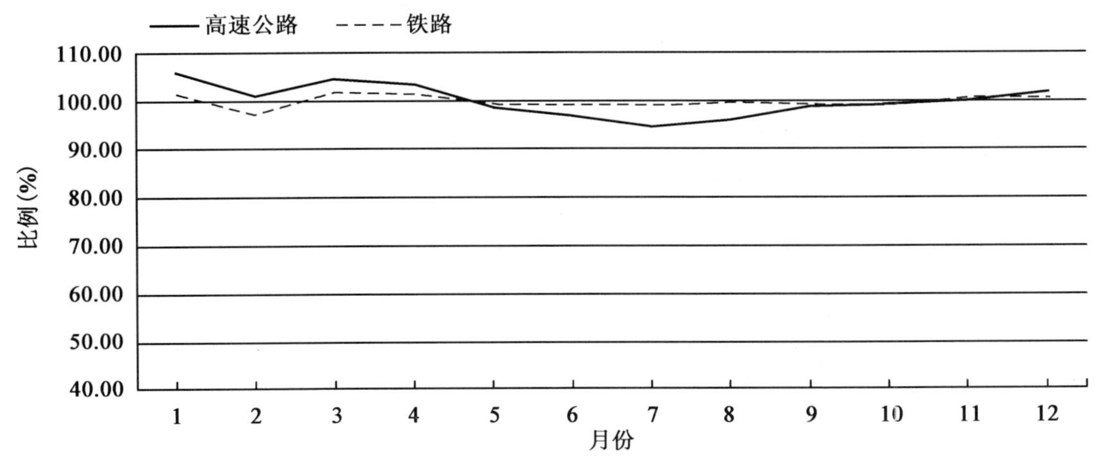

图 1.11　2013 年高速公路与铁路货物平均运距月度波动(以月均值为 100%)

2013 年春节在 2 月份，月度高速公路货物发送量为全年最低，2 月份货物发送量仅为月度平均货物发送量的 39.06%。3 月份开始逐渐攀升，5 月份到达一个小高峰，为月均值的 107.01%。随后 6 月份稍有回落，逐步上升到 10 月份。与 2012 年一样，10 月份的货物发送量迎来年度最高值，为月度平均货物发送量的 114.28%。

高速公路货物运距全年呈现“两头高、中间低”的特点，但是波动范围较小。因此，高速公路货物周转量的月度波动曲线走势与货物发送量的月度波动曲线相似。2 月份货物周转量仅为月度平均货物周转量的 39.56%，春节所在的 2 月份的高速公路货物发送量和货物周转量均低于 2012 年春节所在的 1 月份。

铁路货物运距月度波动范围为月度平均运距的 97.41%～101.83%，波动范围小于高速公路。铁路货物周转量月度波动也比较平稳。最低点出现在 2 月份，其货物周转量为月度平均货物周转量的 91.29%，这和高速公路货物周转量月度波动情况一致；1 月份货物周转量最高，为月度平均货物周转量的 105.77%。

1.4.2　客运月度波动

2013 年旅客发送量、旅客周转量和旅客平均行程的月度波动如表 1.11～表 1.13 和图 1.12～图 1.14所示。

2013 年旅客发送量月度波动(以月均旅客发送量为 100.00%)(%)　　表 1.11

月份 / 旅客发送量	1月	2月	3月	4月	5月	6月	7月	8月	9月	10月	11月	12月
高速公路	84.64	102.14	92.40	102.59	98.27	96.83	103.86	107.08	102.17	121.49	95.11	93.43
铁路	107.09	80.18	96.22	99.92	92.67	103.01	113.79	115.82	109.60	93.67	88.82	99.20

2013 年旅客周转量月度波动(以月均旅客周转量为 100.00%)(%)　　表 1.12

月份 / 旅客发送量	1月	2月	3月	4月	5月	6月	7月	8月	9月	10月	11月	12月
高速公路	91.20	139.20	98.00	95.47	91.60	92.99	103.67	109.21	97.00	110.58	85.63	85.43
铁路	126.18	84.58	96.75	92.63	86.21	103.54	119.49	120.01	105.59	83.37	79.82	101.83

2013 年旅客平均行程月度波动(以月均旅客平均行程为 100.00%)(%) 表 1.13

月份 旅客平均行程	1 月	2 月	3 月	4 月	5 月	6 月	7 月	8 月	9 月	10 月	11 月	12 月
高速公路	107.76	136.28	106.07	93.06	93.22	96.04	99.82	102.00	94.94	91.02	90.03	91.44
铁路	117.82	105.49	100.55	92.70	93.03	100.51	105.01	103.62	96.34	89.01	89.87	102.65

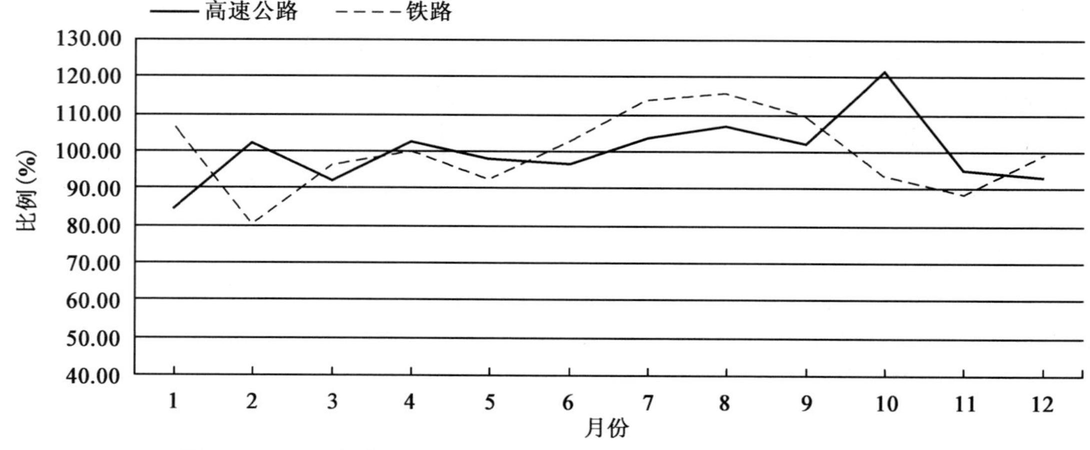

图 1.12 2013 年高速公路与铁路旅客发送量月度波动(以月均值为 100%)

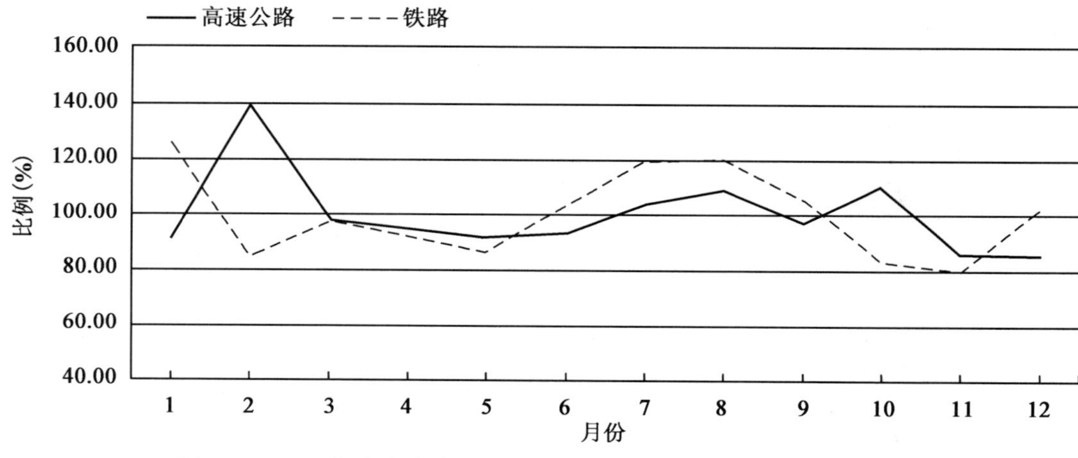

图 1.13 2013 年高速公路与铁路旅客周转量月度波动(以月均值为 100%)

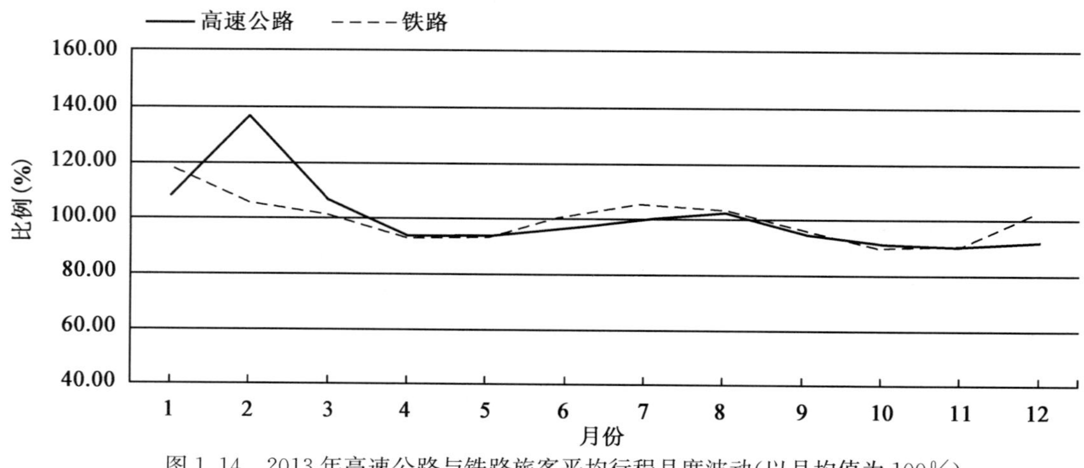

图 1.14 2013 年高速公路与铁路旅客平均行程月度波动(以月均值为 100%)

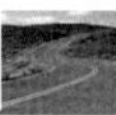

2013 年高速公路旅客发送量在 1 月份最低，为月度平均旅客发送量的 84.64%，而 2012 年最低点则出现在 12 月份。2013 年旅客发送量在 10 月份最高，为月度平均旅客发送量的 121.49%，2010 年至 2012 年最高点均出现在 10 月份。

受春运的影响，高速公路旅客行程在 2 月份有明显峰值，达到月度平均旅客行程的 136.28%，高于 2012 年。在 11 月份达到全年最低点 90.03%。

高速公路旅客周转量的峰值出现在 2 月份，2 月份旅客周转量为月度平均旅客周转量的 139.20%。受“十一黄金周”影响，10 月份旅客周转量仅次于 2 月份。

铁路旅客发送量、旅客行程和旅客周转量三者都呈现两个峰值。第一个峰值出现春节前一个月的返乡潮；第二个峰值出现在暑期，即 7～8 月份。

由于 2013 年春节在 2 月份，高速公路旅客行程明显高于 1 月份，达到月度平均值 136.28%，同时高于 2012 年同期。铁路 1 月份旅客平均行程也最高，为月度平均值的 117.82%。

1.5　高速公路运输安全状况

高速公路亿车公里的事故导致死亡人数持续下降，2012 年比 2011 年下降了 12.14%，2013 年又比 2012 年下降了 18.27%，已经降低到 2007 年的 41.00%。

高速公路交通事故起数占公路交通事故总起数的比例，2012 年为 4.36%，2013 年为 4.87%。死亡人数比例：2012 年为 10.24%，2013 年为 9.98%。受伤人数比例：2012 年为 5.48%，2013 年为 5.22%。

高速公路货车行驶量/客车行驶量的比值：2012 年为 55.04%，2013 年为 53.07%。货车事故起数/客车事故起数的比值：2012 年为 97%，2013 年为 122%。货车事故死亡人数/客车事故死亡人数的比值：2012 年为 106%，2013 年为 140%。货车事故受伤人数/客车事故受伤人数的比值：2012 年为 65%，2013 年为 73%。货车事故直接经济损失/客车事故直接经济损失的比值：2012 年为 122%，2013 年为 164%。4 项比值的趋势：2012 年比 2011 年有所下降，2013 年比 2012 年呈上升趋势。

高速公路夜间(22 时至次日 7 时)事故起数占全天事故起数的比例：2012 年为 39.57%，比 2011 年下降了 1.43 个百分点；2013 年为 42.84%，比 2012 年上升了 3.27 个百分点。全国道路夜间事故起数占全天事故起数的比例：2012 年为 18.83%，比 2011 年下降了 0.28 个百分点；2013 年为 19.32%，比 2012 年上升了 0.49 个百分点。

高速公路交通事故死亡人数在全国公路交通事故死亡人数中的比例，晴天：2012 年为 8.99%；2013 年为 8.61%。阴天：2012 年为 11.05%；2013 年为 12.32%。雨天：2012 年为 13.30%；2013 年为 13.27%。雪天：2012 年为 27.16%；2013 年为 26.73%。雾天：2012 年为 43.43%；2013 年为 37.46%，见图 1.15。

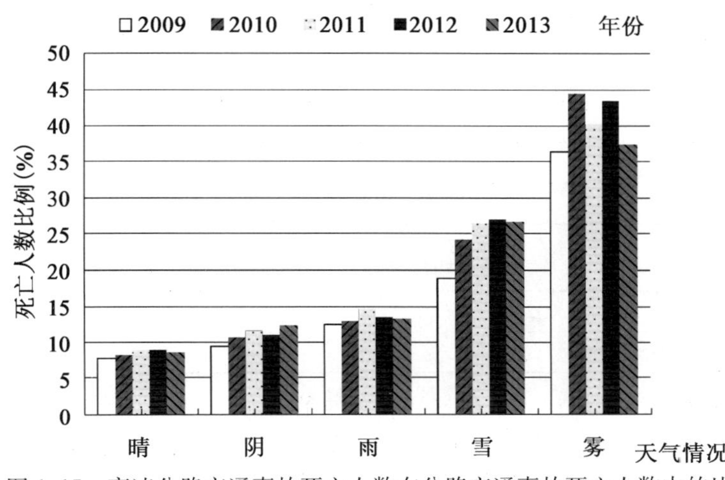

图 1.15　高速公路交通事故死亡人数在公路交通事故死亡人数中的比例

追尾碰撞事故在高速公路交通事故中的起数比例:2012 年为 31.94%;2013 年为 34.29%。死亡人数比例:2012 年为 30.97%;2013 年为 32.67%。受伤人数比例:2012 年为 33.93%;2013 年为 37.82%。直接经济损失比例:2012 年为 38.29%;2013 年为 39.16%。(注:高速公路运输安全数据来源高速公路安全部门)

1.6 货运运输量和 GDP 的关联

综合运输体系的货物周转量是实体经济的标志性数据之一。创造每万元 GDP 需要完成的货物周转量,与国家经济结构相关联。我国境内干线货物运输趋势更集中反映出经济结构的变化。

我国境内干线运输包括铁路运输、内河和沿海运输以及高速公路运输。数据表明,随着我国经济结构调整的推进,创造单位 GDP 需要完成的干线货物周转量呈现总体平稳降低态势,反映出经济结构优化,效益提升的积极效果。

2006—2013 年,按现价计算的每万元 GDP 的干线货物周转量从 1996.98 吨公里减少到 1449.98 吨公里,年均降低 4.5%。相应地,平均货物运距以及每万元 GDP(按现价计算)的货运量也呈现下降趋势,如表 1.14～表 1.16 所示。

每万元 GDP(按现价计算)的货物周转量(吨公里) 表 1.14

年份	铁路	沿海和内河水运	高速公路	干线运输合计
2006	1 035.95	609.08	351.95	1 996.98
2007	941.06	606.24	404.96	1 952.26
2008	835.00	579.14	398.46	1 812.60
2009	740.35	528.91	403.08	1 672.34
2010	681.27	558.86	434.99	1 675.12
2011	617.74	552.81	414.91	1 585.46
2012	562.02	544.85	390.42	1 497.29
2013	510.35	540.22	399.41	1 449.98

每万元 GDP(按现价计算)的货运量(吨) 表 1.15

年份	铁路	沿海和内河水运	高速公路	干线运输合计
2006	1.36	0.91	2.05	4.32
2007	1.21	0.86	2.03	4.10
2008	1.10	0.83	1.95	3.88
2009	0.98	0.78	1.93	3.69
2010	0.90	0.80	2.09	3.79
2011	0.83	0.77	2.02	3.62
2012	0.75	0.76	1.89	3.40
2013	0.70	0.86	1.91	3.47

干线平均货物运输距离(公里) 表 1.16

年份	2006	2007	2008	2009	2010	2011	2012	2013
平均运距	462	476	467	453	442	438	440	418

统计还表明,不同运输方式单位 GDP 的运输强度变化趋势有很大差别。在创造单位 GDP 的干线货物周转量总体年均降低 4.5%的情况下,每万元 GDP 的铁路运输货物周转量平均降低达到 9.5%。而沿海和内河水运方面,每万元 GDP 的货物周转量总体下降幅度不大;高速公路方面,每万元 GDP 的

货物周转量有升有降，总体平稳。

出现这一差别的原因是各种运输方式运输货物的货类构成不同。铁路运输的货类构成中，煤炭和制品一项就超过一半，加上金属矿石两项就接近70%。长江干线水运货类构成中，煤炭占1/4左右，加上金属矿石，两项合计约占45%。而在高速公路运输的货类构成中，农林牧渔业产品、轻工医药产品、机电产品、矿物性建筑材料、钢铁、石油天然气和制品等项货物都出现在一些省份排名前两位的货类中，所占比重不很集中。

在我国经济结构调整时期，铁路运输主要货类的运输需求增长低于GDP的增长，单位GDP的铁路货物周转量逐年下降。高速公路运输货类的运输需求与GDP基本同步涨落，单位GDP的高速公路货物周转量变化幅度不大。高速公路和铁路货物运输趋势的差异也从另一个侧面反映出我国经济结构调整的积极效果。

1.7 电子不停车收费(ETC)

1.7.1 高速公路ETC概况

2013年高速公路ETC使用情况纳入统计共13省市：北京、上海、天津、广东、江苏、浙江、福建、山西、河南、湖北、江西、安徽、甘肃。设置ETC的收费站共1 957个，覆盖率58.49%。其中，北京、上海、江苏、浙江ETC覆盖率≥90%。ETC出口车道2398条，平均每个ETC收费站设置的ETC出口车道数为1.225条。其中，北京达到2.767条，上海1.378条，见表1.17。

2013年13省市ETC系统应用情况　　表1.17

序号	省市地区	收费站总数	设置ETC收费站数	ETC覆盖率(%)	ETC出口车道数	每站平均ETC车道数	每条ETC出口车道平均每小时交通量(辆次)
1	北京	148	133	89.86	368	2.767	52.00
2	上海	103	98	95.15	135	1.378	24.51
3	江苏	372	362	97.31	429	1.185	23.39
4	浙江	343	335	97.67	370	1.104	12.18
5	珠江三角洲9市	402	215	53.48	239	1.112	44.65
6	粤东、北、西网	290	62	21.38	68	1.097	18.53
7	天津高速集团	78	45	57.69	50	1.111	12.89
8	津滨高速	4	4	100.00	10	2.500	45.96
9	福建	218	190	87.16	195	1.026	16.03
10	河南	319	45	14.11	45	1.000	20.28
11	安徽	171	128	74.85	133	1.039	9.13
12	山西	265	107	40.38	107	1.000	6.04
13	湖北	238	46	19.33	48	1.043	4.72
14	江西	238	145	60.92	154	1.062	3.52
15	甘肃	157	42	26.75	47	1.119	3.15
16	合计	3 346	1 957	58.49	2 398	1.225	23.70

13省市高速公路每小时ETC出口车道交通量达到56 837辆次。每条ETC出口车道每小时通过23.70辆次，即每2.5分钟通过1辆。乘用车通过量在ETC出口车道交通量中的占比为83.78%，大中型客车的占比为15.93%，货车仅占0.29%。各地区ETC出口车道交通量和分布情况见表1.18、表1.19。

13省市每小时ETC出口车道交通量(辆次) 表1.18

序号	省市地区	每小时ETC出口车道通过量	比重(%)
1	北京	19 136	33.67
2	上海	3 308	5.82
3	江苏	10 034	17.65
4	浙江	4 506	7.92
5	珠江三角洲9市	10 671	18.77
6	粤东、北、西网	1 260	2.25
7	天津高速集团	644	1.13
8	津滨高速	459	0.81
9	福建	3 125	5.49
10	河南	912	1.60
11	安徽	1 214	2.14
12	山西	646	1.14
13	湖北	228	0.40
14	江西	542	0.95
15	甘肃	148	0.26
16	合计	56 833	100.00

2013年13省市按交通量的ETC收费站分布情况(辆次) 表1.19

序号	省市地区	每条ETC出口车道每小时通过量							小计
		0～4	4～6	6～15	15～30	30～60	60～120	>120	
1	北京	12	7	21	31	23	25	14	133
2	上海	5	7	27	34	9	9	7	98
3	江苏	59	24	109	89	44	33	4	362
4	浙江	113	51	96	42	22	11	0	335
5	珠江三角洲9市	18	12	36	42	36	54	17	215
6	粤东、北、西网	12	13	14	10	5	8	0	62
7	天津高速集团	13	6	12	10	4	0	0	45
8	津滨高速	0	0	1	0	2	1	0	4
9	福建	54	19	50	34	33	0	0	190
10	河南	6	4	18	6	8	2	1	45
11	安徽	51	15	40	15	7	0	0	128
12	山西	63	10	22	9	3	0	0	107
13	湖北	32	3	5	4	2	0	0	46
14	江西	111	13	15	5	1	0	0	145
15	甘肃	35	4	3	0	0	0	0	42
16	合计	584	188	469	331	199	143	43	1 957
17	比例(%)	29.84	9.60	23.96	16.91	10.16	7.33	2.20	100.00

北京、长三角、珠三角是ETC发展高水平地区,其中北京市ETC使用最为集中。广东省高速公路原来划分为广州、深圳、珠三角、粤西、粤北和粤东等6个收费网络,其中珠三角9市(广州、深圳、佛山、东莞、江门、珠海、中山、惠州、肇庆)就分属5个网。主线站很多,所以广东省ETC建设启动较早。北京

和上海经过多年的发展，ETC 使用也已达到成熟水平。ETC 交通量大于 300 辆次的收费站北京有 23 个、上海为 3 个、珠三角 9 市和江苏各有 2 个。

1.7.2　ETC 用户使用 ETC 车道的频率

按用户使用 ETC 车道的频率，把 ETC 用户大致分为常用户、一般用户和“休眠”用户。

(1)常用户每周使用 4 次以上，即不到两天使用 1 次；

(2)一般用户每月至少使用 1 次；

(3)“休眠”用户每月使用少于 1 次。

与 2011 年相比，2013 年北京和上海的“休眠”用户比重有所减少，上海尤为突出。北京从 22.18% 降到 18.09%，上海从 20.43%大幅降低到 7.47%。但江苏省“休眠”用户比重接近 1/3，见表 1.20。

2013 年北京、江苏、上海 ETC 使用情况　　表 1.20

用　户	每周使用次数	北　京	江　苏	上　海
常用户	>10	2.40%	1.93%	5.84%
	8～10	2.03%	0.97%	2.76%
	6～8	3.64%	1.86%	4.54%
	4～6	6.50%	4.25%	7.11%
	小计	14.58%	9.02%	20.21%
一般用户	2～4	15.36%	12.40%	18.14%
	1～2	18.61%	16.19%	18.58%
	0.5～1	19.26%	16.21%	16.57%
	0.25～0.5	14.10%	14.12%	18.97%
	小计	67.33%	58.92%	72.26%
“休眠”用户	<0.25	18.09%	32.06%	7.47%
合计		100.00%	100.00%	100.00%

第2章　运输结构主要数据

2.1　高速公路运输与国民经济

(1)每万元国内生产总值(按现价计算)的高速公路货运量 1.9246 吨。

(2)每万元国内生产总值(按现价计算)的高速公路货物周转量 399.41 吨公里。

(3)全国平均每人高速公路乘车次数 10.693 2 人次。

(4)全国平均每人高速公路乘行距离 936.638 5 公里。

2.2　高速公路基础设施

(1)通车里程:104 438 公里。

(2)车道里程:461 284 公里。

(3)平均车道数:4.416 7 条。

2013 年部分省(市)高速公路平均车道数见表 2.1。

2013 年部分省(市)高速公路平均车道数　　表 2.1

区　域	平均车道数	区　域	平均车道数
上海	5.732 8	浙江	4.701 7
天津	5.363 6	辽宁	4.659 7
北京	5.107 3	河北	4.571 6
广东	5.091 9	陕西	4.566 1
河南	5.007 0	福建	4.527 6
江苏	5.005 9	云南	4.423 8

2.3　高速公路交通状况

(1)行驶量 4 229.61 亿车公里,同比增长 16.40%。2013 年各省(区、市)高速公路行驶量见表 2.2,部分省(区、市)高速公路客货车交通量见表 2.3、表 2.4。

(2)货车在行驶量中比例 34.66%,同比减少 0.82 个百分点。

2013 年各省(区、市)高速公路行驶量(亿车公里)　　表 2.2

区域	货车	客车	合计	区域	货车	客车	合计
北京	31.349 5	93.215 3	124.564 8	河南	76.179 1	143.082 2	219.261 3
天津	22.887 9	29.439 3	52.327 2	湖北	53.002 0	74.091 3	127.093 3
河北	114.476 3	144.457 5	258.933 8	湖南	50.262 3	91.821 3	142.083 6
山西	57.188 5	88.033 3	145.221 8	广东	126.619 0	352.995 0	479.614 0
内蒙古	27.087 2	36.738 4	63.825 6	广西	30.471 2	68.082 4	98.553 6
辽宁	62.745 7	78.933 5	141.679 2	海南	12.505 3	19.357 6	31.862 9
吉林	16.052 7	25.984 9	42.037 6	重庆	29.145 1	79.196 3	108.341 4

续上表

区域	货车	客车	合计	区域	货车	客车	合计
黑龙江	16.021 4	35.299 9	51.321 3	四川	59.323 8	168.067 0	227.390 8
上海	20.518 2	51.878 9	72.397 1	贵州	24.280 9	54.335 9	78.616 8
江苏	115.705 7	271.955 4	387.661 1	云南	27.946 9	82.172 2	110.119 1
浙江	91.295 7	188.603 9	279.899 6	陕西	62.335 5	88.870 4	151.205 9
安徽	47.492 3	90.671 1	138.163 4	甘肃	35.694 7	42.934 2	78.628 9
福建	40.459 2	70.921 8	111.381 0	宁夏	13.863 4	17.719 1	31.582 5
江西	58.801 7	80.982 7	139.784 4	青海	3.945 8	8.561 2	12.507 0
山东	118.290 0	158.346 9	276.636 9	新疆	20.039 1	26.873 8	46.912 9

2013 年部分省(区、市)高速公路客车交通量(万辆次) 表 2.3

区域交通量		穿越	到达	发送	省内	合计
天津	自然交通量	372	1 015	1 025	2 433	4 845
	折算交通量	378	1 035	1 046	2 461	4 920
河北	自然交通量	969	2 493	2 692	12 373	18 527
	折算交通量	1 006	2 560	2 743	12 471	18 780
山西	自然交通量	48	511	575	10 459	11 593
	折算交通量	50	525	589	10 599	11 763
辽宁	自然交通量	46	389	340	8 732	9 507
	折算交通量	48	405	347	8 836	9 636
黑龙江	自然交通量	0	79	78	4 255	4 412
	折算交通量	0	81	80	4 366	4 527
江苏	自然交通量	441	3 969	3 756	27 404	35 570
	折算交通量	463	4 119	3 882	28 424	36 888
浙江	自然交通量	364	2 116	2 427	21 942	26 849
	折算交通量	379	2 210	2 521	22 411	27 521
安徽	自然交通量	472	1 262	1 535	6 393	9 662
	折算交通量	508	1 333	1 606	6 592	10 039
福建	自然交通量	21	288	353	9 817	10 479
	折算交通量	22	300	366	9 887	10 575
江西	自然交通量	116	539	616	6 136	7 407
	折算交通量	129	571	648	6 267	7 615
山东	自然交通量	115	833	821	15 855	17 624
	折算交通量	119	866	854	16 245	18 084
河南	自然交通量	217	837	1 016	16 696	18 766
	折算交通量	228	889	1 070	17 123	19 310
湖北	自然交通量	133	403	500	9 327	10 363
	折算交通量	141	425	523	9 631	10 720
湖南	自然交通量	67	433	497	9 832	10 829
	折算交通量	76	467	530	10 055	11 128
广西	自然交通量	12	411	483	6 819	7 725
	折算交通量	14	452	533	7 089	8 088

续上表

区域交通量		穿越	到达	发送	省内	合计
重庆	自然交通量	68	687	841	8 272	9 868
	折算交通量	71	718	872	8 459	10 120
四川	自然交通量	46	789	772	28 527	30 134
	折算交通量	48	812	796	28 770	30 426
贵州	自然交通量	36	284	410	7 535	8 265
	折算交通量	38	298	426	7 635	8 397
陕西	自然交通量	68	429	520	13 435	14 452
	折算交通量	71	448	538	13 705	14 762
宁夏	自然交通量	19	213	151	2 197	2 580
	折算交通量	20	221	156	2 256	2 653
青海	自然交通量	0	84	74	2 579	2 737
	折算交通量	0	87	77	2 616	2 780

注：河北省不含京津塘高速河北段、京承高速，江苏省为联网路段，湖南省不含长沙—张家界路段、绕城高速段、机场高速段和长潍西高速段，重庆市不含绕城高速段，陕西省不含铜川—西安路段。

2013 年部分省(区、市)高速公路货车交通量(万辆次) 表 2.4

区域交通量		穿越	到达	发送	省内	合计
天津	自然交通量	583	885	835	939	3 242
	折算交通量	2 088	2 641	2 473	2 185	9 387
河北	自然交通量	1 409	2 915	2 459	5 754	12 537
	折算交通量	4 969	9 227	7 560	14 200	35 956
山西	自然交通量	233	894	909	4 018	6 054
	折算交通量	871	3 128	3 206	11 500	18 705
辽宁	自然交通量	195	417	402	2 961	3 975
	折算交通量	739	1 400	1 352	6 777	10 268
黑龙江	自然交通量	0	122	116	1 442	1 680
	折算交通量	0	418	398	3 242	4 058
江苏	自然交通量	351	2 128	1 528	7 245	11 252
	折算交通量	1 147	5 865	4 016	17 000	28 028
浙江	自然交通量	286	1 365	1 375	7 534	10 560
	折算交通量	937	3 733	3 765	15 500	23 935
安徽	自然交通量	481	710	712	2 068	3 971
	折算交通量	1 605	2 023	2 028	5 209	10 865
福建	自然交通量	22	338	336	4 087	4 783
	折算交通量	76	979	973	7 834	9 862
江西	自然交通量	293	437	455	1 929	3 114
	折算交通量	896	1 334	1 390	5 969	9 589
山东	自然交通量	302	1 060	1 119	7 094	9 575
	折算交通量	1 096	3 458	3 614	18 400	26 568
河南	自然交通量	499	807	820	3 883	6 009
	折算交通量	1 765	2 437	2 468	9 113	15 783

续上表

区域交通量		穿越	到达	发送	省内	合计
湖北	自然交通量	482	495	506	2 927	4 410
	折算交通量	1 707	1 463	1 487	6 018	10 675
湖南	自然交通量	237	374	366	2 491	3 468
	折算交通量	879	1 156	1 127	4 946	8 108
广西	自然交通量	42	318	354	2 400	3 114
	折算交通量	154	948	1 050	5 213	7 365
重庆	自然交通量	103	356	353	2 545	3 357
	折算交通量	331	902	889	4 601	6 723
四川	自然交通量	58	447	453	6 919	7 877
	折算交通量	196	1 296	1 319	13 880	16 691
贵州	自然交通量	88	194	224	2 188	2 694
	折算交通量	302	495	549	3 533	4 879
陕西	自然交通量	320	698	709	3 932	5 659
	折算交通量	1 197	2 399	2 441	10 000	16 037
宁夏	自然交通量	68	296	246	964	1 574
	折算交通量	256	985	825	2 327	4 393
青海	自然交通量	0	95	80	805	980
	折算交通量	0	336	259	2 201	2 796

注：河北省不含京津塘高速河北段、京承高速，江苏省为联网路段，湖南省不含长沙—张家界路段、绕城高速段、机场高速段和长潭西高速段，重庆市不含绕城高速段，陕西省不含铜川—西安路段。

2.4　高速公路旅客运输

（1）客运量145.50亿人次，同比增长11.86%。2013年部分省（区、市）高速公路客运量见表2.5。

2013年部分省（区、市）高速公路客运量（万人）　　表2.5

区　域	穿越旅客数	进省旅客数	出省旅客数	省内旅客数	合计
天津	1 284	3 721	3 817	7 865	16 687
河北	4 590	9 933	10 668	42 225	67 416
山西	216	2 010	2 188	34 391	38 805
辽宁	280	2 255	1 485	33 729	37 749
吉林	349	895	867	12 645	14 756
黑龙江	0	374	368	19 977	20 719
上海	338	12 781	13 705	44 744	71 568
江苏	2 345	18 902	17 176	129 321	167 744
浙江	1 756	10 461	11 377	85 168	108 762
安徽	3 205	7 257	8 131	28 863	47 456
福建	96	1 372	1 556	27 002	30 026
江西	1 406	4 335	4 627	30 964	41 332
山东	552	3 884	3 871	63 572	71 879

续上表

区　域	穿越旅客数	进省旅客数	出省旅客数	省内旅客数	合计
河南	1 258	5 236	5 901	68 754	81 149
湖北	873	2 472	2 818	44 466	50 629
湖南	901	3 944	4 080	48 097	57 022
广西	151	4 130	4 982	42 478	51 741
重庆	454	4 296	4 797	71 449	80 996
四川	273	4 467	4 426	113 346	122 512
贵州	323	2 229	2 756	37 029	42 337
陕西	354	2 103	2 316	49 217	53 990
甘肃	90	1 058	1 094	15 558	17 800
宁夏	93	1 008	699	9 579	11 379
青海	0	387	341	8 797	9 525

注：河北省不含京津塘高速河北段、京承高速，江苏省为联网路段，湖南省不含长沙—张家界路段、绕城高速段、机场高速段和长潭西高速段，重庆市不含绕城高速段，陕西省不含铜川—西安路段。

(2)旅客周转量13112.42亿人公里，同比增长10.04%。2013年各省(区、市)高速公路旅客周转量见表2.6。

2013年各省(区、市)高速公路旅客周转量(亿人公里)　　表2.6

区　域	旅客周转量	区　域	旅客周转量
北京	332.597 9	河南	682.395 9
天津	105.660 7	湖北	390.201 9
河北	566.947 5	湖南	660.291 2
山西	314.488 5	广东	1 370.342 7
内蒙古	147.931 8	广西	525.219 8
辽宁	330.000 4	海南	171.176 7
吉林	123.602 1	重庆	389.528 4
黑龙江	178.453 3	四川	770.118 5
上海	191.684 2	贵州	318.037 7
江苏	1 428.029 1	云南	467.361 8
浙江	847.192 4	陕西	386.051 7
安徽	488.330 1	甘肃	191.483
福建	222.148 4	宁夏	84.872 1
江西	556.047 9	青海	31.283 7
山东	714.412	新疆	126.530 7

(3)客运密度1255.52万人公里/公里，同比增长1.36%。

(4)旅客平均行程90.12公里，同比减少4.04%。

(5)省(区、市)内旅客平均行程68.77公里，同比增长1.04%。

(6)跨省(区、市)的旅客平均行程289.28公里，同比减少6.48%。

(7)客车平均速度86.17公里/小时，同比增长1.27%。

2013年各车型客车平均速度见表2.7。

2013 年各车型客车平均速度　　表 2.7

车　　型	座　位　数	平均速度(公里/小时)	样本数(万辆)
Ⅰ	≤7	86.64	154 413
Ⅱ	8～19	82.03	4 178
Ⅲ	20～39	80.09	4 303
Ⅳ	≥40	80.37	5 112

与 2012 年相比,Ⅳ型客车速度有所下降,其余各型客车平均速度均有所上升。

(8)高速公路客运结构分析如下:

①≤7 座客运车辆在客车车数中的比例为 92.78%,同比上升 1.23 个百分点;

②2 乘坐≤7 座客运车辆人数在客运量中的比例为 66.55%,同比上升 2.91 个百分点;

③≤7 座客运车辆完成的周转量在旅客周转量中的比例为 55.65%,同比上升 5.66 个百分点;

④客运车辆平均座位数和乘坐率见表 2.8;

各型客车平均座位数和乘坐率　　表 2.8

车　　型	座　位　数	平均座位数	乘坐率(%)
Ⅰ	≤7	5.25	48.76
Ⅱ	8～19	11.07	51.67
Ⅲ	20～39	33.87	73.04
Ⅳ	≥40	49.05	68.82

⑤客车平均乘坐人数 2.50 人。

2.5　高速公路货物运输

(1)货运量 109.48 亿吨,同比增长 11.47%。其中部分省(区、市)高速公路货运量见表 2.9。

2013 年部分省(区、市)高速公路货运量(万吨)　　表 2.9

区　　域	穿越货物量	进省货物量	出省货物量	省内货物量	合计
天津	13 565	14 682	9 340	8 129	45 716
河北	33 287	52 013	40 753	54 732	180 785
山西	2 925	16 103	19 886	49 367	88 281
辽宁	5 135	8 998	8 415	21 564	44 112
吉林	3 697	3 395	3 275	8 790	19 157
黑龙江	0	2 499	2 587	9 942	15 028
上海	545	10 104	11 345	36 871	58 865
江苏	6 592	27 568	17 350	58 515	110 025
浙江	5 200	18 771	15 686	48 080	87 737
安徽	9 752	10 907	9 857	21 430	51 946
福建	501	5 468	5 820	23 707	35 496
江西	6 952	8 307	8 809	16 848	40 916
山东	7 445	20 328	22 750	73 546	124 069
河南	11 928	15 862	13 556	39 501	80 847
湖北	11 703	8 729	8 442	22 619	51 493
湖南	6 186	7 007	6 675	17 636	37 504

续上表

区　域	穿越货物量	进省货物量	出省货物量	省内货物量	合计
广西	1 016	5 342	6 789	22 678	35 825
重庆	1 999	4 765	4 570	16 745	28 079
四川	979	6 720	5 717	43 411	56 827
贵州	1 943	2 596	2 719	10 653	17 911
陕西	9 297	13 512	17 297	43 070	83 176
甘肃	1 835	5 501	5 268	9 748	22 352
宁夏	1 612	5 509	4 354	10 582	22 057
青海	0	1 797	1 561	6 307	9 665

注:河北省不含京津塘高速河北段、京承高速,江苏省为联网路段,湖南省不含长沙—张家界路段、绕城高速段、机场高速段和长潭西高速段,重庆市不含绕城高速段,陕西省不含铜川—西安路段。

(2)货物周转量 22 720.37 亿吨公里,同比增长 12.06%。其中各省(区、市)高速公路货物周转量见表 2.10。

2013 年各省(区、市)高速公路货物周转量(亿吨公里)　　表 2.10

区　域	货 物 周 转 量	区　域	货 物 周 转 量
北京	337.45	河南	1 388.92
天津	425.00	湖北	952.41
河北	1 991.97	湖南	890.88
山西	827.49	广东	1 747.16
内蒙古	526.30	广西	444.18
辽宁	1 145.81	海南	103.04
吉林	300.58	重庆	298.39
黑龙江	223.03	四川	613.22
上海	220.55	贵州	279.89
江苏	1 569.13	云南	384.48
浙江	1 200.06	陕西	1 212.84
安徽	789.91	甘肃	689.15
福建	485.52	宁夏	211.36
江西	1 123.25	青海	55.23
山东	2 041.41	新疆	241.74

(3)货运密度 2 175.49 万吨公里/公里,同比上升 3.22%。

(4)货物平均运距 207.53 公里,同比上升 0.53%。

(5)省(区、市)内货物平均运距 84.85 公里,同比下降 3.38%。

(6)跨省(区、市)货物平均运距 543.28 公里,同比上升 4.28%。

(7)货车平均速度 59.95 公里/小时,同比上升 1.88%。

2013 年各型货车平均速度见表 2.11。与 2012 年相比,各车型货车平均速度均均有所上升。

2013 年各型货车平均速度　　表 2.11

车　型	轴　型	平均速度(公里/小时)	样本数(万辆)
单车	2 轴 4 胎	70.21	8 303
单车	2 轴 6 胎	62.31	21 267
单车	3 轴和 4 轴	57.97	10 333
半挂列车	3～6 轴	55.86	28 067

(8)高速公路路网货运分析如下：

①货车轴型构成如表 2.12 所示。

2013 年高速公路货车主要轴型　　表 2.12

轴　型		车数比例(%)	行驶量比例(%)	周转量比例(%)
2 轴 4 胎	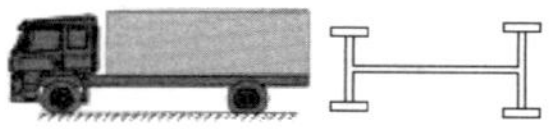	12.84	7.48	0.64
2 轴 6 胎	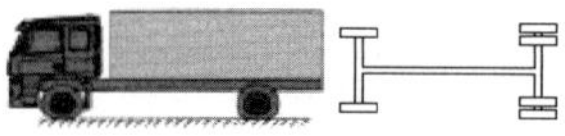	31.16	24.01	7.47
3 轴、4 轴单车		5.16	5.79	3.22
	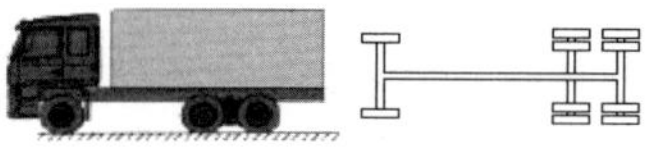	1.69	1.18	0.62
	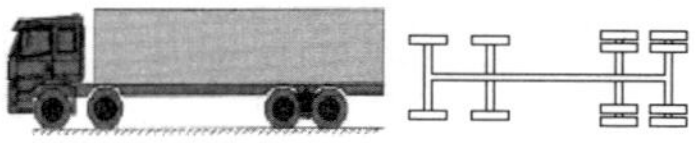	8.38	7.21	7.03
半挂列车	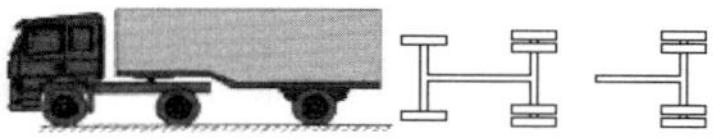	0.49	0.87	1.13
		0.03	0.22	0.23
		2.49	2.67	1.65
		2.69	3.20	3.22
		0.38	0.53	1.74
	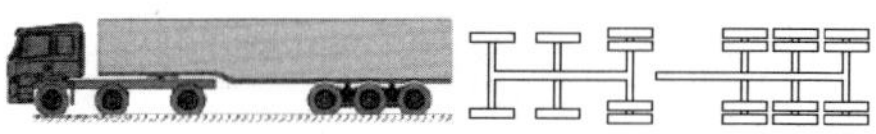	15.73	18.89	29.12
		18.96	27.95	43.93

注：表中比重由天津、河北、山西、黑龙江、江苏、江西、福建、山东、河南、湖北、湖南、广西、重庆、贵州、陕西、青海合计 16 个省(区、市)数据整理所得。这些省(区、市)高速公路里程占全国高速公路通车里程的 60.57%。

与2012年相比，3轴和3轴以上的大吨位货车比重略有下降(表2.13)，行驶量比例为68.52%，同比大幅上升了11.27个百分点(表2.14)，完成的货物周转量比例达到91.89%，同比上升了0.36个百分点(表2.15)。

高速公路货车车数比例的变化(%) 表2.13

轴型＼年份	2006	2007	2008	2009	2010	2011	2012	2013
2轴4胎	17.48	12.40	10.28	13.39	11.43	11.44	12.40	12.84
2轴6胎	48.79	42.43	35.36	33.31	31.00	30.84	30.34	31.16
3轴、4轴单车	13.26	16.42	19.68	15.97	15.76	15.17	14.78	15.24
半挂列车	20.47	28.75	34.68	37.33	41.81	42.55	42.47	40.76

注：表列数据来源同表2.12。

高速公路货车行驶量比例的变化(%) 表2.14

轴型＼年份	2006	2007	2008	2009	2010	2011	2012	2013
2轴4胎	7.74	6.25	6.84	7.82	6.84	6.76	7.30	7.47
2轴6胎	38.24	33.67	27.84	24.93	22.62	22.49	23.57	24.01
3轴、4轴单车	17.60	19.13	18.07	17.22	15.54	14.74	13.94	14.19
半挂列车	36.42	40.95	47.25	50.03	55.00	56.01	55.19	54.33

注：表列数据来源同表2.12。

高速公路货车完成的货物周转量比例的变化(%) 表2.15

轴型＼年份	2006	2007	2008	2009	2010	2011	2012	2013
2轴4胎	1.42	0.95	0.57	1.12	0.78	0.69	0.71	0.64
2轴6胎	18.60	13.02	9.87	7.47	5.83	5.54	7.76	7.47
3轴、4轴单车	20.25	19.83	18.07	15.27	12.44	11.46	11.07	10.88
半挂列车	59.73	66.20	71.49	76.14	80.95	82.31	80.46	81.01

注：表列数据来源同表2.12。

②货车空驶状况如表2.16所示。

高速公路路网空车走行率为24.15%，同比有所上升。

高速公路空车走行率及其变化 表2.16

轴 型	年 份	省内运输(%)	跨省运输(%)	总量(%)
2轴单车	2013	41.39	28.34	36.78
	2012	33.92	21.41	29.37
	2011	35.30	26.13	31.65
	2010	37.60	29.10	33.30
	2009	34.77	24.95	30.48
	2008	32.78	18.84	26.33
	2007	36.17	15.03	24.95
	2006	36.01	15.87	26.52
3轴、4轴单车	2013	42.14	17.66	26.96
	2012	37.64	13.04	22.61
	2011	34.44	12.30	20.23
	2010	34.17	12.42	17.93
	2009	35.03	9.46	16.95
	2008	36.40	10.81	18.05
	2007	33.24	8.38	15.00
	2006	32.82	9.38	17.73

续上表

轴　型	年　份	省内运输(%)	跨省运输(%)	总量(%)
半挂列车	2013	36.51	10.88	17.59
	2012	35.34	10.15	17.04
	2011	43.27	10.84	18.48
	2010	31.34	13.14	14.90
	2009	34.14	7.90	14.73
	2008	42.67	10.16	18.37
	2007	28.74	10.37	15.28
	2006	35.02	9.28	13.93
合计	2013	39.54	14.57	24.15
	2012	35.00	12.41	21.22
	2011	38.33	13.55	22.24
	2010	34.42	16.37	20.05
	2009	34.56	11.68	19.84
	2008	36.71	12.37	20.97
	2007	33.30	11.37	18.93
	2006	35.33	10.97	20.13

注:1.空车走行率=空车行驶量/重车行驶量;
2.表列数据来源同表2.12。

③货车超限运输状况如表2.17所示。

按国家强制标准《道路车辆外廓尺寸、轴荷及质量限值》(GB 1589—2004)规定的限值,超限率(超限车数/货车总数)为26.01%,比2012年下降0.81个百分点;其中超限30%以上的货车比例为2.99%,比2012年下降0.16个百分点。

按路政部门治超规定的限值,超限率为5.87%,同比降低0.19个百分点;超限30%以上的货车比例为0.85%,同比下降0.01个百分点。

2013年高速公路各类货车车数比例(%)　　表2.17

	空车	不超限重车	超限0～30%	超限30%～50%	超限50%～100%	超限>100%	超限合计
按GB 1589标准	28.77	45.22	23.02	1.82	1.02	0.15	100
按路政治超标准	28.77	65.36	5.02	0.57	0.22	0.06	100

注:表列数据来源同表2.12。

2.6　县乡区域发送客货比重

县乡区域发送货物量占发送货物总量的69.46%,同比上升8.18个百分点。

县乡区域发送旅客量占发送旅客总量的64.71%,同比上升13.03个百分点。

2.7　省(区、市)的穿越车流状况

2013年部分省份和地区穿越货车车流见表2.18。

2013年部分省份和地区穿越货车车流 表2.18

区　域	穿越货车行驶量（万车公里）	货车总行驶量（万车公里）	穿越货车比例（%）
湖北	185 043	530 020	34.91
河南	213 769	630 848	33.89
冀南	232 207	864 201	26.87
湖南京珠网	127 890	493 940	25.89
冀东	44 711	277 710	16.1

注：冀西北已经并入冀南路网。

第3章 部分高速公路干线运输密度

3.1 京哈高速公路(G1)运输密度

3.1.1 客运密度分布如表3.1和图3.1所示。

2013年京哈高速公路(G1)日均客运密度　　表3.1

路　段	路段起止点	客运密度（人公里/公里）	路段起止点	客运密度（人公里/公里）
北京	六环—香河	57 883	香河—六环	57 134
河北段、天津段	香河—丰润	45 605	丰润—香河	45 359
	丰润—秦皇岛	43 605	秦皇岛—丰润	43 724
	秦皇岛—万家主线(冀辽界)	18 837	万家主线(冀辽界)—秦皇岛	29 632
辽宁段	万家主线(辽冀界)—葫芦岛	23 153	葫芦岛—万家主线(辽冀界)	20 437
	葫芦岛—锦州	27 697	锦州—葫芦岛	25 939
	锦州—沈阳	30 660	沈阳—锦州	28 406
	沈阳—毛家店(辽吉界)	20 121	毛家店(辽吉界)—沈阳	21 563
吉林	五里坡(吉辽界)—长春	16 806	长春—五里坡(吉辽界)	18 801
	长春—拉林河(吉黑界)	15 344	拉林河(吉黑界)—长春	16 622
黑龙江	拉林河(黑吉界)—哈尔滨	11 143	哈尔滨—拉林河(黑吉界)	11 075

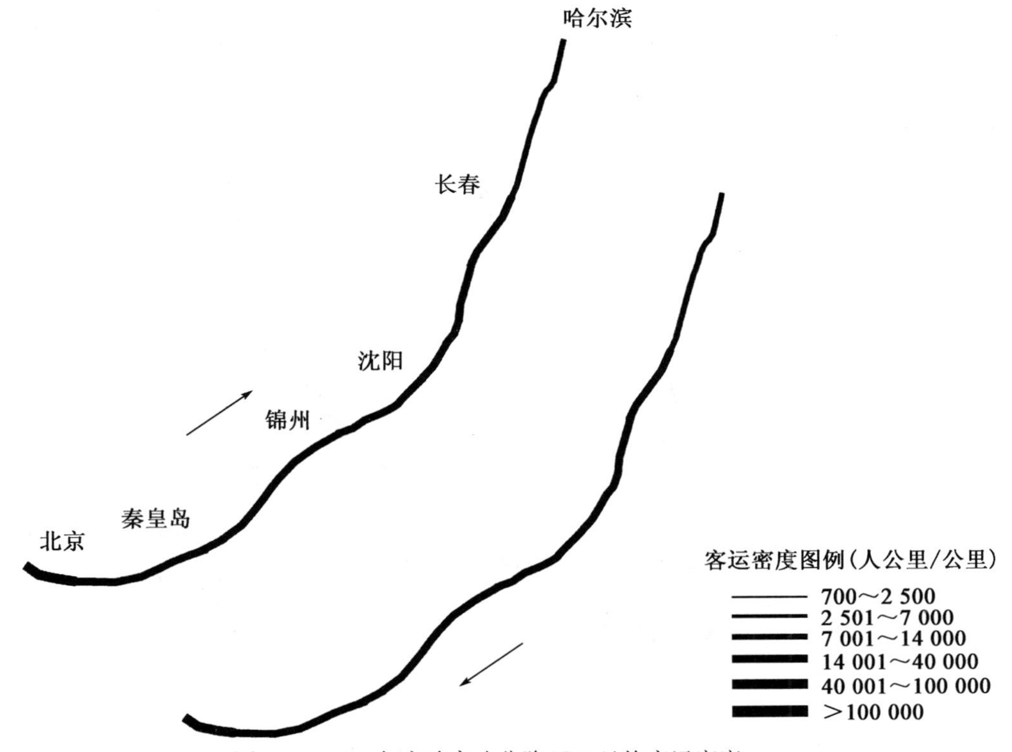

图3.1　2013年京哈高速公路(G1)日均客运密度

3.1.2 货运密度分布如表 3.2 和图 3.2 所示。

2013 年京哈高速公路(G1)日均货运密度 表 3.2

路　　段	路段起止点	货运密度（吨公里/公里）	路段起止点	货运密度（吨公里/公里）
北京段	六环—香河	80 406	香河—六环	73 632
河北段、天津段	香河—丰润	107 051	丰润—香河	109 829
	丰润—秦皇岛	177 773	秦皇岛—丰润	140 301
	秦皇岛—万家主线(冀辽界)	152 230	万家主线(冀辽界)—秦皇岛	234 369
辽宁段	万家主线(辽冀界)—葫芦岛	231 079	葫芦岛—万家主线(辽冀界)	212 543
	葫芦岛—锦州	237 642	锦州—葫芦岛	221 857
	锦州—沈阳	181 720	沈阳—锦州	154 838
	沈阳—毛家店(辽吉界)	125 258	毛家店(辽吉界)—沈阳	130 675
吉林段	五里坡(吉辽界)—长春	121 704	长春—五里坡(吉辽界)	117 969
	长春—拉林河(吉黑界)	66 454	拉林河(吉黑界)—长春	66 560
黑龙江段	拉林河(黑吉界)—哈尔滨	51 300	哈尔滨—拉林河(黑吉界)	49 887

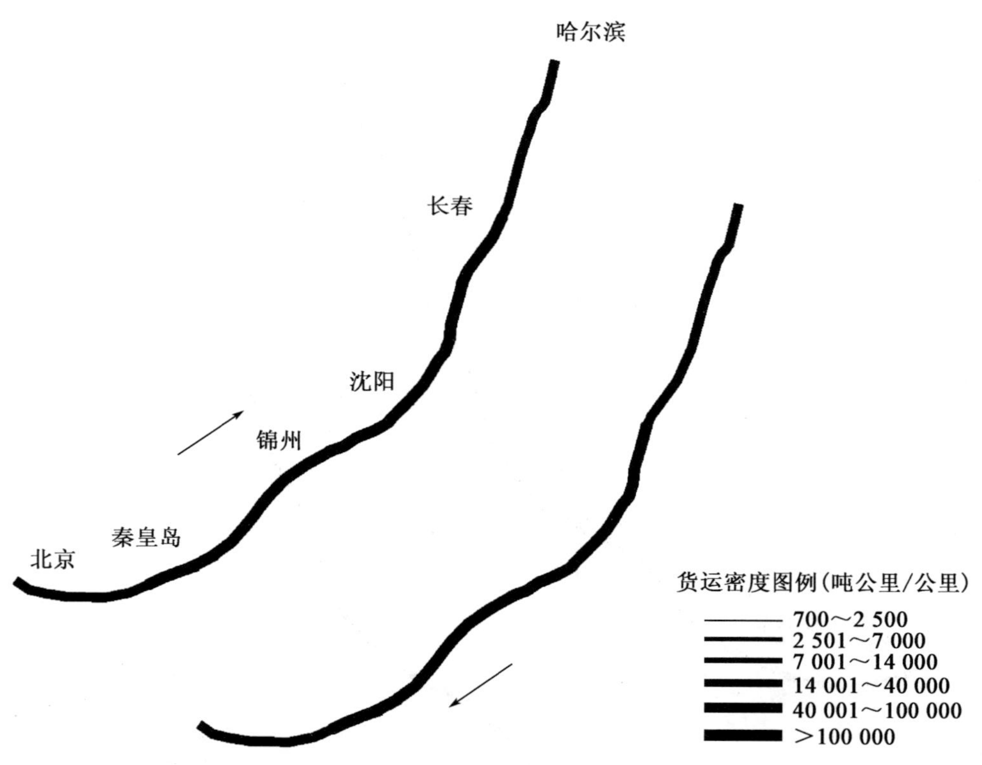

图 3.2　2013 年京哈高速公路(G1)日均货运密度

3.2　京沪高速公路(G2)运输密度

3.2.1　客运密度分布如表3.3和图3.3所示。

2013年京沪高速公路(G2)日均客运密度　　表3.3

路　段	路段起止点	客运密度(人公里/公里)	路段起止点	客运密度(人公里/公里)
北京段	大羊坊—廊坊	40 359	廊坊—大羊坊	40 390
河北段	廊坊—泗村店	25 149	泗村店—廊坊	25 117
天津段	泗村店—汉沽	32 542	汉沽—泗村店	31 541
	汉沽—独流	28 042	独流—汉沽	27 104
	独流—九宣闸(津冀界)	13 849	九宣闸(津冀界)—独流	13 003
河北段	青县主线(冀津界)—沧州	33 144	沧州—青县主线(冀津界)	33 592
	沧州—吴桥(冀鲁界)	23 213	吴桥(冀鲁界)—沧州	23 781
山东段	京福鲁冀(德州)—齐河	27 179	齐河—京福鲁冀(德州)	28 126
	齐河—济南	48 734	济南—齐河	50 077
	济南—泰安	49 940	泰安—济南	49 947
	泰安—京沪鲁苏	22 704	京沪鲁苏—泰安	22 678
江苏段	苏鲁省界—淮安	34 276	淮安—苏鲁省界	24 626
	淮安—江都	107 901	江都—淮安	68 129
	江都—江阴	100 997	江阴—江都	72 170
	江阴—无锡	41 725	无锡—江阴	99 771
	无锡—苏州北	192 159	苏州北—无锡	211 761
	苏州北—花桥主线(苏沪界)	139 471	花桥主线(苏沪界)—苏州北	147 079
上海段	安亭主线(沪苏界)—江桥	110 810	江桥—安亭主线(沪苏界)	116 121

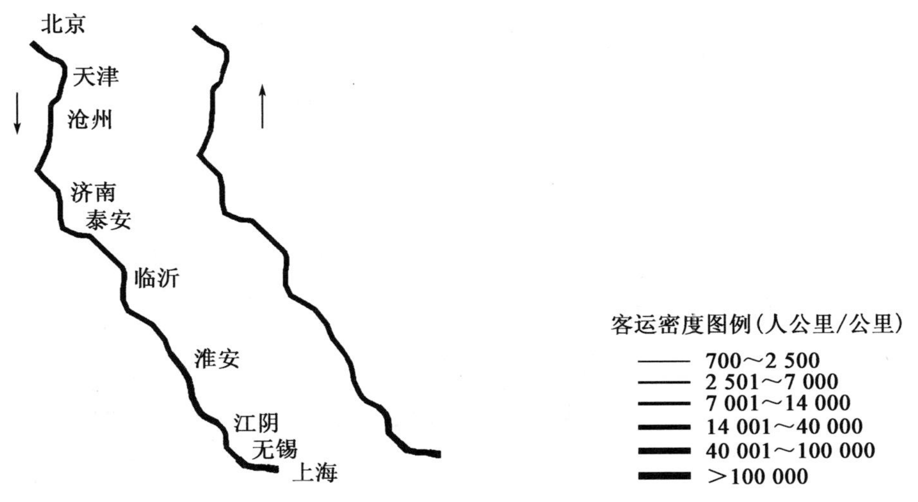

图3.3　2013年京沪高速公路(G2)日均客运密度

3.2.2 货运密度分布如表3.4和图3.4所示。

2013年京沪高速公路(G2)日均货运密度　　表3.4

路　段	路段起止点	货运密度（吨公里/公里）	路段起止点	货运密度（吨公里/公里）
北京段	大羊坊—廊坊	97 855	廊坊—大羊坊	87 565
河北段	廊坊—泗村店	59 448	泗村店—廊坊	55 466
天津段	泗村店—汉沽	108 977	汉沽—泗村店	91 010
	汉沽—独流	93 217	独流—汉沽	85 560
	独流—九宣闸(津冀界)	32 972	九宣闸(津冀界)—独流	36 903
河北段	青县主线(冀津界)—沧州	130 150	沧州—青县主线(冀津界)	134 212
	沧州—吴桥(冀鲁界)	109 560	吴桥(冀鲁界)—沧州	94 494
山东段	京福鲁冀(德州)—齐河	113 447	齐河—京福鲁冀(德州)	100 586
	齐河—济南	215 569	济南—齐河	167 875
	济南—泰安	170 764	泰安—济南	148 097
	泰安—京沪鲁苏	140 632	京沪鲁苏—泰安	115 069
江苏段	苏鲁省界—淮安	265 264	淮安—苏鲁省界	127 841
	淮安—江都	246 084	江都—淮安	121 281
	江都—江阴	73 446	江阴—江都	48 863
	江阴—无锡	20 306	无锡—江阴	59 880
	无锡—苏州北	154 676	苏州北—无锡	161 089
	苏州北—花桥主线(苏沪界)	63 989	花桥主线(苏沪界)—苏州北	79 991
上海段	安亭主线(沪苏界)—江桥	58 484	江桥—安亭主线(沪苏界)	64 278

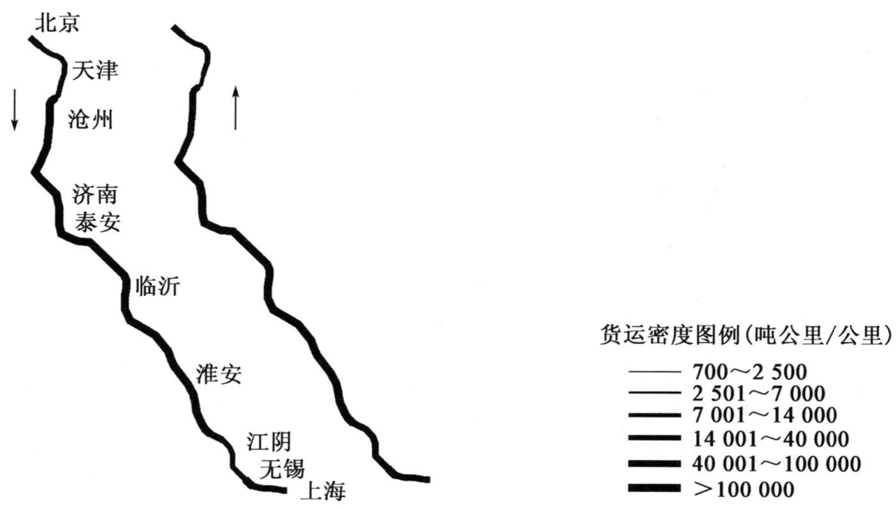

图3.4　2013年京沪高速公路(G2)日均货运密度

3.3　京港澳高速(G4)运输密度

3.3.1　客运密度分布如表 3.5 和图 3.5 所示。

2013 年京港澳高速公路(G4)日均客运密度　　表 3.5

路　段	路段起止点	客运密度（人公里/公里）	路段起止点	客运密度（人公里/公里）
北京	六环—琉璃河南(京冀界)	70 559	琉璃河南(京冀界)—六环	61 252
河北段	涿州北(冀京界)—保定	39 075	保定—涿州北(冀京界)	37 473
	保定—石家庄	35 760	石家庄—保定	35 479
	石家庄—栾城	37 215	栾城—石家庄	37 769
	栾城—临漳(冀豫界)	17 024	临漳(冀豫界)—栾城	17 515
河南段	京港澳豫冀界—鹤壁	21 672	鹤壁—京港澳豫冀界	22 187
	鹤壁—新乡	41 535	新乡—鹤壁	41 262
	新乡—郑州	45 900	郑州—新乡	45 426
	郑州—许昌	75 435	许昌—郑州	74 965
	许昌—漯河	52 969	漯河—许昌	51 644
	漯河—驻马店	29 411	驻马店—漯河	28 621
	驻马店—京港澳豫鄂界	14 858	京港澳豫鄂界—驻马店	14 840
湖北段	豫鄂界—武汉北	14 326	武汉北—豫鄂界	14 437
	武汉北—鄂南(鄂湘界)	22 975	鄂南(鄂湘界)—武汉北	22 552
湖南段	羊楼司(湘鄂界)—岳阳	17 408	岳阳—羊楼司(湘鄂界)	17 707
	岳阳—长沙	45 928	长沙—岳阳	46 028
	长沙—湘潭	77 656	湘潭—长沙	76 343
	湘潭—衡阳	44 258	衡阳—湘潭	45 766
	衡阳—郴州	34 881	郴州—衡阳	36 883
	郴州—宜章	35 445	宜章—郴州	38 182
	宜章—小塘(湘粤界)	34 272	小塘(湘粤界)—宜章	30 072
广东段	粤北(粤湘界)—广州	30 108	广州—粤北(粤湘界)	32 788
	广州—太平	150 037	太平—广州	119 660
	太平—深圳皇岗	128 140	深圳皇岗—太平	120 699

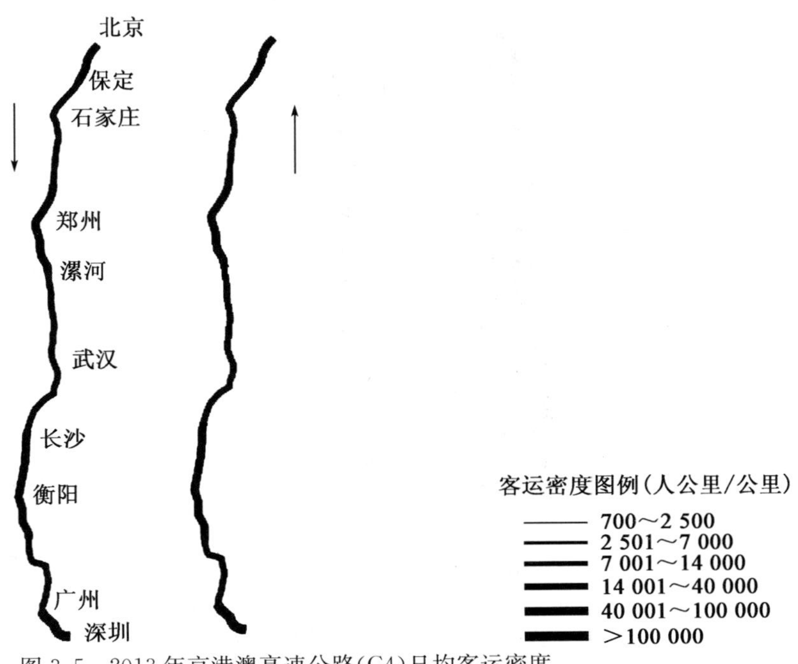

图 3.5　2013 年京港澳高速公路(G4)日均客运密度

3.3.2 货运密度分布如表3.6和图3.6所示。

2013年京港澳高速公路(G4)日均货运密度 表3.6

路　段	路段起止点	货运密度（吨公里/公里）	路段起止点	货运密度（吨公里/公里）
北京段	六环—琉璃河南(京冀界)	59 107	琉璃河南(京冀界)—六环	50 147
河北段	涿州北(冀京界)—保定	48 146	保定—涿州北(冀京界)	53 160
	保定—石家庄	53 487	石家庄—保定	79 058
	石家庄—栾城	26 413	栾城—石家庄	30 259
	栾城—临漳(冀豫界)	28 015	临漳(冀豫界)—栾城	23 253
河南段	京港澳豫冀界—鹤壁	42 642	鹤壁—京港澳豫冀界	37 773
	鹤壁—新乡	71 844	新乡—鹤壁	60 841
	新乡—郑州	99 194	郑州—新乡	68 854
	郑州—许昌	84 631	许昌—郑州	79 387
	许昌—漯河	124 172	漯河—许昌	99 404
	漯河—驻马店	122 878	驻马店—漯河	114 139
	驻马店—京港澳豫鄂界	109 847	京港澳豫鄂界—驻马店	106 730
湖北段	豫鄂界—武汉北	89 363	武汉北—豫鄂界	100 531
	武汉北—鄂南(鄂湘界)	112 456	鄂南(鄂湘界)—武汉北	110 396
湖南段	羊楼司(湘鄂界)—岳阳	107 426	岳阳—羊楼司(湘鄂界)	97 735
	岳阳—长沙	172 110	长沙—岳阳	137 258
	长沙—湘潭	166 139	湘潭—长沙	152 164
	湘潭—衡阳	105 809	衡阳—湘潭	117 199
	衡阳—郴州	84 381	郴州—衡阳	86 662
	郴州—宜章	86 424	宜章—郴州	88 715
	宜章—小塘(湘粤界)	87 070	小塘(湘粤界)—宜章	81 697
广东段	粤北(粤湘界)—广州	140 060	广州—粤北(粤湘界)	137 951
	广州—太平	94 325	太平—广州	84 882
	太平—深圳皇岗	59 821	深圳皇岗—太平	54 039

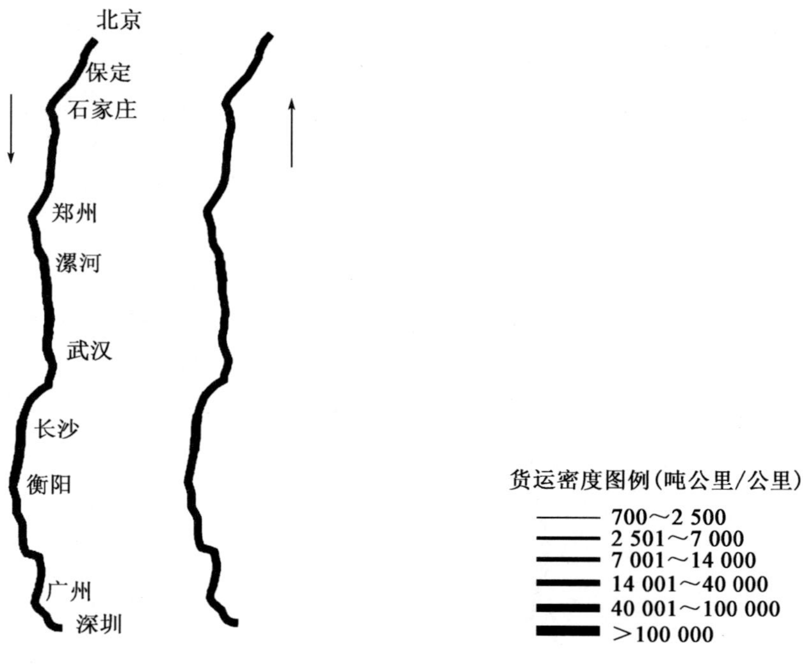

图3.6　2013年京港澳高速公路(G4)日均货运密度

3.4　京昆高速公路(G5)运输密度

3.4.1　客运密度分布如表3.7和图3.7所示。

2013年京昆高速公路(G5)日均客运密度　　表3.7

路　段	路段起止点	客运密度(人公里/公里)	路段起止点	客运密度(人公里/公里)
北京段	六环—琉璃河南(京冀界)	70 559	琉璃河南(京冀界)—六环	61 252
河北段	涿州—满城	16 151	满城—涿州	15 558
	满城—石家庄	10 787	石家庄—满城	10 823
	石家庄—井陉西(冀晋界)	16 588	井陉西(冀晋界)—石家庄	15 640
山西段	旧关(晋冀界)—阳泉	9 602	阳泉—旧关(晋冀界)	13 588
	阳泉—太原	19 255	太原—阳泉	20 641
	太原—罗城	21 744	罗城—太原	22 045
	罗城—交城	50 940	交城—罗城	49 581
	交城—侯马	22 953	侯马—交城	22 233
	侯马—龙门大桥(晋陕界)	8 155	龙门大桥(晋陕界)—侯马	7 602
陕西段	禹门口(陕晋界)—西安	20 141	西安—禹门口(陕晋界)	20 525
	西安—汉中	23 901	汉中—西安	23 492
	汉中—棋盘关(陕川界)	12 193	棋盘关(陕川界)—汉中	11 890
四川段	棋盘关—广元	22 504	广元—棋盘关	22 242
	广元—绵阳	27 276	绵阳—广元	27 972
	绵阳—德阳	38 474	德阳—绵阳	40 749
	德阳—成都	70 018	成都—德阳	70 608
	成都—青龙	91 752	青龙—成都	86 737
	青龙—雅安东	23 465	雅安东—青龙	21 931
	雅安东—西昌	14 674	西昌—雅安东	15 230
	西昌—攀枝花	7 754	攀枝花—西昌	7 355

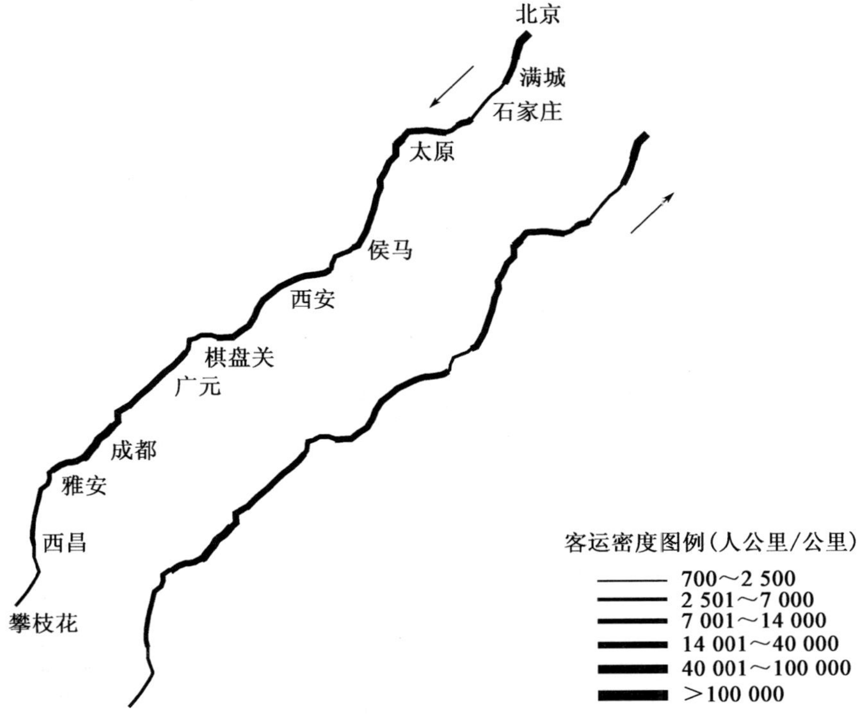

图3.7　2013年京昆高速公路(G5)日均客运密度

3.4.2 货运密度分布如表 3.8 和图 3.8 所示。

2013 年京昆高速公路(G5)日均货运密度 表 3.8

路　　段	路段起止点	货运密度（吨公里/公里）	路段起止点	货运密度（吨公里/公里）
北京段	六环—琉璃河南(京冀界)	59 107	琉璃河南(京冀界)—六环	50 147
河北段	涿州—满城	15 379	满城—涿州	33 329
	满城—石家庄	27 803	石家庄—满城	21 906
	石家庄—井陉西(冀晋界)	100 866	井陉西(冀晋界)—石家庄	78 970
山西段	旧关(晋冀界)—阳泉	107 195	阳泉—旧关(晋冀界)	161 117
	阳泉—太原	78 147	太原—阳泉	131 130
	太原—罗城	52 344	罗城—太原	39 697
	罗城—交城	59 891	交城—罗城	65 339
	交城—侯马	28 038	侯马—交城	20 508
	侯马—龙门大桥(晋陕界)	27 089	龙门大桥(晋陕界)—侯马	15 534
陕西段	禹门口(陕晋界)—西安	41 485	西安—禹门口(陕晋界)	24 947
	西安—汉中	59 670	汉中—西安	42 981
	汉中—棋盘关(陕川界)	72 619	棋盘关(陕川界)—汉中	45 893
四川段	棋盘关—广元	59 595	广元—棋盘关	50 949
	广元—绵阳	63 491	绵阳—广元	49 033
	绵阳—德阳	39 075	德阳—绵阳	36 552
	德阳—成都	42 416	成都—德阳	35 770
	成都—青龙	35 157	青龙—成都	42 837
	青龙—雅安东	10 062	雅安东—青龙	7 269
	雅安东—西昌	10 668	西昌—雅安东	12 066
	西昌—攀枝花	9 615	攀枝花—西昌	12 522

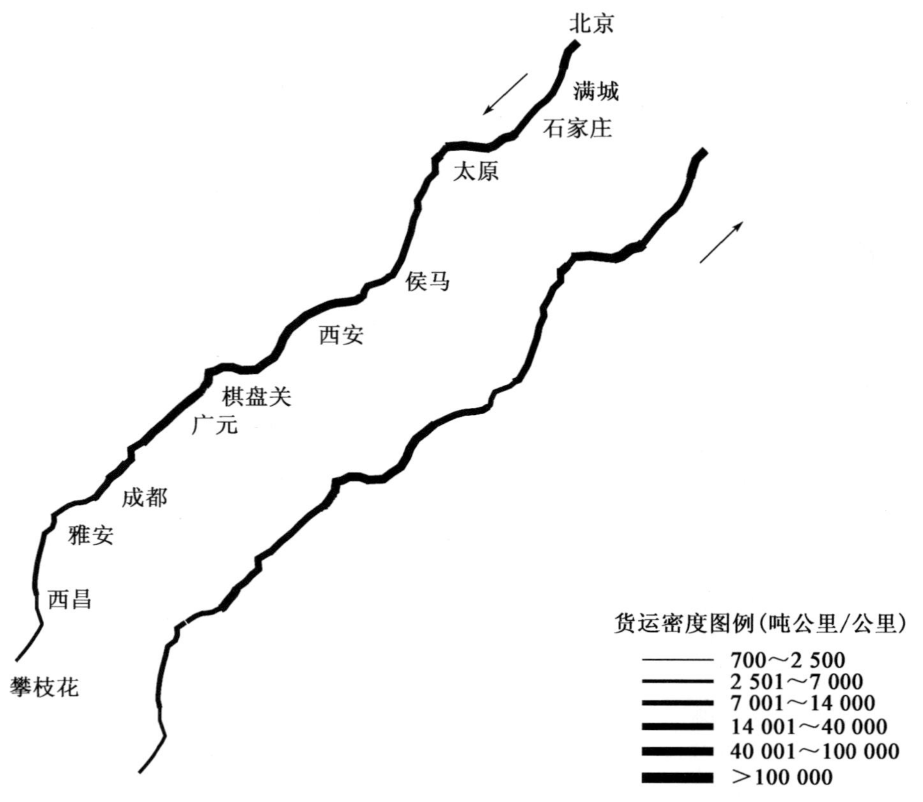

图 3.8　2013 年京昆高速公路(G5)日均货运密度

3.5　京藏高速公路(G6)运输密度

3.5.1　客运密度分布如表3.9和图3.9所示。

2013年京藏高速公路(G6)日均客运密度　　表3.9

路　段	路段起止点	客运密度（人公里/公里）	路段起止点	客运密度（人公里/公里）
北京段	六环—居庸关	79 869	居庸关—六环	99 974
	居庸关—市界	47 095	市界—居庸关	46 790
河北段	东花园—宣化主线	22 426	宣化主线—东花园	24 514
	宣化主线—东洋河	11 318	东洋河—宣化主线	12 435
内蒙古段	蒙冀界—乌兰察布	8 621	乌兰察布—蒙冀界	11 406
	乌兰察布—呼和浩特	10 728	呼和浩特—乌兰察布	14 664
	呼和浩特—东兴	9 222	东兴—呼和浩特	13 817
	东兴—包头	7 021	包头—东兴	11 635
	包头—临河	4 932	临河—包头	5 388
	临河—磴口	2 825	磴口—临河	4 146
	磴口—蒙宁界	3 388	蒙宁界—磴口	3 978
宁夏段	惠农主线(宁蒙界)—姚伏	10 931	姚伏—惠农主线(宁蒙界)	8 924
	姚伏—银川	22 794	银川—姚伏	22 094
	银川—吴忠	26 040	吴忠—银川	26 066
	吴忠—中宁	14 782	中宁—吴忠	14 537
	中宁—桃山	5 463	桃山—中宁	5 546
	桃山—兴仁主线(宁甘界)	4 492	兴仁主线(宁甘界)—桃山	3 736
甘肃段	刘家寨主线(甘宁界)—白银	6 951	白银—刘家寨主线(甘宁界)	6 198
	白银—树屏	18 772	树屏—白银	18 198
	树屏—河口	17 590	河口—树屏	17 538
	河口—海石湾主线(甘青界)	11 433	海石湾主线(甘青界)—河口	11 526
青海段	马场垣主线(青甘界)—平安	15 409	平安—马场垣主线(青甘界)	12 647
	平安—西宁	34 871	西宁—平安	39 723

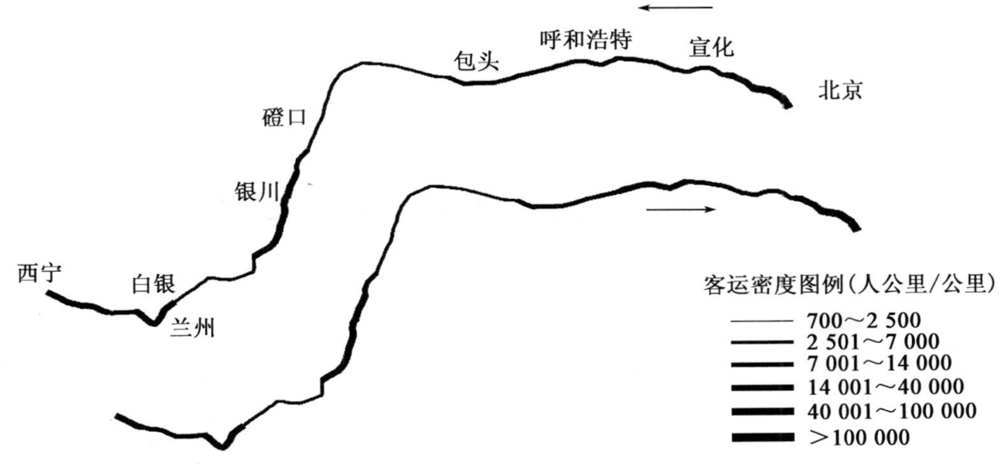

图3.9　2013年京藏高速公路(G6)日均客运密度

3.5.2 货运密度分布如表3.10和图3.10所示。

2013年京藏高速公路(G6)日均货运密度 表3.10

路　段	路段起止点	货运密度（吨公里/公里）	路段起止点	货运密度（吨公里/公里）
北京段	六环—居庸关	160 503	居庸关—六环	57 110
	居庸关—市界	168 434	市界—居庸关	8 975
河北段	东花园—宣化主线	65 790	宣化主线—东花园	48 472
	宣化主线—东洋河	28 448	东洋河—宣化主线	99 211
内蒙古段	蒙冀界—乌兰察布	18 114	乌兰察布—蒙冀界	144 412
	乌兰察布—呼和浩特	4 193	呼和浩特—乌兰察布	93 046
	呼和浩特—东兴	3 244	东兴—呼和浩特	81 809
	东兴—包头	2 608	包头—东兴	49 946
	包头—临河	25 707	临河—包头	43 669
	临河—磴口	14 632	磴口—临河	35 013
	磴口—蒙宁界	32 514	蒙宁界—磴口	39 654
宁夏段	惠农主线(宁蒙界)—姚伏	31 091	姚伏—惠农主线(宁蒙界)	15 954
	姚伏—银川	49 400	银川—姚伏	25 508
	银川—吴忠	16 462	吴忠—银川	10 766
	吴忠—中宁	14 785	中宁—吴忠	9 937
	中宁—桃山	13 430	桃山—中宁	10 225
	桃山—兴仁主线(宁甘界)	20 888	兴仁主线(宁甘界)—桃山	9 816
甘肃段	刘家寨主线(甘宁界)—白银	26 627	白银—刘家寨主线(甘宁界)	18 226
	白银—树屏	48 965	树屏—白银	42 264
	树屏—河口	49 190	河口—树屏	42 592
	河口—海石湾主线(甘青界)	40 321	海石湾主线(甘青界)—河口	35 461
青海段	马场垣主线(青甘界)—平安	60 665	平安—马场垣主线(青甘界)	18 773
	平安—西宁	65 915	西宁—平安	26 178

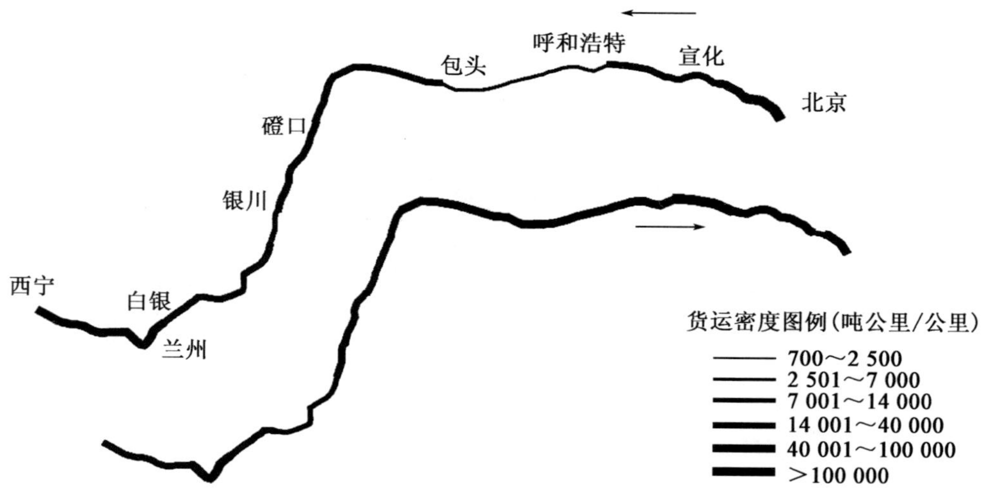

图3.10　2013年京藏高速公路(G6)日均货运密度

3.6　沈海高速公路(G15)运输密度

3.6.1　客运密度分布如表3.11和图3.11所示。

2013年沈海高速公路(G15)日均客运密度　　表3.11

路　段	路段起止点	客运密度(人公里/公里)	路段起止点	客运密度(人公里/公里)
辽宁段	沈阳—鞍山	36 601	鞍山—沈阳	45 026
	鞍山—营口	27 803	营口—鞍山	31 355
	营口—鲅鱼圈	33 173	鲅鱼圈—营口	35 995
	鲅鱼圈—大连	35 316	大连—鲅鱼圈	36 755
山东段	烟台—栖霞	25 279	栖霞—烟台	25 804
	栖霞—青岛	13 380	青岛—栖霞	14 086
	青岛—沈海鲁苏	27 190	沈海鲁苏—青岛	27 503
江苏段	沈海苏鲁—南通	43 345	南通—沈海苏鲁	37 277
	南通—常熟	147 539	常熟—南通	135 653
	常熟—太仓主线(苏沪界)	103 072	太仓主线(苏沪界)—常熟	150 622
上海段	朱桥(沪苏界)—嘉浏	95 182	嘉浏—朱桥(沪苏界)	100 021
	嘉浏—新桥	50 961	新桥—嘉浏	60 903
	新桥—嘉金莘奉金立交	30 927	嘉金莘奉金立交—新桥	28 563
	嘉金莘奉金立交—金山卫(沪浙界)	17 467	金山卫(沪浙界)—嘉金莘奉金立交	16 544
浙江段	浙沪主线—宁波北	26 958	宁波北—浙沪主线	26 845
	宁波姜山—宁海	40 468	宁海—宁波姜山	40 630
	宁海—吴岙	26 350	吴岙—宁海	26 292
	吴岙—台州	46 640	台州—吴岙	46 078
	台州—温州	37 936	温州—台州	38 018
	温州—平阳	76 810	平阳—温州	76 136
	平阳—分水关(浙闽界)	29 734	分水关(浙闽界)—平阳	29 247
福建段	闽浙—福州	10 866	福州—闽浙	10 692
	福州—莆田	25 384	莆田—福州	25 307
	莆田—泉州	23 467	泉州—莆田	23 474
	泉州—厦门	39 939	厦门—泉州	40 703
	厦门—漳州	27 626	漳州—厦门	27 585
	漳州—闽粤界	14 430	闽粤界—漳州	13 833
广东段	汾水关—汕头	20 393	汕头—汾水关	21 511
	汕头—陆丰	31 143	陆丰—汕头	34 921
	陆丰—深圳	55 761	深圳—陆丰	57 908
	深圳—广州	138 356	广州—深圳	120 214
	广州—阳江	63 615	阳江—广州	58 375
	阳江—湛江	38 630	湛江—阳江	31 879
	湛江—徐闻	10 017	徐闻—湛江	11 075

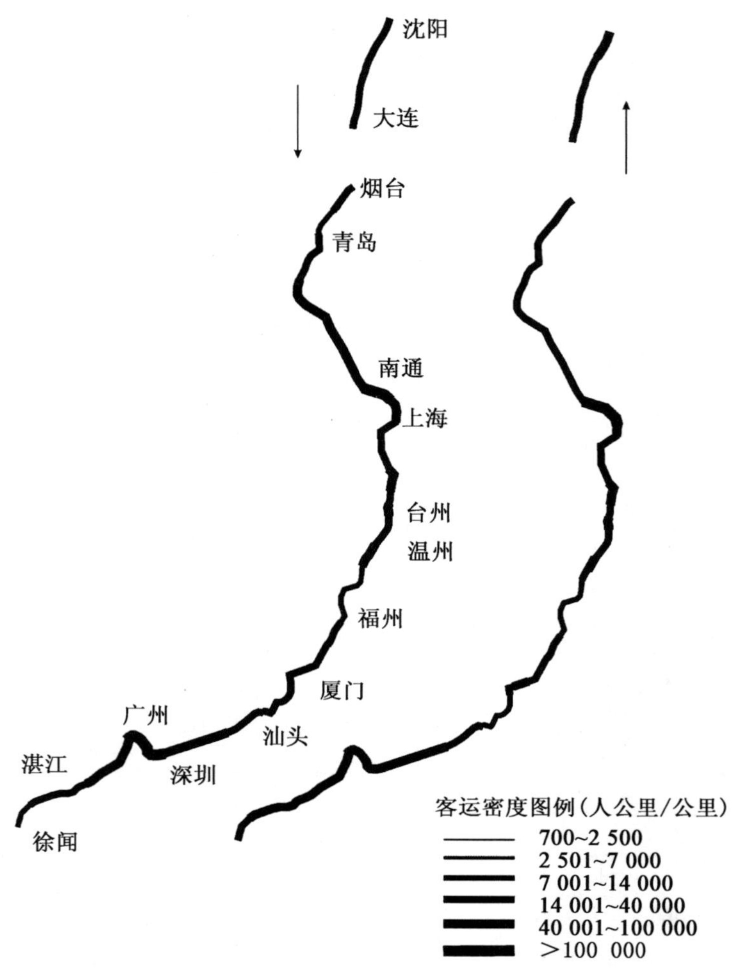

图 3.11　2013 年沈海高速公路(G15)日均客运密度

3.6.2　货运密度分布如表 3.12 和图 3.12 所示。

2013 年沈海高速公路(G15)日均货运密度　　表 3.12

路　段	路段起止点	货运密度（吨公里/公里）	路段起止点	货运密度（吨公里/公里）
辽宁段	沈阳—鞍山	82 958	鞍山—沈阳	82 249
	鞍山—营口	94 078	营口—鞍山	86 985
	营口—鲅鱼圈	112 927	鲅鱼圈—营口	93 910
	鲅鱼圈—大连	54 788	大连—鲅鱼圈	41 549
山东段	烟台—栖霞	18 378	栖霞—烟台	20 787
	栖霞—青岛	27 408	青岛—栖霞	22 495
	青岛—沈海鲁苏	58 551	沈海鲁苏—青岛	49 013
江苏段	沈海苏鲁—南通	104 927	南通—沈海苏鲁	55 549
	南通——常熟	169 761	常熟—南通	105 929
	常熟—太仓主线(苏沪界)	69 601	太仓主线(苏沪界)—常熟	110 939
上海段	朱桥(沪苏界)—嘉浏	94 758	嘉浏—朱桥(沪苏界)	94 596
	嘉浏—新桥	90 683	新桥—嘉浏	80 498
	新桥—嘉金莘奉金立交	36 416	嘉金莘奉金立交—新桥	30 244
	嘉金莘奉金立交—金山卫(沪浙界)	38 751	金山卫(沪浙界)—嘉金莘奉金立交	40 450
浙江段	浙沪主线—宁波北	38 915	宁波北—浙沪主线	27 187
	宁波姜山—宁海	46 387	宁海—宁波姜山	37 695
	宁海—吴岙	51 794	吴岙—宁海	30 108
	吴岙—台州	79 783	台州—吴岙	52 844
	台州—温州	55 706	温州—台州	42 090
	温州—平阳	91 562	平阳—温州	75 931
	平阳—分水关(浙闽界)	72 599	分水关(浙闽界)—平阳	64 820
福建段	闽浙—福州	59 949	福州—闽浙	66 015
	福州—莆田	60 803	莆田—福州	66 817
	莆田—泉州	64 225	泉州—莆田	71 519
	泉州—厦门	70 814	厦门—泉州	80 522
	厦门—漳州	49 849	漳州—厦门	64 515
	漳州—闽粤界	33 072	闽粤界—漳州	30 150
广东段	汾水关—汕头	48 265	汕头—汾水关	47 977
	汕头—陆丰	58 418	陆丰—汕头	60 532
	陆丰—深圳	57 310	深圳—陆丰	57 726
	深圳—广州	68 429	广州—深圳	75 919
	广州—阳江	90 318	阳江—广州	95 034
	阳江—湛江	66 644	湛江—阳江	59 399
	湛江—徐闻	23 516	徐闻—湛江	31 794

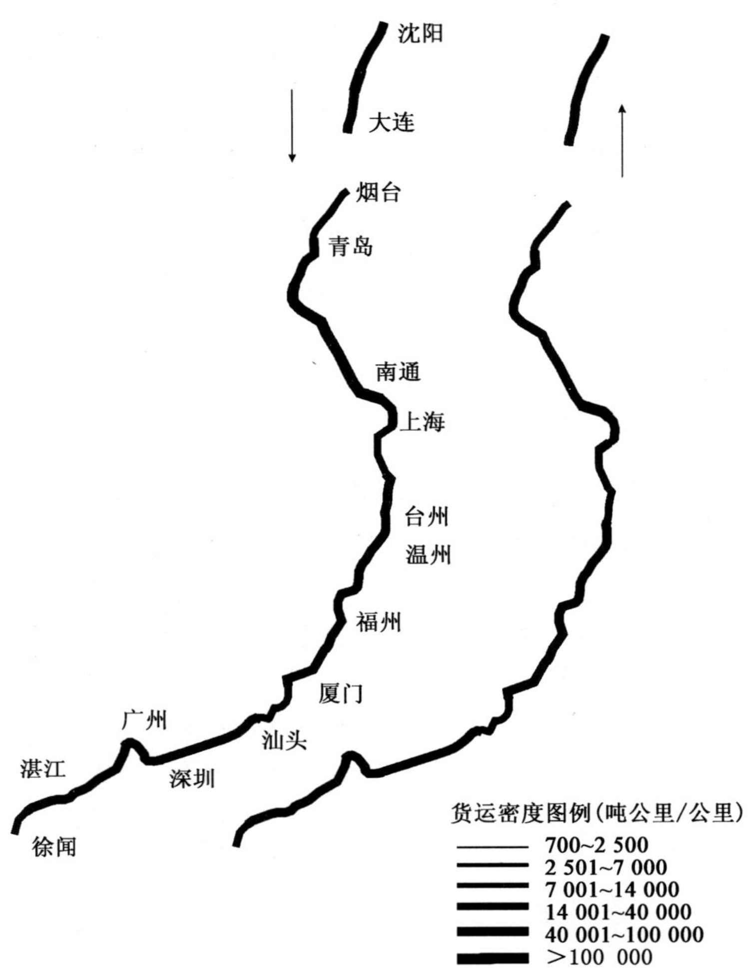

图 3.12　2013 年沈海高速公路(G15)日均货运密度

3.7　青银高速公路(G20)运输密度

3.7.1　客运密度分布如表 3.13 和图 3.13 所示。

2013 年青银高速公路(G20)日均客运密度　　表 3.13

路　段	路段起止点	客运密度（人公里/公里）	路段起止点	客运密度（人公里/公里）
山东段	青岛—胶州	24 923	胶州—青岛	25 350
	胶州—潍坊	20 655	潍坊—胶州	20 597
	潍坊—济南	36 739	济南—潍坊	37 306
	济南—齐河	50 077	齐河—济南	48 734
	齐河—青银鲁冀	11 140	青银鲁冀—齐河	10 926
河北段	清河(冀鲁界)—栾城	12 966	栾城—清河(冀鲁界)	13 144
	栾城—石家庄	8 401	石家庄—栾城	9 755
	石家庄—井陉西(冀晋界)	18 178	井陉西(冀晋界)—石家庄	17 601
山西段	旧关(晋冀界)—阳泉	9 602	阳泉—旧关(晋冀界)	13 588
	阳泉—太原	19 255	太原—阳泉	20 641
	太原—罗城	21 744	罗城—太原	22 045
	罗城—交城	50 940	交城—罗城	49 581
	交城—吕梁	18 249	吕梁—交城	17 875
	吕梁—柳林	13 759	柳林—吕梁	6 637
陕西段	吴堡主线(陕晋界)—靖边	3 391	靖边—吴堡主线(陕晋界)	3 147
	靖边—王圈梁(陕宁界)	7 386	王圈梁(陕宁界)—靖边	7 550
宁夏段	盐池主线(宁陕界)—临河	12 366	临河—盐池主线(宁陕界)	7 962
	临河—银川	44 272	银川—临河	44 855

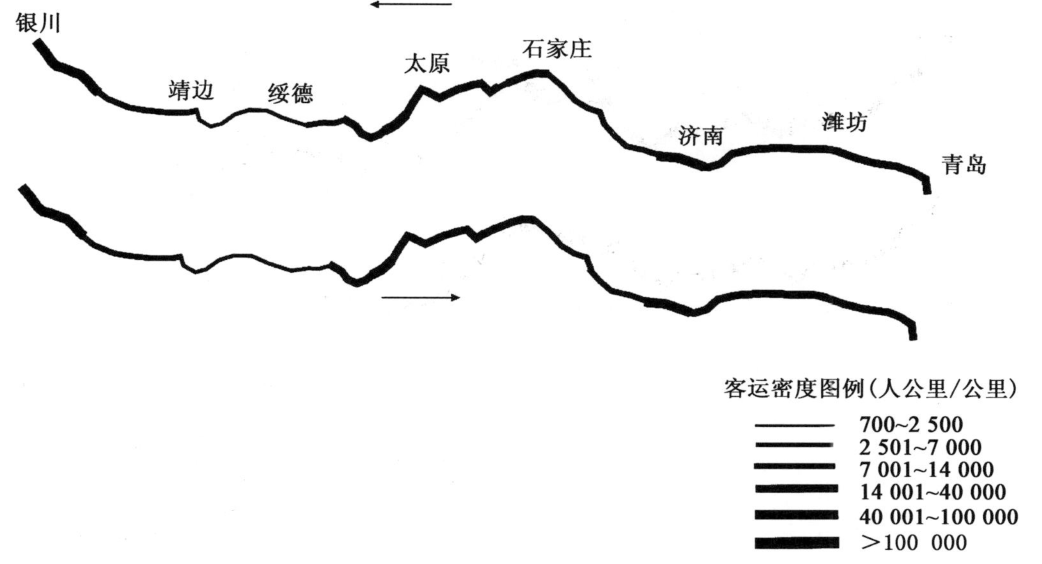

图 3.13　2013 年青银高速公路(G20)日均客运密度

3.7.2 货运密度分布如表 3.14 和图 3.14 所示。

2013 年青银高速公路(G20)日均货运密度 表 3.14

路　段	路段起止点	货运密度(吨公里/公里)	路段起止点	货运密度(吨公里/公里)
山东段	青岛—胶州	21 504	胶州—青岛	30 719
	胶州—潍坊	26 793	潍坊—胶州	31 832
	潍坊—济南	72 779	济南—潍坊	65 086
	济南—齐河	167 875	齐河—济南	215 569
	齐河—青银鲁冀	79 974	青银鲁冀—齐河	119 989
河北段	清河(冀鲁界)—栾城	54 164	栾城—清河(冀鲁界)	92 337
	栾城—石家庄	47 570	石家庄—栾城	125 139
	石家庄—井陉西(冀晋界)	102 245	井陉西(冀晋界)—石家庄	215 519
山西段	旧关(晋冀界)—阳泉	107 195	阳泉—旧关(晋冀界)	161 117
	阳泉—太原	78 147	太原—阳泉	131 130
	太原—罗城	52 344	罗城—太原	39 697
	罗城—交城	59 891	交城—罗城	65 339
	交城—吕梁	52 840	吕梁—交城	89 075
	吕梁—柳林	102 116	柳林—吕梁	203 484
陕西段	吴堡主线(陕晋界)—靖边	74 658	靖边—吴堡主线(陕晋界)	82 877
	靖边—王圈梁(陕宁界)	70 641	王圈梁(陕宁界)—靖边	57 698
宁夏段	盐池主线(宁陕界)—临河	20 156	临河—盐池主线(宁陕界)	14 720
	临河—银川	49 547	银川—临河	64 179

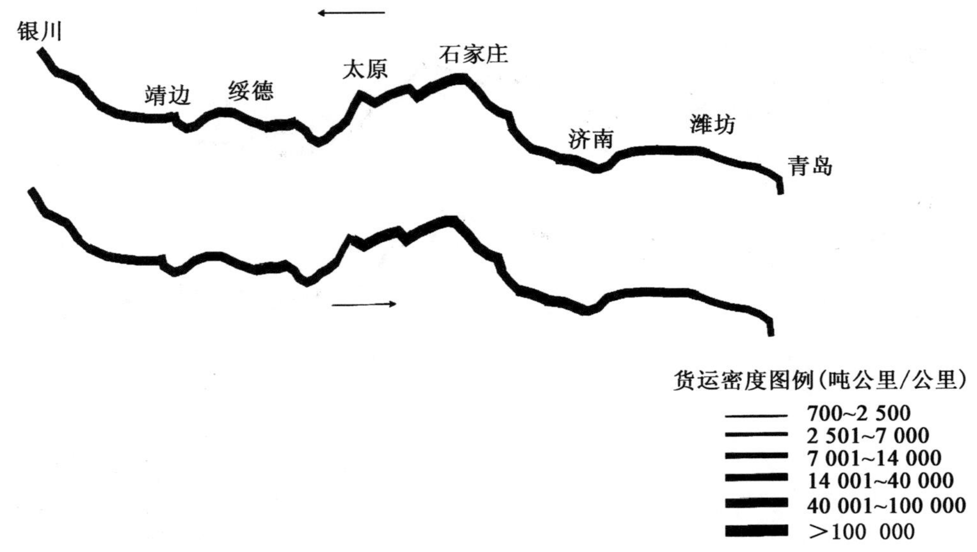

图 3.14 2013 年青银高速公路(G20)日均货运密度

3.8 连霍高速公路(G30)运输密度

3.8.1 客运密度分布如表3.15和图3.15所示。

2013年连霍高速公路(G30)日均客运密度

表3.15

路段	路段起止点	客运密度(人公里/公里)	路段起止点	客运密度(人公里/公里)
江苏段	连云港—徐州	10 830	徐州—连云港	11 198
	徐州—苏皖省界	21 287	苏皖省界—徐州	24 484
安徽段	皖苏—皖豫	17 117	皖豫—皖苏	16 923
河南段	连霍豫皖界—商丘	19 615	商丘—连霍豫皖界	19 733
	商丘—开封	31 183	开封—商丘	30 215
	开封—郑州	51 981	郑州—开封	50 522
	郑州—洛阳	40 262	洛阳—郑州	39 647
	洛阳—三门峡	20 541	三门峡—洛阳	20 196
	三门峡—连霍豫陕界	14 366	连霍豫陕界—三门峡	13 298
陕西段	潼关(陕豫界)—西安	38 307	西安—潼关(陕豫界)	39 497
	西安—咸阳	46 798	咸阳—西安	42 206
	咸阳—杨凌	49 059	杨凌—咸阳	44 576
	杨凌—宝鸡	29 119	宝鸡—杨凌	26 194
	宝鸡—陈仓(陕甘界)	7 970	陈仓(陕甘界)—宝鸡	6 883
甘肃段	陈仓(甘陕界)—天水	5 265	天水—陈仓(甘陕界)	6 699
	天水—定西	8 050	定西—天水	7 926
	定西—兰州	24 551	兰州—定西	25 297
	兰州—龙泉寺	25 057	龙泉寺—兰州	25 211
	龙泉寺—华藏寺	10 800	华藏寺—龙泉寺	10 588
	华藏寺—双塔	7 174	双塔—华藏寺	6 233
	双塔—武威	15 474	武威—双塔	12 760
	武威—张掖	6 926	张掖—武威	6 718
	张掖—清水主线	6 584	清水主线—张掖	5 716
	清水主线—嘉峪关	6 107	嘉峪关—清水主线	6 773
	嘉峪关—瓜州站	6 973	瓜州站—嘉峪关	7 411
	瓜州站—柳园北主线(甘疆界)	3 729	柳园北主线(甘疆界)—瓜州站	3 388

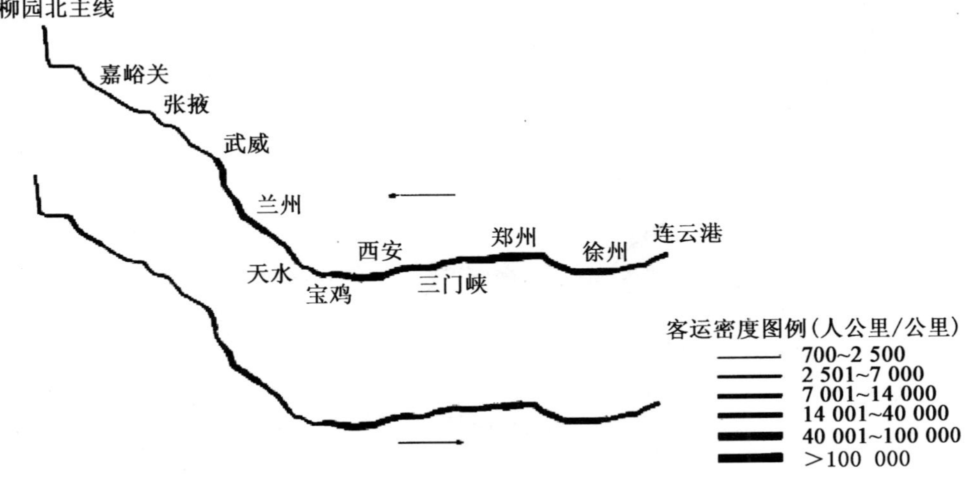

图3.15 2013年连霍高速公路(G30)日均客运密度

3.8.2 货运密度分布如表3.16和图3.16所示。

2013年连霍高速公路(G30)日均货运密度

表3.16

路段	路段起止点	货运密度（吨公里/公里）	路段起止点	货运密度（吨公里/公里）
江苏段	连云港—徐州	18 591	徐州—连云港	17 837
	徐州—苏皖省界	94 728	苏皖省界—徐州	72 563
安徽段	皖苏—皖豫	40 632	皖豫—皖苏	29 279
河南段	连霍豫皖界—商丘	22 750	商丘—连霍豫皖界	22 349
	商丘—开封	36 412	开封—商丘	41 834
	开封—郑州	72 537	郑州—开封	63 888
	郑州—洛阳	74 668	洛阳—郑州	70 343
	洛阳—三门峡	102 971	三门峡—洛阳	102 212
	三门峡—连霍豫陕界	107 078	连霍豫陕界—三门峡	121 268
陕西段	潼关(陕豫界)—西安	138 980	西安—潼关(陕豫界)	119 532
	西安—咸阳	84 763	咸阳—西安	79 552
	咸阳—杨凌	76 142	杨凌—咸阳	56 010
	杨凌—宝鸡	68 586	宝鸡—杨凌	51 279
	宝鸡—陈仓(陕甘界)	51 792	陈仓(陕甘界)—宝鸡	39 172
甘肃段	陈仓(甘陕界)—天水	31 913	天水—陈仓(甘陕界)	23 398
	天水—定西	6 629	定西—天水	8 638
	定西—兰州	49 280	兰州—定西	46 681
	兰州—龙泉寺	50 240	龙泉寺—兰州	50 213
	龙泉寺—华藏寺	26 244	华藏寺—龙泉寺	26 106
	华藏寺—双塔	18 164	双塔—华藏寺	18 824
	双塔—武威	44 873	武威—双塔	51 373
	武威—张掖	45 440	张掖—武威	46 555
	张掖—清水主线	44 105	清水主线—张掖	48 199
	清水主线—嘉峪关	45 529	嘉峪关—清水主线	49 880
	嘉峪关—瓜州站	50 701	瓜州站—嘉峪关	56 353
	瓜州站—柳园北主线(甘疆界)	46 653	柳园北主线(甘疆界)—瓜州站	51 520

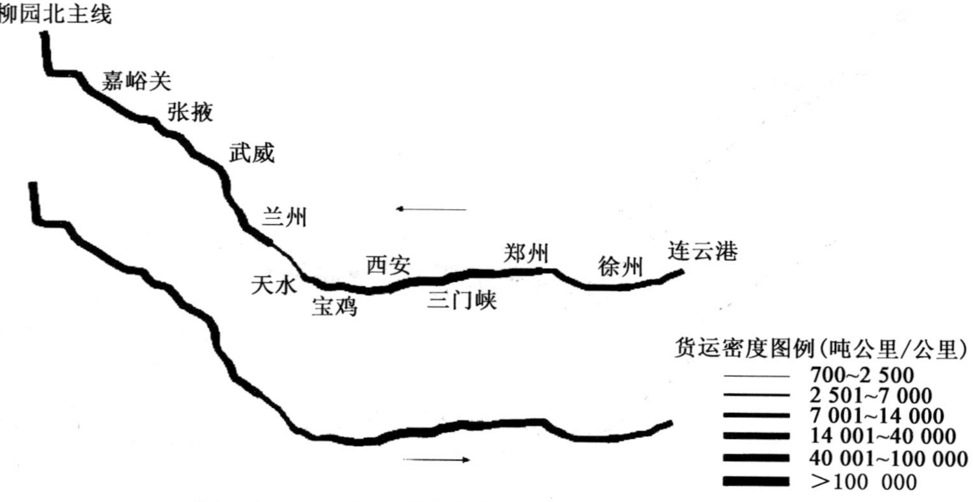

图3.16 2013年连霍高速公路(G30)日均货运密度

3.9　宁洛高速公路(G36)运输密度

3.9.1　客运密度分布如表3.17和图3.17所示。

2013年宁洛高速公路(G36)日均客运密度　　表3.17

路　段	路段起止点	客运密度（人公里/公里）	路段起止点	客运密度（人公里/公里）
安徽段	曹庄(皖苏界)—滁州	47 920	滁州—曹庄(皖苏界)	46 561
	滁州—蚌埠	44 394	蚌埠—滁州	43 861
	蚌埠—界首(皖豫界)	24 381	界首(皖豫界)—蚌埠	24 488
河南段	宁洛豫皖界—漯河	23 859	漯河—宁洛豫皖界	24 745
	漯河—平顶山	14 527	平顶山—漯河	15 931
	平顶山—洛阳	14 288	洛阳—平顶山	14 460

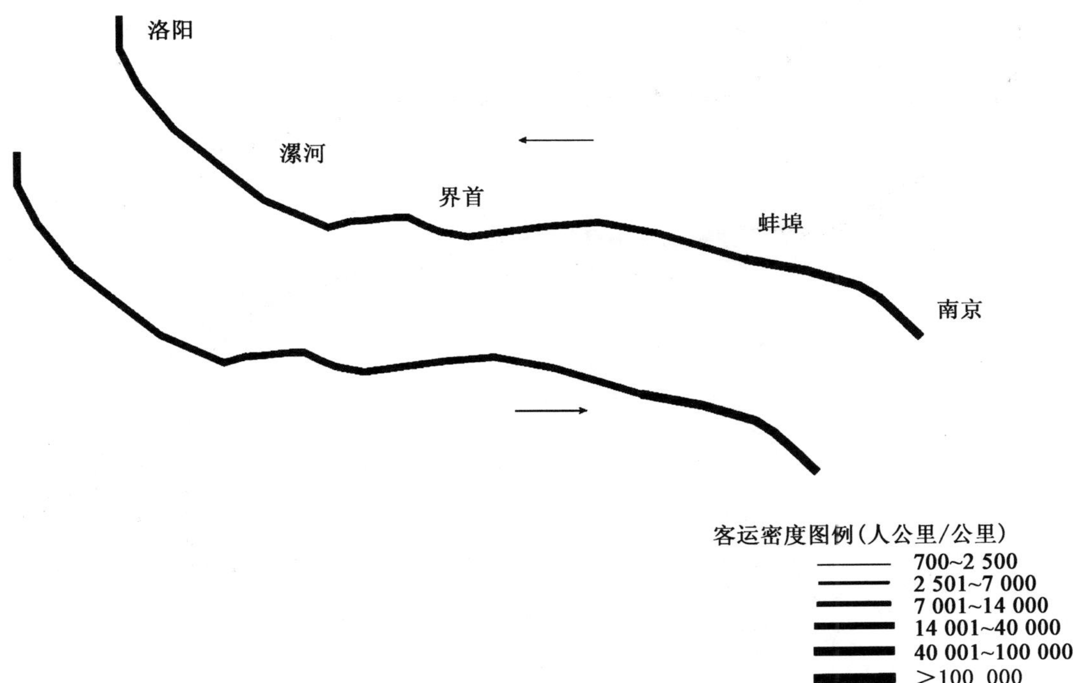

图3.17　2013年宁洛高速公路(G36)日均客运密度

3.9.2 货运密度分布如表 3.18 和图 3.18 所示。

2013 年宁洛高速公路(G36)日均货运密度 表 3.18

路　段	路段起止点	货运密度（吨公里/公里）	路段起止点	货运密度（吨公里/公里）
安徽段	曹庄(皖苏界)—滁州	80 712	滁州—曹庄(皖苏界)	62 515
	滁州—蚌埠	61 855	蚌埠—滁州	76 583
	蚌埠—界首(皖豫界)	45 529	界首(皖豫界)—蚌埠	51 749
河南段	宁洛豫皖界—漯河	36 580	漯河—宁洛豫皖界	53 002
	漯河—平顶山	27 630	平顶山—漯河	48 082
	平顶山—洛阳	36 255	洛阳—平顶山	56 050

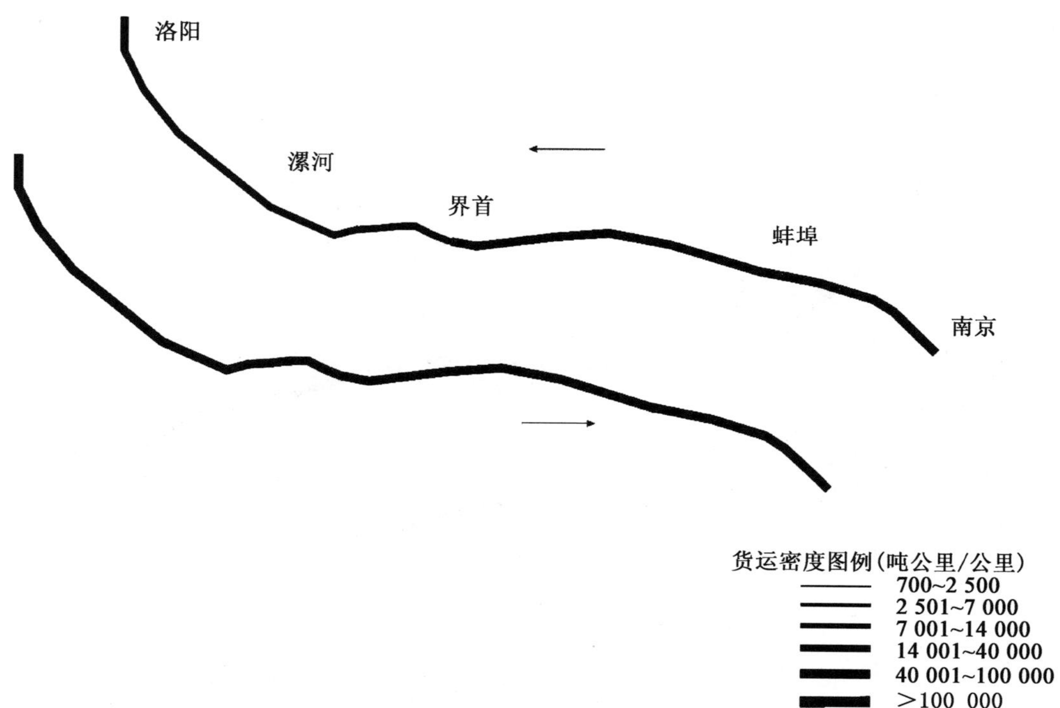

图 3.18 2013 年宁洛高速公路(G36)日均货运密度

3.10　沪陕高速公路(G40)运输密度

3.10.1　客运密度分布如表3.19和图3.19所示。

2013年沪陕高速公路(G40)日均客运密度　　表3.19

路　段	路段起止点	客运密度(人公里/公里)	路段起止点	客运密度(人公里/公里)
江苏段	南通—广陵	44 359	广陵—南通	42 993
	广陵—南京	52 484	南京—广陵	82 185
	南京—皖苏界	62 302	皖苏界—南京	70 043
安徽段	吴庄(皖苏界)—合肥	59 211	合肥—吴庄(皖苏界)	58 753
	合肥—叶集(皖豫界)	39 499	叶集(皖豫界)—合肥	38 099
河南段	沪陕豫皖界—南阳	14 266	南阳—沪陕豫皖界	13 371
	南阳—沪陕豫陕界	13 307	沪陕豫陕界—南阳	12 264
陕西段	界牌(陕豫界)—商洛	8 637	商洛—界牌(陕豫界)	8 568
	商洛—西安	23 489	西安—商洛	22 349

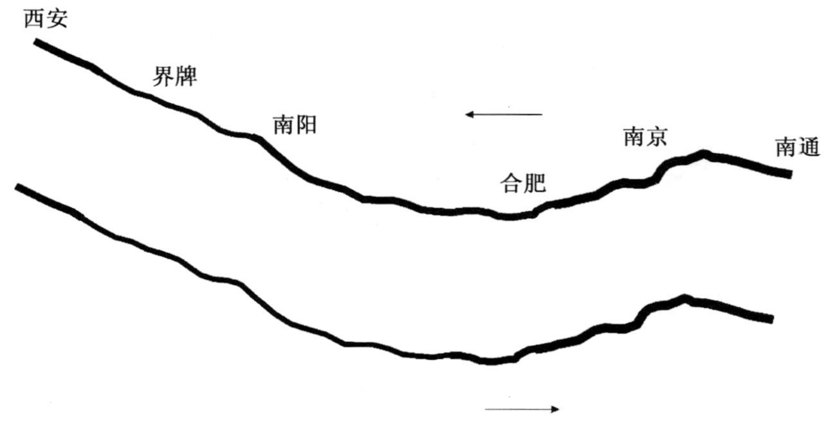

图3.19　2013年沪陕高速公路(G40)日均客运密度

3.10.2 货运密度分布如表 3.20 和图 3.20 所示。

2013 年沪陕高速公路(G40)日均货运密度 表 3.20

路　段	路段起止点	货运密度（吨公里/公里）	路段起止点	货运密度（吨公里/公里）
江苏段	南通—广陵	16 364	广陵—南通	21 582
	广陵—南京	33 808	南京—广陵	69 162
	南京—皖苏界	58 311	皖苏界—南京	49 719
安徽段	吴庄(皖苏界)—合肥	66 797	合肥—吴庄(皖苏界)	55 185
	合肥—叶集(皖豫界)	63 384	叶集(皖豫界)—合肥	66 766
河南段	沪陕豫皖界—南阳	11 869	南阳—沪陕豫皖界	12 932
	南阳—沪陕豫陕界	18 733	沪陕豫陕界—南阳	18 790
陕西段	界牌(陕豫界)—商洛	39 433	商洛—界牌(陕豫界)	62 068
	商洛—西安	67 515	西安—商洛	117 067

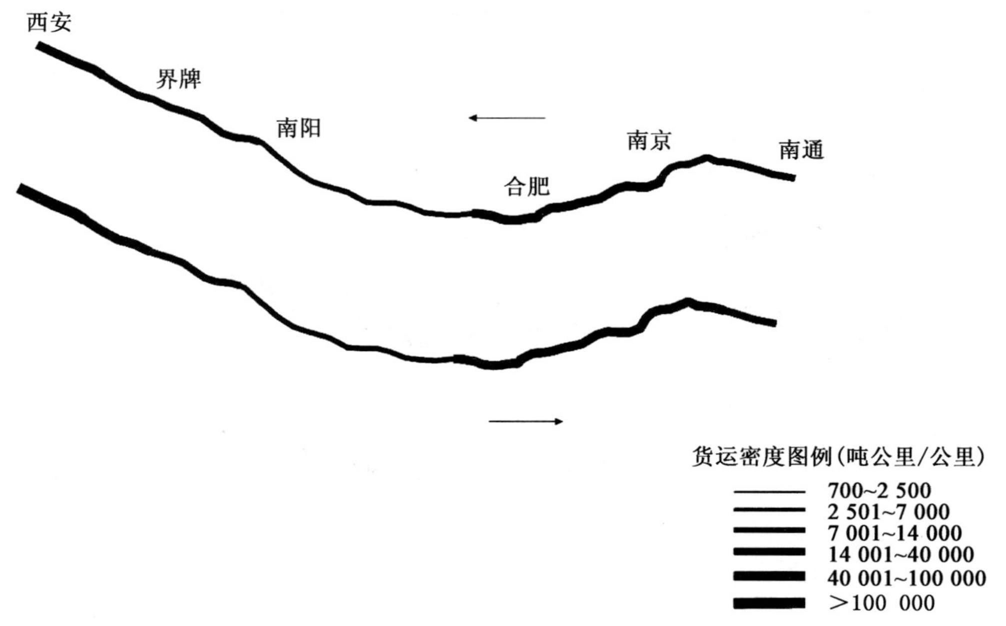

图 3.20 2013 年沪陕高速公路(G40)日均货运密度

3.11　沪蓉高速公路(G42)运输密度

3.11.1　客运密度分布如表3.21和图3.21所示。

2013年沪蓉高速公路(G42)日均客运密度　　表3.21

路　段	路段起止点	客运密度（人公里/公里）	路段起止点	客运密度（人公里/公里）
上海段	江桥—安亭主线(沪苏界)	116 121	安亭主线(沪苏界)—江桥	110 810
江苏段	花桥主线(苏沪界)—苏州北	147 079	苏州北—花桥主线(苏沪界)	139 471
	苏州北—无锡	211 761	无锡—苏州北	192 159
	无锡—南京	123 541	南京—无锡	136 736
	南京—苏皖界	62 302	苏皖界—南京	70 043
安徽段	吴庄(皖苏界)—合肥	59 211	合肥—吴庄(皖苏界)	58 753
	合肥—六安	51 101	六安—合肥	50 008
	六安—长岭关(皖鄂界)	16 795	长岭关(皖鄂界)—六安	15 821
湖北段	麻城—武汉	13 220	武汉—麻城	12 701
	武汉—荆门	10 871	荆门—武汉	11 212
	荆门—宜昌	11 394	宜昌—荆门	10 762
	宜昌—雾渡河	2 609	雾渡河—宜昌	802
重庆段	巫山—云阳	5 728	云阳—巫山	6 343
	云阳—垫江	18 232	垫江—云阳	17 813
	垫江—邻水	7 733	邻水—垫江	7 077
四川段	邻水—南充	21 495	南充—邻水	20 778
	南充—遂宁	27 955	遂宁—南充	28 295
	遂宁—成都	49 059	成都—遂宁	50 822

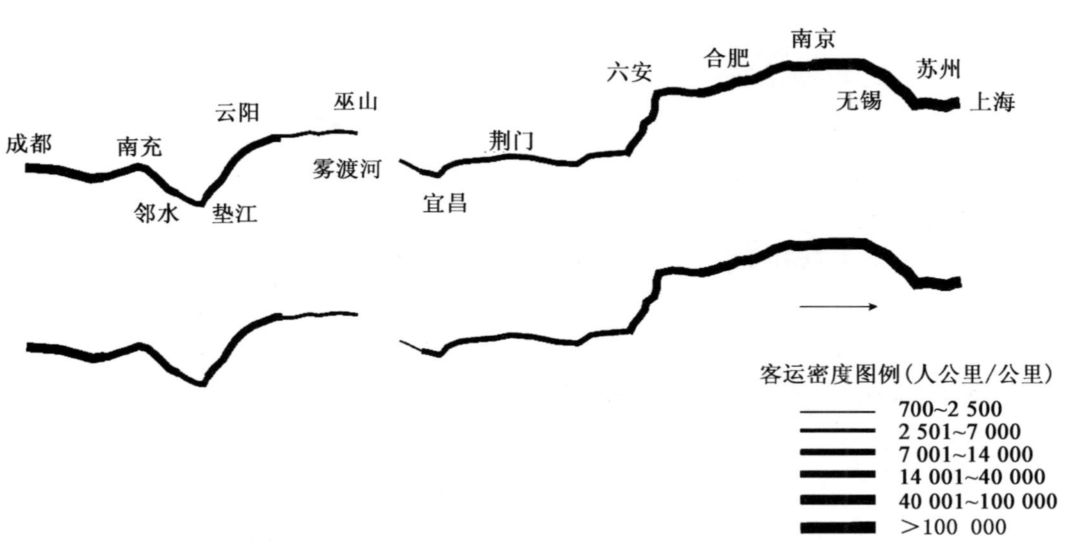

图3.21　2013年沪蓉高速公路(G42)日均客运密度

3.11.2 货运密度分布如表3.22和图3.22所示。

2013年沪蓉高速公路(G42)日均货运密度 表3.22

路 段	路段起止点	货运密度（吨公里/公里）	路段起止点	货运密度（吨公里/公里）
上海段	江桥—安亭主线(沪苏界)	64 278	安亭主线(沪苏界)—江桥	58 484
江苏段	花桥主线(苏沪界)—苏州北	79 991	苏州北—花桥主线(苏沪界)	63 989
	苏州北—无锡	161 089	无锡—苏州北	154 676
	无锡—南京	111 857	南京—无锡	107 323
	南京—苏皖界	58 311	苏皖界—南京	49 719
安徽段	吴庄(皖苏界)—合肥	66 797	合肥—吴庄(皖苏界)	55 185
	合肥—六安	70 142	六安—合肥	79 448
	六安—长岭关(皖鄂界)	51 255	长岭关(皖鄂界)—六安	45 019
湖北段	麻城—武汉	33 554	武汉—麻城	31 041
	武汉—荆门	7 511	荆门—武汉	9 804
	荆门—宜昌	26 298	宜昌—荆门	19 845
	宜昌—雾渡河	1 745	雾渡河—宜昌	565
重庆段	巫山—云阳	761	云阳—巫山	1 885
	云阳—垫江	7 397	垫江—云阳	5 102
	垫江—邻水	22 677	邻水—垫江	17 060
四川段	邻水—南充	35 696	南充—邻水	21 978
	南充—遂宁	30 071	遂宁—南充	31 349
	遂宁—成都	52 828	成都—遂宁	57 200

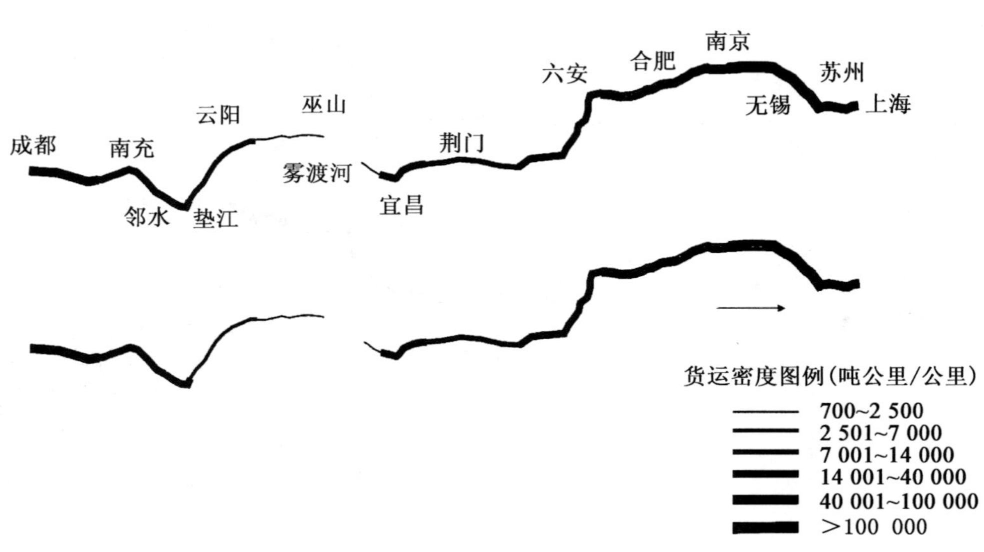

图3.22 2013年沪蓉高速公路(G42)日均货运密度

3.12　沪渝高速公路(G50)运输密度

3.12.1　客运密度分布如表3.23和图3.23所示。

2013年沪渝高速公路(G50)日均客运密度　　表3.23

路　段	路段起止点	客运密度（人公里/公里）	路段起止点	客运密度（人公里/公里）
上海段	徐泾—嘉松	104 609	嘉松—徐泾	97 174
	嘉松—沪青平(沪苏界)	47 906	沪青平(沪苏界)—嘉松	46 883
江苏段	苏沪主线—苏浙省界	43 530	苏浙省界—苏沪主线	42 458
浙江段	浙苏主线—湖州	28 443	湖州—浙苏主线	27 640
	湖州—浙皖主线	28 593	浙皖主线—湖州	28 038
安徽段	广德(皖浙界)—宣城	35 703	宣城—广德(皖浙界)	37 541
	宣城—芜湖	36 280	芜湖—宣城	36 803
	芜湖—安庆	20 364	安庆—芜湖	19 850
	安庆—怀宁	17 315	怀宁—安庆	17 649
	怀宁—宿松(皖鄂界)	17 187	宿松(皖鄂界)—怀宁	17 919
湖北段	鄂皖界—黄梅	28 344	黄梅—鄂皖界	34 538
	黄梅—黄石	30 988	黄石—黄梅	37 953
	黄石—武汉	56 583	武汉—黄石	58 859
	武汉—荆州	39 193	荆州—武汉	39 760
	荆州—宜昌	24 547	宜昌—荆州	25 006
	宜昌—白羊塘(鄂渝界)	15 651	白羊塘(鄂渝界)—宜昌	15 732
重庆段	冷水(渝鄂界)—垫江	11 141	垫江—冷水(渝鄂界)	10 946
	垫江—长寿	34 539	长寿—垫江	34 533
	长寿—重庆	70 103	重庆—长寿	72 734

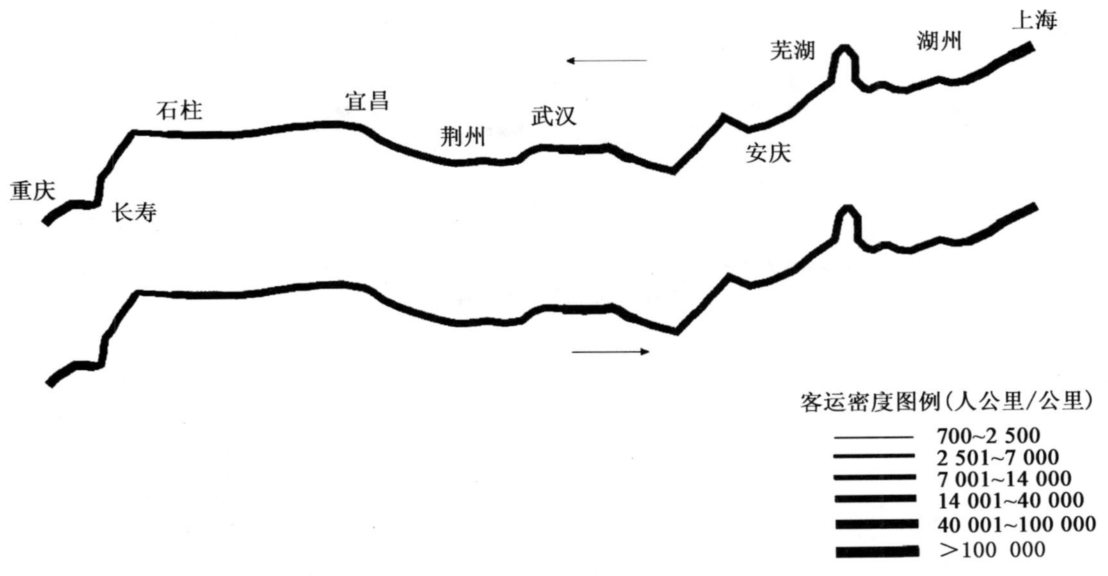

图3.23　2013年沪渝高速公路(G50)日均客运密度

3.12.2 货运密度分布如表 3.24 和图 3.24 所示。

2013 年沪渝高速公路(G50)日均货运密度 表 3.24

路　段	路段起止点	货运密度（吨公里/公里）	路段起止点	货运密度（吨公里/公里）
上海段	徐泾—嘉松	33 917	嘉松—徐泾	29 956
	嘉松—沪青平(苏沪界)	20 215	沪青平(苏沪界)—嘉松	19 767
江苏段	苏沪主线—苏浙省界	17 039	苏浙省界—苏沪主线	16 764
浙江段	浙苏主线—湖州	17 007	湖州—浙苏主线	16 685
	湖州—浙皖主线	20 891	浙皖主线—湖州	21 362
安徽段	广德(皖浙界)—宣城	33 127	宣城—广德(皖浙界)	40 539
	宣城—芜湖	41 578	芜湖—宣城	49 916
	芜湖—安庆	28 194	安庆—芜湖	26 488
	安庆—怀宁	48 363	怀宁—安庆	46 827
	怀宁—宿松(皖鄂界)	28 365	宿松(皖鄂界)—怀宁	29 537
湖北段	鄂皖界—黄梅	35 182	黄梅—鄂皖界	46 348
	黄梅—黄石	31 768	黄石—黄梅	50 064
	黄石—武汉	47 324	武汉—黄石	52 001
	武汉—荆州	46 687	荆州—武汉	38 687
	荆州—宜昌	46 812	宜昌—荆州	34 581
	宜昌—白羊塘(鄂渝界)	40 913	白羊塘(鄂渝界)—宜昌	24 422
重庆段	冷水(渝鄂界)—垫江	19 958	垫江—冷水(渝鄂界)	20 462
	垫江—长寿	11 635	长寿—垫江	10 092
	长寿—重庆	32 829	重庆—长寿	31 014

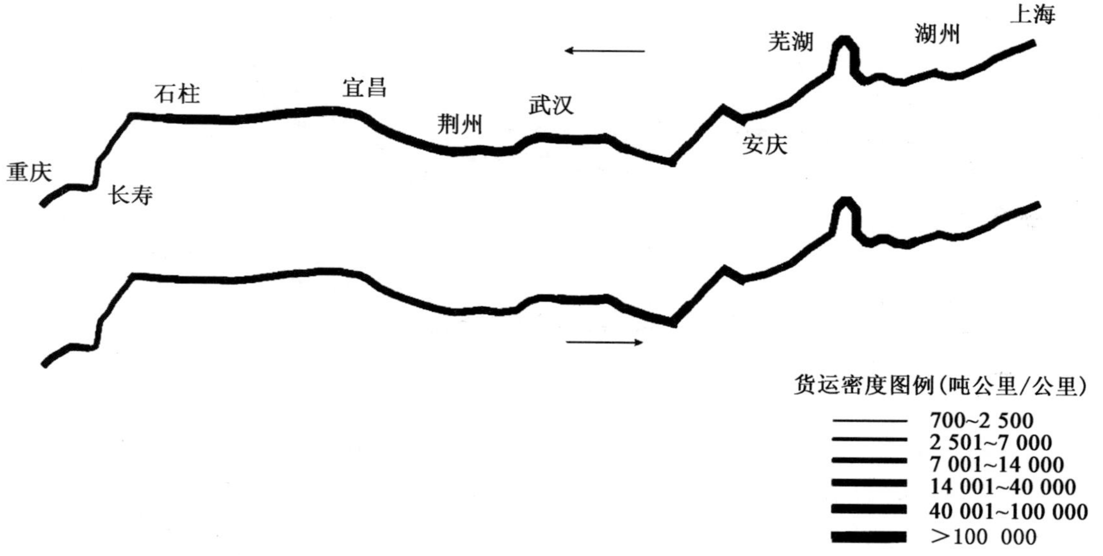

图 3.24 2013 年沪渝高速公路(G50)日均货运密度

3.13　沪昆高速公路(G60)运输密度

3.13.1　客运密度分布如表3.25和图3.25所示。

2013年沪昆高速公路(G60)日均客运密度　　表3.25

路　段	路段起止点	客运密度(人公里/公里)	路段起止点	客运密度(人公里/公里)
上海段	莘庄—新桥	165 565	新桥—莘庄	167 127
	新桥—大港	117 596	大港—新桥	117 961
	大港—枫泾(沪浙界)	83 302	枫泾(沪浙界)—大港	83 530
浙江段	大云(浙沪界)—嘉兴	83 511	嘉兴—大云(浙沪界)	83 758
	嘉兴—杭州	94 396	杭州—嘉兴	95 922
	杭州—金华	62 046	金华—杭州	63 412
	金华—龙游	35 220	龙游—金华	35 620
	龙游—浙赣界	45 496	浙赣界—龙游	44 500
江西段	浙赣界—上饶	39 800	上饶—浙赣界	38 105
	上饶—鹰潭	40 024	鹰潭—上饶	38 272
	鹰潭—南昌	34 807	南昌—鹰潭	34 167
	南昌—新余	46 464	新余—南昌	47 235
	新余—萍乡	37 450	萍乡—新余	38 320
	萍乡—赣湘界	33 764	赣湘界—萍乡	32 624
湖南段	赣湘界—株洲	40 918	株洲—赣湘界	42 707
	株洲—娄底	63 570	娄底—株洲	61 540
	娄底—邵阳	48 399	邵阳—娄底	46 360
	邵阳—怀化	45 643	怀化—邵阳	44 717
	怀化—新晃(湘黔界)	22 930	新晃(湘黔界)—怀化	22 963
贵州段	黔湘界—麻江	25 944	麻江—黔湘界	24 617
	麻江—贵阳	45 600	贵阳—麻江	47 737
	贵阳—镇宁	44 376	镇宁—贵阳	42 418
	镇宁—胜境关(黔滇界)	13 328	胜境关(黔滇界)—镇宁	13 826
云南段	胜境关(滇黔界)—曲靖	23 042	曲靖—胜境关(滇黔界)	22 926
	曲靖—嵩明	31 530	嵩明—曲靖	31 449
	嵩明—昆明	71 329	昆明—嵩明	71 576

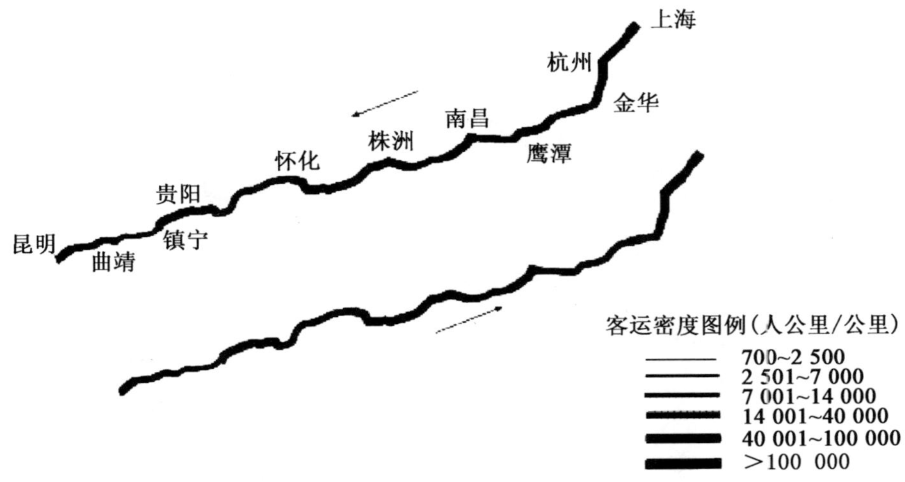

图3.25　2013年沪昆高速公路(G60)日均客运密度

3.13.2 货运密度分布如表3.26和图3.26所示。

2013年沪昆高速公路(G60)日均货运密度 表3.26

路　段	路段起止点	货运密度（吨公里/公里）	路段起止点	货运密度（吨公里/公里）
上海段	莘庄—新桥	71 370	新桥—莘庄	72 276
	新桥—大港	52 849	大港—新桥	57 321
	大港—枫泾(沪浙界)	68 601	枫泾(沪浙界)—大港	67 976
浙江段	大云(浙沪界)—嘉兴	73 626	嘉兴—大云(浙沪界)	66 979
	嘉兴—杭州	125 983	杭州—嘉兴	92 354
	杭州—金华	83 906	金华—杭州	58 846
	金华—龙游	50 012	龙游—金华	63 833
	龙游—浙赣界	119 588	浙赣界—龙游	126 871
江西段	浙赣界—上饶	94 034	上饶—浙赣界	101 165
	上饶—鹰潭	100 890	鹰潭—上饶	104 462
	鹰潭—南昌	97 800	南昌—鹰潭	99 279
	南昌—新余	93 426	新余—南昌	97 338
	新余—萍乡	53 180	萍乡—新余	56 261
	萍乡—赣湘界	57 739	赣湘界—萍乡	52 945
湖南段	赣湘界—株洲	60 504	株洲—赣湘界	60 883
	株洲—娄底	60 343	娄底—株洲	45 097
	娄底—邵阳	51 735	邵阳—娄底	31 759
	邵阳—怀化	52 217	怀化—邵阳	36 571
	怀化—新晃(湘黔界)	36 282	新晃(湘黔界)—怀化	29 777
贵州段	湘黔界—麻江	35 809	麻江—湘黔界	27 783
	麻江—贵阳	56 676	贵阳—麻江	53 418
	贵阳—镇宁	31 147	镇宁—贵阳	31 460
	镇宁—胜境关(黔滇界)	19 502	胜境关(黔滇界)—镇宁	23 235
云南段	胜境关(滇黔界)—曲靖	42 362	曲靖—胜境关(滇黔界)	38 942
	曲靖—嵩明	46 133	嵩明—曲靖	46 698
	嵩明—昆明	48 162	昆明—嵩明	50 533

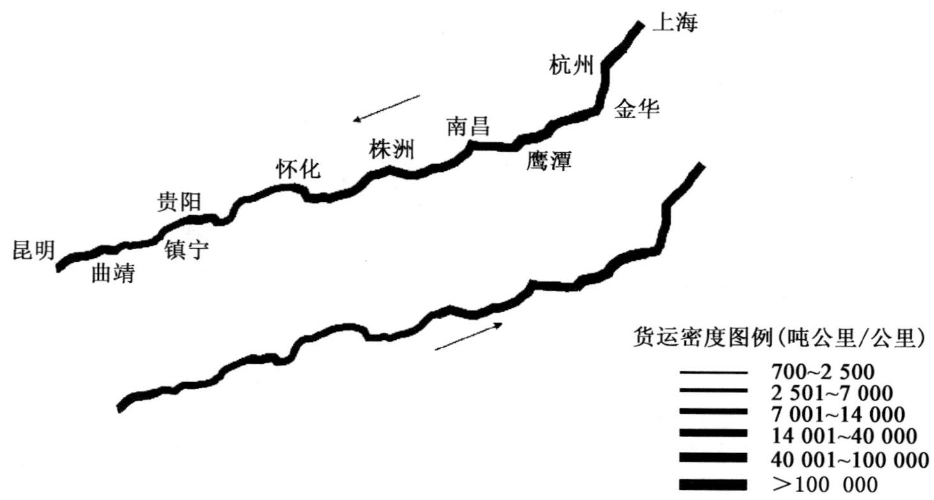

图3.26 2013年沪昆高速公路(G60)日均货运密度

3.14　包茂高速公路(G65)运输密度

3.14.1　客运密度分布如表 3.27 和图 3.27 所示。

2013 年包茂高速公路(G65)日均客运密度　　表 3.27

路　段	路段起止点	客运密度（人公里/公里）	路段起止点	客运密度（人公里/公里）
内蒙古段	包头—蒙陕界	9 025	蒙陕界—包头	7 837
陕西段	陕蒙界—榆林	8 037	榆林—陕蒙界	7 726
	榆林—靖边	12 222	靖边—榆林	12 927
	靖边—延安	12 068	延安—靖边	12 644
	延安—铜川	20 053	铜川—延安	18 487
	铜川—未央(西安)	26 111	未央(西安)—铜川	23 063
	西安—安康	16 424	安康—西安	16 257
	安康—巴山(陕川界)	4 951	巴山(陕川界)—安康	4 630
四川段	巴山(川陕界)—达州	5 692	达州—巴山(川陕界)	5 609
	达州—邻水	16 931	邻水—达州	16 500
	邻水—川渝界	10 615	川渝界—邻水	11 077
重庆段	草坝场(渝川界)—重庆	25 851	重庆—草坝场(渝川界)	25 863
	重庆—南川	36 280	南川—重庆	35 904
	南川—武隆	30 729	武隆—南川	28 661
	武隆—黔江	14 669	黔江—武隆	14 699
	黔江—濯水	11 746	濯水—黔江	11 650
	濯水—洪安(渝湘界)	11 626	洪安(渝湘界)—濯水	11 309
湖南段	吉首—凤凰	21 959	凤凰—吉首	20 820
	凤凰—怀化西	15 348	怀化西—凤凰	15 125
	怀化西—会同	7 192	会同—怀化西	5 308
	会同—通道	793	通道—会同	545
广西段	桂林—梧州	10 444	梧州—桂林	9 965
	梧州—岑溪	47 678	岑溪—梧州	47 072

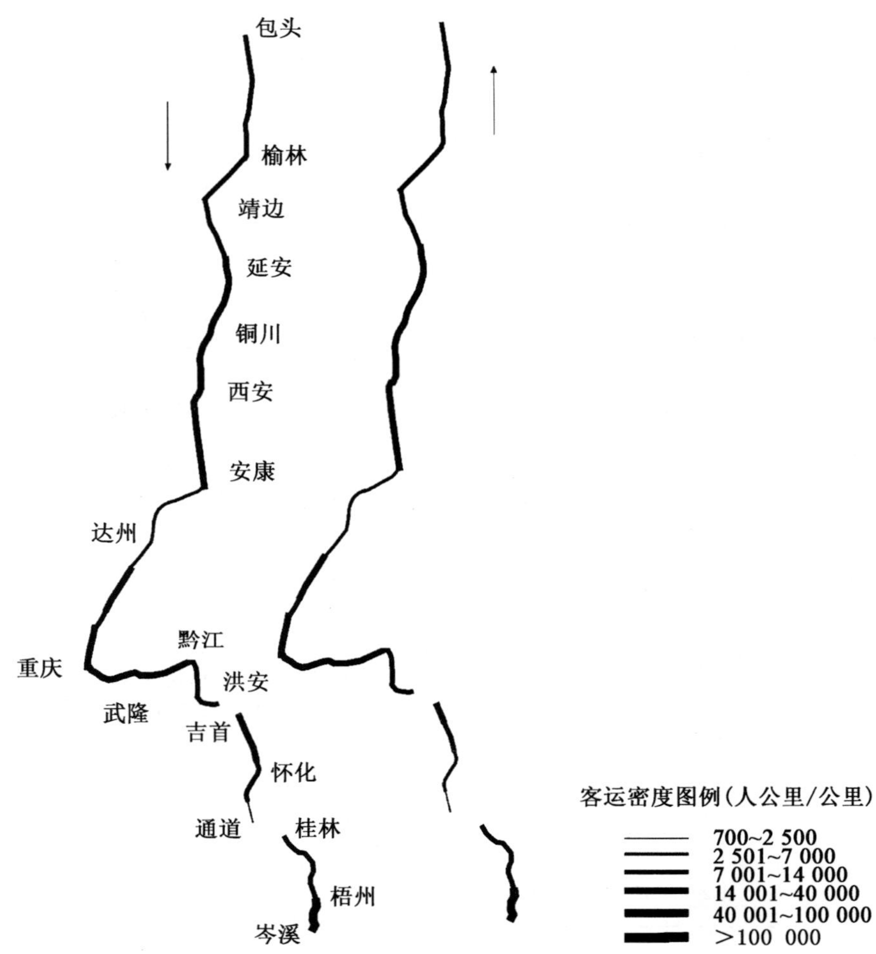

图 3.27　2013 年包茂高速公路(G65)日均客运密度

3.14.2　货运密度分布如表 3.28 和图 3.28 所示。

2013 年包茂高速公路(G65)日均货运密度　表 3.28

路　段	路段起止点	货运密度（吨公里/公里）	路段起止点	货运密度（吨公里/公里）
内蒙古段	包头—蒙陕界	39 654	蒙陕界—包头	32 514
陕西段	陕蒙界—榆林	103 462	榆林—陕蒙界	15 017
	榆林—靖边	66 348	靖边—榆林	21 188
	靖边—延安	78 560	延安—靖边	28 497
	延安—铜川	91 739	铜川—延安	50 774
	铜川—未央(西安)	85 925	未央(西安)—铜川	42 039
	西安—安康	35 607	安康—西安	20 577
	安康—巴山(陕川界)	15 873	巴山(陕川界)—安康	10 676
四川段	巴山(川陕界)—达州	14 412	达州—巴山(川陕界)	9 053
	达州—邻水	26 169	邻水—达州	21 379
	邻水—川渝界	17 258	川渝界—邻水	18 914
重庆段	草坝场(渝川界)—重庆	19 849	重庆—草坝场(渝川界)	17 384
	重庆—南川	18 517	南川—重庆	22 921
	南川—武隆	16 501	武隆—南川	21 090
	武隆—黔江	17 674	黔江—武隆	22 756
	黔江—濯水	14 974	濯水—黔江	21 295
	濯水—洪安(渝湘界)	15 041	洪安(渝湘界)—濯水	21 903
湖南段	吉首—凤凰	15 775	凤凰—吉首	11 393
	凤凰—怀化西	11 628	怀化西—凤凰	14 837
	怀化西—会同	4 980	会同—怀化西	4 234
	会同—通道	483	通道—会同	247
广西段	桂林—梧州	8 221	梧州—桂林	6 943
	梧州—岑溪	19 494	岑溪—梧州	26 112

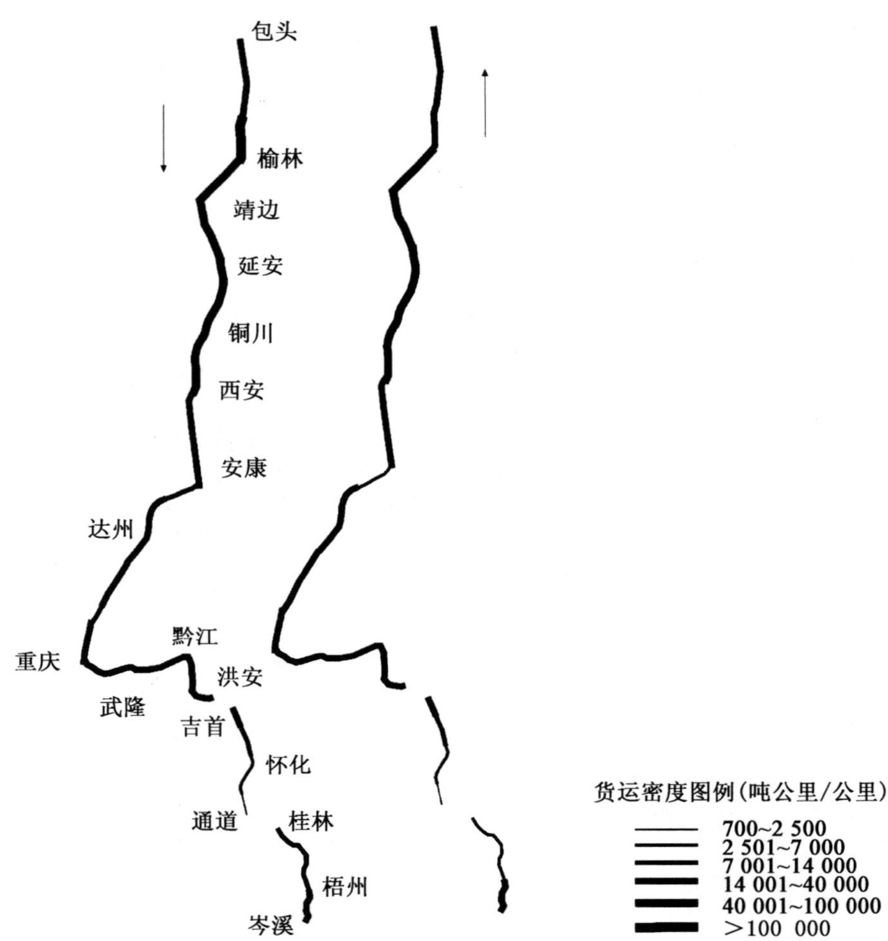

图 3.28 2013 年包茂高速公路(G65)日均货运密度

3.15　兰海高速公路(G75)运输密度

3.15.1　客运密度分布如表3.29和图3.29所示。

2013年兰海高速公路(G75)日均客运密度　　表3.29

路　段	路段起止点	客运密度（人公里/公里）	路段起止点	客运密度（人公里/公里）
甘肃段	兰州—康家崖	6 450	康家崖—兰州	9 423
	康家崖—临洮	8 369	临洮—康家崖	8 042
四川段	川甘界—广元	3 642	广元—川甘界	4 467
	广元—南充	16 389	南充—广元	16 629
	南充—南渝四川站	15 922	南渝四川站—南充	15 484
重庆段	兴山(渝川界)—合川	18 934	合川—兴山(渝川界)	19 953
	合川—重庆	39 596	重庆—合川	41 052
	重庆—綦江	51 162	綦江—重庆	49 934
	綦江—崇溪河(渝黔界)	32 103	崇溪河(渝黔界)—綦江	27 099
贵州段	崇溪河(黔渝界)—遵义	26 092	遵义—崇溪河(黔渝界)	26 062
	遵义—贵阳	46 996	贵阳—遵义	49 601
	贵阳—都匀	37 799	都匀—贵阳	39 921
	都匀—新寨(黔桂界)	16 308	新寨(黔桂界)—都匀	16 616
广西段	六寨(桂黔界)—都安	5 461	都安—六寨(桂黔界)	5 424
	都安—南宁	26 448	南宁—都安	27 578
	南宁—钦州	52 627	钦州—南宁	52 964
	钦州—桂海(桂粤界)	28 531	桂海(桂粤界)—钦州	27 119
广东段	粤西(粤桂界)—湛江	7 556	湛江—粤西(粤桂界)	9 547

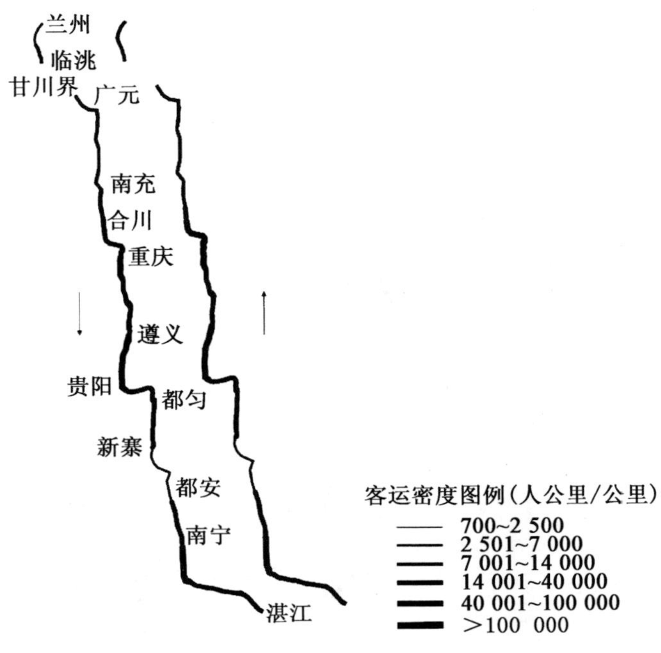

图3.29　2013年兰海高速公路(G75)日均客运密度

3.15.2　货运密度分布如表 3.30 和图 3.30 所示。

2013 年兰海高速公路(G75)日均货运密度　　表 3.30

路　段	路段起止点	货运密度(吨公里/公里)	路段起止点	货运密度吨公里/公里)
甘肃段	兰州—康家崖	10 061	康家崖—兰州	5 814
	康家崖—临洮	2 977	临洮—康家崖	2 750
四川段	甘川界—广元	5 134	广元—甘川界	3 620
	广元—南充	10 313	南充—广元	9 975
	南充—南渝四川站	6 954	南渝四川站—南充	7 951
重庆段	兴山(渝川界)—合川	18 934	合川—兴山(渝川界)	19 953
	合川—重庆	39 596	重庆—合川	41 052
	重庆—綦江	51 162	綦江—重庆	49 934
	綦江—崇溪河(渝黔界)	32 103	崇溪河(渝黔界)—綦江	27 099
贵州段	崇溪河(黔渝界)—遵义	25 360	遵义—崇溪河(黔渝界)	22 907
	遵义—贵阳	28 481	贵阳—遵义	30 685
	贵阳—都匀	44 403	都匀—贵阳	46 074
	都匀—新寨(黔桂界)	23 952	新寨(黔桂界)—都匀	22 152
广西段	六寨(桂黔界)—都安	10 471	都安—六寨(桂黔界)	10 623
	都安—南宁	12 304	南宁—都安	16 612
	南宁—钦州	30 969	钦州—南宁	40 639
	钦州—桂海(桂粤界)	21 611	桂海(桂粤界)—钦州	16 287
广东段	粤西(粤桂界)—湛江	20 472	湛江—粤西(粤桂界)	24 525

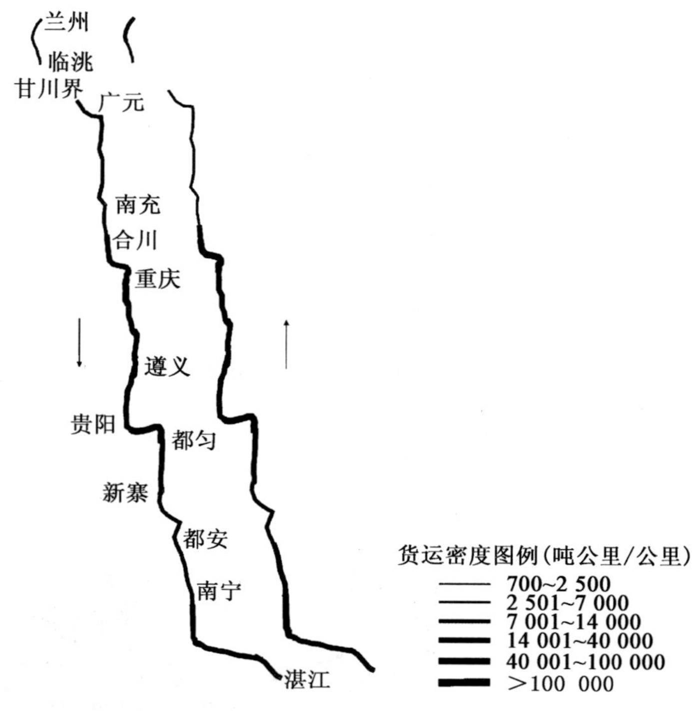

图 3.30　2013 年兰海高速公路(G65)日均货运密度

第4章　部分省(市)高速公路运输密度

4.1　天津市高速公路运输密度

4.1.1　客运密度分布如表4.1和图4.1所示。

2013年天津市高速公路日均客运密度　　表4.1

路段起止点	客运密度（人公里/公里）	路段起止点	客运密度（人公里/公里）
高村—徐庄	31 827	徐庄—高村	33 521
徐庄—汉沽	26 635	汉沽—徐庄	26 211
汉沽—独流	28 042	独流—汉沽	27 104
独流—九宣闸	13 849	九宣闸—独流	13 003
徐庄—东堤头	13 342	东堤头—徐庄	13 294
东堤头—北塘	14 573	北塘—东堤头	12 134
莲花岭—宝坻北	12 411	宝坻北—莲花岭	12 747
宝坻北—津蓟天津	22 450	津蓟天津—宝坻北	22 531
汉沽—芦台	7 143	芦台—汉沽	7 873
宁河—塘沽西	7 047	塘沽西—宁河	8 620
塘沽西—陈官屯	5 410	陈官屯—塘沽西	7 747
津静—九宣闸	19 146	九宣闸—津静	18 159
杨柳青—津晋高速塘沽	10 440	津晋高速塘沽—杨柳青	10 256
津港天津—大港	23 337	大港—津港天津	22 974
荣乌天津—霍庄子	20 444	霍庄子—荣乌天津	15 392
泗村店—天津机场	20 341	天津机场—泗村店	21 724
天津机场—塘沽	13 997	塘沽—天津机场	16 363
京沈互通新安镇—七里海	1 128	七里海—京沈互通新安镇	1 308
北辰东—芦台西	5 093	芦台西—北辰东	5 305

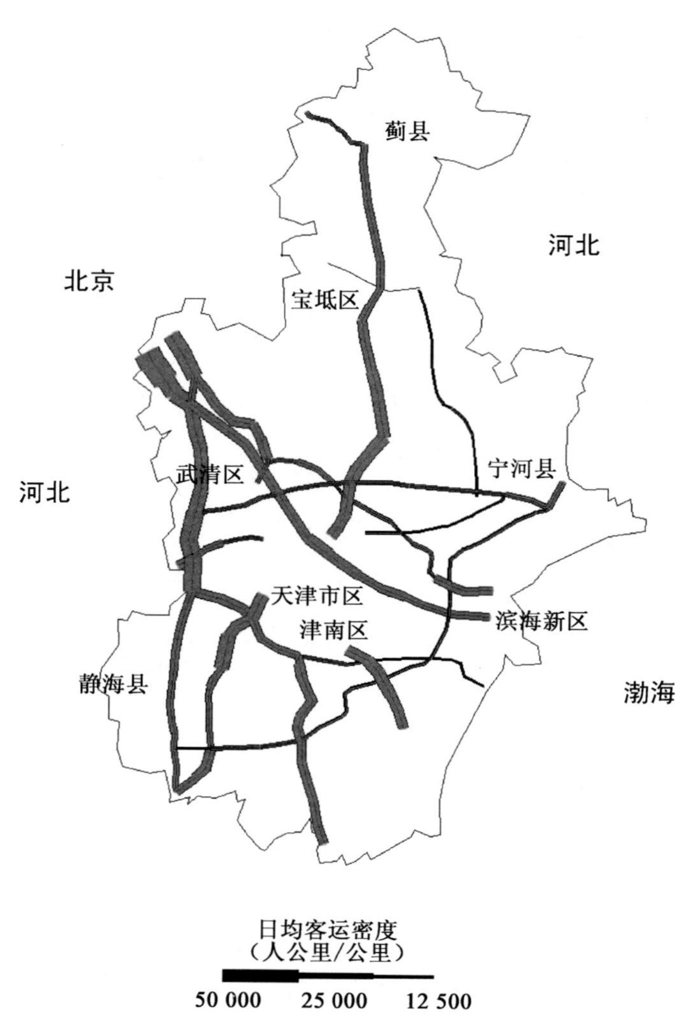

日均客运密度
（人公里/公里）

50 000　25 000　12 500

注：未含津滨高速和海滨高速。

图 4.1　2013 年天津市高速公路日均客运密度

4.1.2　货运密度分布如表4.2和图4.2所示。

2013年天津市高速公路日均货运密度　　表4.2

路段起止点	货运密度（吨公里/公里）	路段起止点	货运密度（吨公里/公里）
高村—徐庄	107 357	徐庄—高村	85 335
徐庄—汉沽	91 880	汉沽—徐庄	76 394
汉沽—独流	93 217	独流—汉沽	85 560
独流—九宣闸	32 972	九宣闸—独流	36 903
徐庄—东堤头	49 569	东堤头—徐庄	49 492
东堤头—北塘	48 590	北塘—东堤头	55 323
莲花岭—宝坻北	32 737	宝坻北—莲花岭	8 814
宝坻北—津蓟天津	49 246	津蓟天津—宝坻北	14 285
汉沽—芦台	42 969	芦台—汉沽	75 045
宁河—塘沽西	94 327	塘沽西—宁河	92 685
塘沽西—陈官屯	69 907	陈官屯—塘沽西	76 096
津静—九宣闸	22 052	九宣闸—津静	21 802
杨柳青—津晋高速塘沽	37 183	津晋高速塘沽—杨柳青	61 618
津港天津—大港	4 307	大港—津港天津	4 447
荣乌天津—霍庄子	57 082	霍庄子—荣乌天津	57 878
泗村店—天津机场	49 102	天津机场—泗村店	53 800
天津机场—塘沽	44 058	塘沽—天津机场	55 797
京沈互通新安镇—七里海	9 084	七里海—京沈互通新安镇	4 469
北辰东—芦台西	8 051	芦台西—北辰东	21 340

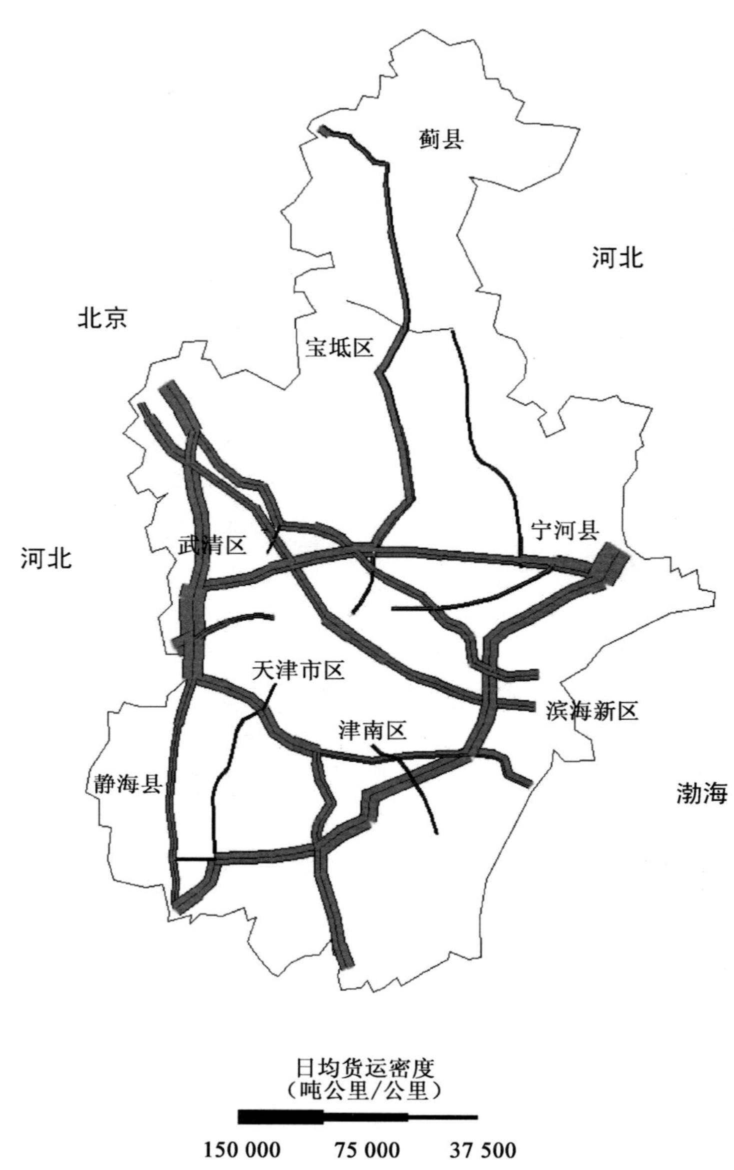

注：未含津滨高速和海滨高速。

图 4.2　2013 年天津市高速公路日均货运密度

4.2　河北省高速公路运输密度

4.2.1　客运密度分布如表 4.3 和图 4.3 所示。

2013 年河北省高速公路日均客运密度　　表 4.3

路段起止点	客运密度（人公里/公里）	路段起止点	客运密度（人公里/公里）
宣化主线—东洋河	11 022	东洋河—宣化主线	11 947
东花园—宣化主线	21 910	宣化主线—东花园	24 895
沙城西—万全	14 430	万全—沙城西	11 856
张家口北—九连城	4 145	九连城—张家口北	8 543
化稍营—蔚县	3 079	威县—化稍营	3 041
冀晋主线—宣化主线	8 354	宣化主线—冀晋主线	8 437
屈家庄—崇礼北	4 074	崇礼北—屈家庄	3 775
迁安—香河	45 658	香河—迁安	47 711
秦皇岛—迁安	38 017	迁安—秦皇岛	39 334
万家主线—秦皇岛	28 005	秦皇岛—万家主线	19 272
秦皇岛—京唐港	12 068	京唐港—秦皇岛	10 887
京唐港—涧河	13 777	涧河—京唐港	11 330
京唐港—唐山	16 225	唐山—京唐港	20 350
唐津—唐山	13 177	唐山—唐津	13 863
唐山—丰南西	14 269	丰南西—唐山	14 876
唐山西—承唐主线	15 335	承唐主线—唐山西	16 152
唐山西—曹妃甸	10 619	曹妃甸—唐山西	9 693
涿州北—保定	39 054	保定—涿州北	37 324
保定—冀津主线	22 493	冀津主线—保定	21 526
保定—石家庄北	35 405	石家庄北—保定	35 145
石家庄北—井陉西	17 090	井陉西—石家庄北	18 900
廊坊西—涞水	11 010	涞水—廊坊西	12 862
涞水—满城	16 072	满城—涞水	15 478
满城—石家庄	10 789	石家庄—满城	10 818
衡水北—石家庄北	22 962	石家庄北—衡水北	23 411
石家庄北—栾城	35 532	栾城—石家庄北	34 905
栾城—临漳	17 012	临漳—栾城	17 240
邯郸西—冀鲁主线	12 824	冀鲁主线—邯郸西	12 255
邢台南—冀鲁界	3 168	冀鲁界—邢台南	3 092
衡水北—景州主线	9 981	景州主线—衡水北	9 720
鹿泉—栾城	11 568	栾城—鹿泉	10 337
栾城—清河主线	12 794	清河主线—栾城	12 527
河城街—衡水北	12 029	衡水北—河城街	12 398
沧州西—河城街	17 431	河城街—沧州西	18 413
黄骅港—沧州西	7 264	沧州西—黄骅港	7 830
黄骅北主线—海兴主线	20 916	海兴—黄骅北主线	20 103
青县主线—沧州南	33 119	沧州南—青县主线	32 872
沧州南—吴桥主线	23 199	吴桥主线—沧州南	23 494
京冀主线—霸州	41 714	霸州—京冀主线	41 597

续上表

路段起止点	客运密度（人公里/公里）	路段起止点	客运密度（人公里/公里）
霸州—高阳	35 118	高阳—霸州	35 165
高阳—衡水	37 876	衡水—高阳	37 725
衡水—威县	31 027	威县—衡水	31 018
威县—大名	26 736	大名—威县	26 479
保定—沧州	16 969	沧州—保定	15 857
邯郸—涉县	8 403	涉县—邯郸	8 558
保定西—晋冀主线	7 957	晋冀主线—保定西	7 573
黄骅岐口—海港主线	6 058	海港主线—黄骅岐口	4 799
永清—沧州开发区	6 276	沧州开发区—永清	6 021
石家庄—西柏坡	9 718	西柏坡—石家庄	9 751
承唐主线—承德	5 375	承德—承唐主线	4 469
金山岭—红石砬	10 739	红石砬—金山岭	10 287
红石砬—双峰寺	84	双峰寺—红石砬	76
双峰寺—承德东	8 808	承德东—双峰寺	8 063
双峰寺—七家	193	七家—双峰寺	120
七家—冀蒙界收费站	19	冀蒙界收费站—七家	14
七家—围场北	87	围场北—七家	80
双峰寺—冀辽主线	3 545	冀辽主线—双峰寺	3 319
承德—坂城	3 321	坂城—承德	3 099

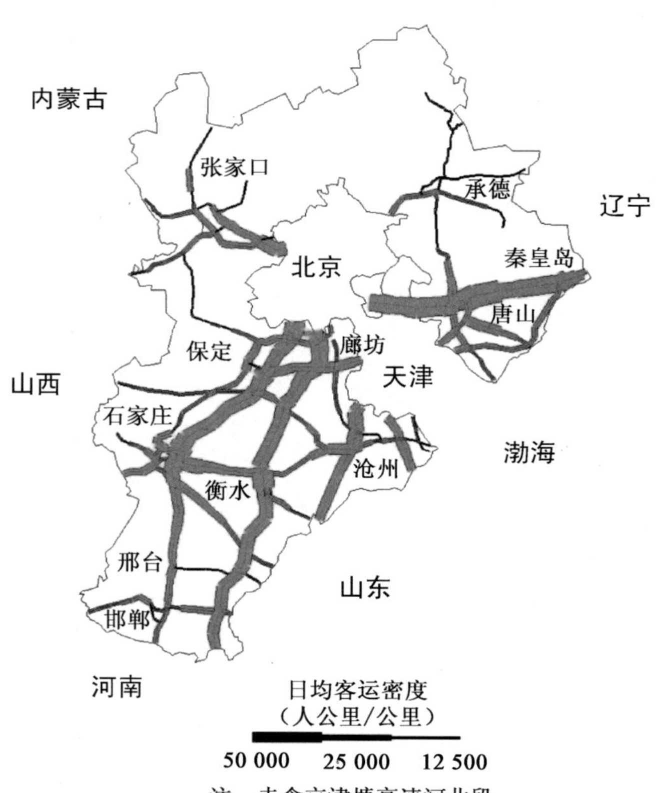

图 4.3　2013 年河北省高速公路日均客运密度

4.2.2 货运密度分布如表 4.4 和图 4.4 所示。

2013 年河北省高速公路日均货运密度 表 4.4

路段起止点	货运密度（吨公里/公里）	路段起止点	货运密度（吨公里/公里）
宣化主线—东洋河	28 512	东洋河—宣化主线	98 809
东花园—宣化主线	65 781	宣化主线—东花园	53 473
沙城西—万全	93 986	万全—沙城西	269 384
张家口北—九连城	6 949	九连城—张家口北	7 870
化稍营—蔚县	43 979	蔚县—化稍营	9 594
冀晋主线—宣化主线	24 373	宣化主线—冀晋主线	15 394
屈家庄—崇礼北	714	崇礼北—屈家庄	1 438
迁安—香河	115 407	香河—迁安	132 742
秦皇岛—迁安	141 032	迁安—秦皇岛	178 899
万家主线—秦皇岛	230 794	秦皇岛—万家主线	152 531
秦皇岛—京唐港	112 182	京唐港—秦皇岛	95 278
京唐港—涧河	138 872	涧河—京唐港	105 120
京唐港—唐山	14 846	唐山—京唐港	21 364
唐津—唐山	97 614	唐山—唐津	112 753
唐山—丰南西	156 333	丰南西—唐山	131 131
唐山西—承唐主线	26 724	承唐主线—唐山西	45 950
唐山西—曹妃甸	54 713	曹妃甸—唐山西	32 446
涿州北—保定	48 133	保定—涿州北	53 133
保定—冀津主线	76 295	冀津主线—保定	49 490
保定—石家庄北	51 778	石家庄北—保定	77 249
石家庄北—井陉西	94 861	井陉西—石家庄北	182 174
廊坊西—涞水	12 778	涞水—廊坊西	56 698
涞水—满城	15 006	满城—涞水	19 358
满城—石家庄	27 802	石家庄—满城	21 882
衡水北—石家庄北	37 776	石家庄北—衡水北	64 658
石家庄北—栾城	30 144	栾城—石家庄北	29 432
栾城—临漳	28 007	临漳—栾城	23 000
邯郸西—冀鲁主线	55 340	冀鲁主线—邯郸西	48 912
邢台南—冀鲁界	15 278	冀鲁界—邢台南	6 904
衡水北—景州主线	48 230	景州主线—衡水北	26 949
鹿泉—栾城	118 812	栾城—鹿泉	48 376
栾城—清河主线	92 203	清河主线—栾城	50 211
河城街—衡水北	58 868	衡水北—河城街	76 585
沧州西—河城街	67 707	河城街—沧州西	80 009
黄骅港—沧州西	45 899	沧州西—黄骅港	42 514
黄骅北主线—海兴主线	100 269	海兴—黄骅北主线	110 273
青县主线—沧州南	130 111	沧州南—青县主线	132 796
沧州南—吴桥主线	109 532	吴桥主线—沧州南	92 898
京冀主线—霸州	65 206	霸州—京冀主线	69 817
霸州—高阳	61 298	高阳—霸州	67 175
高阳—衡水	83 412	衡水—高阳	74 628
衡水—威县	78 604	威县—衡水	74 509

续上表

路段起止点	货运密度（吨公里/公里）	路段起止点	货运密度（吨公里/公里）
威县—大名	81 498	大名—威县	71 211
保定—沧州	63 824	沧州—保定	38 956
邯郸—涉县	25 872	涉县—邯郸	35 652
保定西—晋冀主线	15 513	晋冀主线—保定西	79 766
黄骅岐口—海港主线	69 078	海港主线—黄骅岐口	43 276
永清—沧州开发区	20 511	沧州开发区—永清	15 762
石家庄—西柏坡	15 644	西柏坡—石家庄	36 530
承唐主线—承德	10 493	承德—承唐主线	9 856
金山岭—红石砬	7 862	红石砬—金山岭	10 473
红石砬—双峰寺	60	双峰寺—红石砬	71
双峰寺—承德东	10 713	承德东—双峰寺	10 620
双峰寺—七家	65	七家—双峰寺	114
七家—冀蒙界收费站	20	冀蒙界收费站—七家	43
七家—围场北	17	围场北—七家	46
双峰寺—冀辽主线	5 016	冀辽主线—双峰寺	5 869
承德—坂城	3 112	坂城—承德	1 051

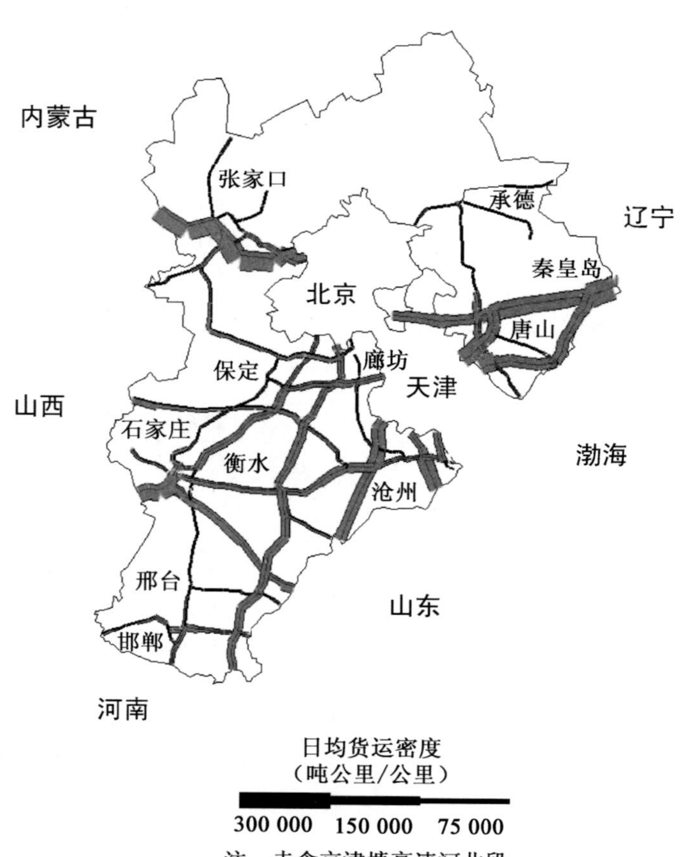

图 4.4　2013 年河北省高速公路日均货运密度

4.2.3　道路负荷分布如表 4.5 和图 4.5 所示。

2013 年河北省高速公路轴载　　表 4.5

路段起止点	轴　载（标准轴载当量轴次/日）	路段起止点	轴　载（标准轴载当量轴次/日）
宣化主线—东洋河	5 315	东洋河—宣化主线	22 191
东花园——宣化主线	13 120	宣化主线—东花园	15 797
沙城西——万全	17 503	万全——沙城西	62 610
张家口北—九连城	1 601	九连城——张家口北	1 706
化稍营—蔚县	8 233	蔚县—化稍营	1 658
冀晋主线—宣化主线	5 125	宣化主线—冀晋主线	2 563
屈家庄—崇礼北	294	崇礼北—屈家庄	339
迁安—香河	32 198	香河—迁安	28 157
秦皇岛—迁安	29 552	迁安—秦皇岛	36 739
万家主线—秦皇岛	47 355	秦皇岛—万家主线	29 595
秦皇岛—京唐港	24 915	京唐港—秦皇岛	17 865
京唐港—涧河	34 794	涧河—京唐港	20 610
京唐港—唐山	3 900	唐山—京唐港	4 320
唐津—唐山	23 378	唐山—唐津	20 590
唐山—丰南西	52 291	丰南西—唐山	25 937
唐山西—承唐主线	5 486	承唐主线—唐山西	13 580
唐山西—曹妃甸	20 072	曹妃甸—唐山西	23 229
涿州北—保定	11 322	保定—涿州北	15 281
保定—冀津主线	23 611	冀津主线—保定	11 070
保定—石家庄北	10 933	石家庄北—保定	18 524
石家庄北—井陉西	16 617	井陉西—石家庄北	36 546
廊坊西—涞水	3 058	涞水—廊坊西	45 439
涞水—满城	4 022	满城—涞水	8 192
满城—石家庄	6 478	石家庄—满城	6 307
衡水北—石家庄北	6 620	石家庄北—衡水北	13 048
石家庄北—栾城	7 272	栾城—石家庄北	6 745
栾城—临漳	7 370	临漳—栾城	4 907
邯郸西—冀鲁主线	11 753	冀鲁主线—邯郸西	8 602
邢台南—冀鲁界	4 916	冀鲁界—邢台南	1 732
衡水北—景州主线	9 410	景州主线—衡水北	4 603
鹿泉—栾城	25 897	栾城—鹿泉	7 946
栾城—清河主线	20 569	清河主线—栾城	7 813
河城街—衡水北	10 155	衡水北—河城街	15 021
沧州西—河城街	11 704	河城街—沧州西	15 152
黄骅港—沧州西	7 615	沧州西—黄骅港	6 921
黄骅北主线—海兴主线	19 376	海兴—黄骅北主线	18 373
青县主线—沧州南	23 778	沧州南—青县主线	22 665
沧州南—吴桥主线	19 248	吴桥主线—沧州南	14 667

续上表

路段起止点	轴　　载（标准轴载当量轴次/日）	路段起止点	轴　　载（标准轴载当量轴次/日）
京冀主线—霸州	21 287	霸州—京冀主线	14 570
霸州—高阳	13 332	高阳—霸州	14 025
高阳—衡水	16 007	衡水—高阳	14 596
衡水—威县	14 198	威县—衡水	13 518
威县—大名	13 873	大名—威县	11 793
保定—沧州	18 576	沧州—保定	7 559
邯郸—涉县	4 725	涉县—邯郸	7 707
保定西—晋冀主线	2 882	晋冀主线—保定西	15 056
黄骅岐口—海港主线	11 439	海港主线—黄骅岐口	5 904
永清—沧州开发区	4 656	沧州开发区—永清	2 909
石家庄—西柏坡	3 230	西柏坡—石家庄	6 919
承唐主线—承德	980	承德—承唐主线	4 135
金山岭—红石砬	2 404	红石砬—金山岭	3 516
红石砬—双峰寺	168	双峰寺—红石砬	75
双峰寺—承德东	3 290	承德东—双峰寺	2 998
双峰寺—七家	221	七家—双峰寺	54
七家—冀蒙界收费站	223	冀蒙界收费站—七家	15
七家—围场北	78	围场北—七家	24
双峰寺—冀辽主线	887	冀辽主线—双峰寺	1 335
承德—坂城	2 598	坂城—承德	525

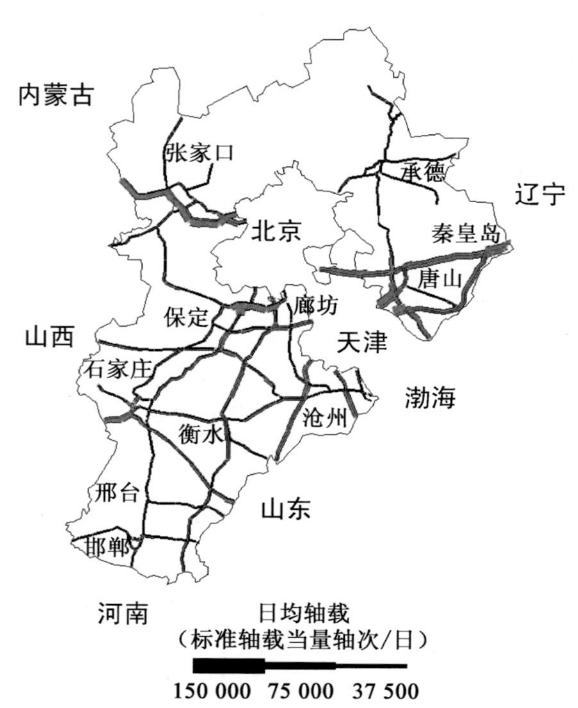

注：未含京津塘高速河北段。

图 4.5　2013 年河北省高速公路日均轴载

4.2.4 交通量分布如表 4.6 和图 4.6 所示。

2013 年河北省高速公路交通量　　表 4.6

路段起止点	正向			反向		
	客车折算交通量（辆/日）	货车折算交通量（辆/日）	小计	客车折算交通量（辆/日）	货车折算交通量（辆/日）	小计
宣化主线—东洋河	2 863	6 298	9 161	2 724	11 444	14 168
东花园—宣化主线	5 348	15 578	20 926	5 483	7 694	13 177
沙城西—万全	3 566	22 590	26 156	3 440	30 449	33 889
张家口北—九连城	1 090	1 451	2 541	1 950	1 433	3 383
化稍营—蔚县	877	5 554	6 431	874	2 612	3 486
冀晋主线—宣化主线	2 065	3 485	5 550	2 083	4 364	6 447
屈家庄—崇礼北	1 279	238	1 517	1 175	384	1 559
迁安—香河	11 601	19 546	31 147	11 892	22 134	34 026
秦皇岛—迁安	9 884	20 710	30 594	9 898	24 168	34 066
万家主线—秦皇岛	6 569	34 345	40 914	4 666	22 716	27 382
秦皇岛—京唐港	2 659	19 451	22 110	2 614	17 699	20 313
京唐港—涧河	2 785	22 548	25 333	2 602	19 861	22 463
京唐港—唐山	4 475	4 457	8 932	5 634	5 516	11 150
唐津—唐山	3 663	12 703	16 366	3 701	16 663	20 364
唐山—丰南西	3 778	20 477	24 255	3 784	25 837	29 621
唐山西—承唐主线	4 697	8 549	13 246	4 787	8 416	13 203
唐山西—曹妃甸	2 804	10 292	13 096	2 703	8 693	11 396
涿州北—保定	9 607	10 950	20 557	8 979	9 835	18 814
保定—冀津主线	5 513	12 633	18 146	5 295	12 598	17 893
保定—石家庄北	8 718	12 471	21 189	8 531	12 663	21 194
石家庄北—井陉西	4 343	28 026	32 369	4 727	23 987	28 714
廊坊西—涞水	3 136	5 759	8 895	3 616	7 902	11 518
涞水—满城	4 398	4 155	8 553	4 116	3 869	7 985
满城—石家庄	3 024	5 859	8 883	3 037	4 684	7 721
衡水北—石家庄北	6 843	10 290	17 133	7 016	10 841	17 857
石家庄北—栾城	9 466	7 352	16 818	9 228	7 610	16 838
栾城—临漳	4 640	4 293	8 933	4 590	4 891	9 481
邯郸西—冀鲁主线	3 150	7 928	11 078	3 083	9 553	12 636
邢台南—冀鲁界	823	2 244	3 067	816	1 609	2 425
衡水北—景州主线	2 544	7 267	9 811	2 476	6 075	8 551
鹿泉—栾城	2 875	14 940	17 815	2 640	16 032	18 672
栾城—清河主线	3 001	11 794	14 795	2 924	12 413	15 337
河城街—衡水北	2 996	10 011	13 007	3 128	11 649	14 777
沧州西—河城街	4 406	11 593	15 999	4 688	12 655	17 343
黄骅港—沧州西	1 971	7 846	9 817	2 124	7 242	9 366
黄骅北主线—海兴	4 821	15 759	20 580	4 755	18 016	22 771
青县主线—沧州南	7 335	21 260	28 595	7 159	22 910	30 069

续上表

路段起止点	正　向		小计	反　向		小计
	客车折算交通量（辆/日）	货车折算交通量（辆/日）		客车折算交通量（辆/日）	货车折算交通量（辆/日）	
沧州南—吴桥主线	4 999	17 777	22 776	4 992	16 608	21 600
京冀主线—霸州	9 630	13 280	22 910	9 261	13 807	23 068
霸州—高阳	7 380	12 184	19 564	7 086	12 139	19 225
高阳—衡水	8 023	14 567	22 590	7 716	13 601	21 317
衡水—威县	5 631	12 793	18 424	5 385	12 627	18 012
威县—大名	4 773	12 893	17 666	4 520	12 094	16 614
保定—沧州	4 547	10 505	15 052	4 215	9 485	13 700
邯郸—涉县	2 029	6 730	8 759	2 055	5 264	7 319
保定西—晋冀主线	2 130	10 361	12 491	2 025	10 077	12 102
黄骅岐口—海港主线	1 373	10 348	11 721	1 023	7 325	8 348
永清—沧州开发区	1 819	4 159	5 978	1 750	3 389	5 139
石家庄—西柏坡	2 725	5 479	8 204	2 776	5 195	7 971
承唐主线—承德	1 523	2 264	3 787	1 291	1 788	3 079
金山岭—红石砬	2 639	1 699	4 338	2 544	1 974	4 518
红石砬—双峰寺	22	13	35	21	14	35
双峰寺—承德东	2 250	2 305	4 555	2 069	2 192	4 261
双峰寺—七家	61	23	84	38	26	64
七家—冀蒙界收费站	6	4	10	5	8	13
七家—围场北	28	8	36	26	10	36
双峰寺—冀辽主线	960	975	1 935	890	1 090	1 980
承德—坂城	1 043	568	1 611	968	461	1 429

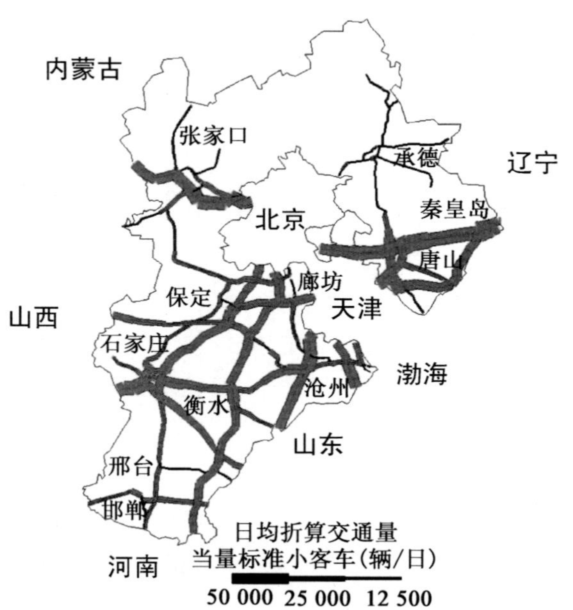

图 4.6　2013 年河北省高速公路日均交通量

4.3　山西省高速公路运输密度

4.3.1　客运密度分布如表 4.7 和图 4.7 所示。

2013 年山西省高速公路日均客运密度　　表 4.7

路段起止点	客运密度（人公里/公里）	路段起止点	客运密度（人公里/公里）
得胜口—大同北	4 825	大同北—得胜口	5 209
大同北—马连庄	3 212	马连庄—大同北	3 156
马连庄—孙启庄	6 983	孙启庄—马连庄	6 956
马连庄—大同北	4 446	大同北—马连庄	4 388
大同—元营	17 533	元营—大同	17 202
元营—朔州	13 628	朔州—元营	12 294
元营—忻州	23 631	忻州—元营	23 329
忻州—武宿	47 213	武宿—忻州	45 676
罗城—交城	50 940	交城—罗城	49 581
交城—汾阳	24 341	汾阳—交城	23 583
交城—平遥	28 256	平遥—交城	27 688
平遥—临汾	22 417	临汾—平遥	21 601
临汾—侯马	19 172	侯马—临汾	18 660
北柴—龙门大桥	8 155	龙门大桥—北柴	7 602
侯马—运城	15 891	运城—侯马	15 152
运城—平陆	9 473	平陆—运城	9 177
运城—风陵渡	6 122	风陵渡—运城	5 975
东郭—运城西	2 494	运城西—东郭	2 872
小店—屯留	26 503	屯留—小店	25 418
屯留—晋城东	21 357	晋城东—屯留	20 624
晋城—泽州	4 709	泽州—晋城	4 044
大同北—西口	1 021	西口—大同北	781
驿马岭—山阴	1 519	山阴—驿马岭	1 546
五台山主线—顿村	7 812	顿村—五台山主线	7 276
顿村—杨家湾	5 146	杨家湾—顿村	4 795
黄寨—太佳	3 801	太佳—黄寨	3 732
郝家庄主线—阳曲	2 208	阳曲—郝家庄主线	2 231
阳曲—古交	16 583	古交—阳曲	16 578
旧关—晋中北	14 963	晋中北—旧关	16 575
晋中北—罗城	32 116	罗城—晋中北	31 287
晋中北—祁县	8 806	祁县—晋中北	9 027
盂县东—平定	2 798	平定—盂县东	4 619
左权—平遥	1 093	平遥—左权	973
平遥—汾阳	4 472	汾阳—平遥	4 488
汾阳—军渡	12 166	军渡—汾阳	11 074
东阳关—屯留	5 850	屯留—东阳关	7 069
潞城—长治县	2 047	长治县—潞城	1 621
明姜—广胜寺景区	924	广胜寺景区—明姜	790
龙马枢纽—洪洞西	608	洪洞西—龙马枢纽	656

续上表

路段起止点	客运密度（人公里/公里）	路段起止点	客运密度（人公里/公里）
临汾枢纽—壶口景区	3 857	壶口景区—临汾枢纽	3 546
王莽岭景区—南义城	1 094	南义城—王莽岭景区	1 073
南义城—晋城西	1 390	晋城西—南义城	1 676
丹河—北留	12 043	北留—丹河	11 903
北留—阳城	6 969	阳城—北留	5 266
北留—侯马	6 149	侯马—北留	5 853
河津—临猗西	916	临猗西—河津	1 026
蒲掌—东镇	5 534	东镇—蒲掌	5 756
北恒—王显	1 490	王显—北恒	1 571
新平堡—峰峪	785	峰峪—新平堡	736
峰峪—浑源西	3 178	浑源西—峰峪	2 715
浑源北—焦山主线	672	焦山主线—浑源北	179
汤头—五台山北	223	五台山北—汤头	39
长治东—虹梯关	4 765	虹梯关—长治东	3 108

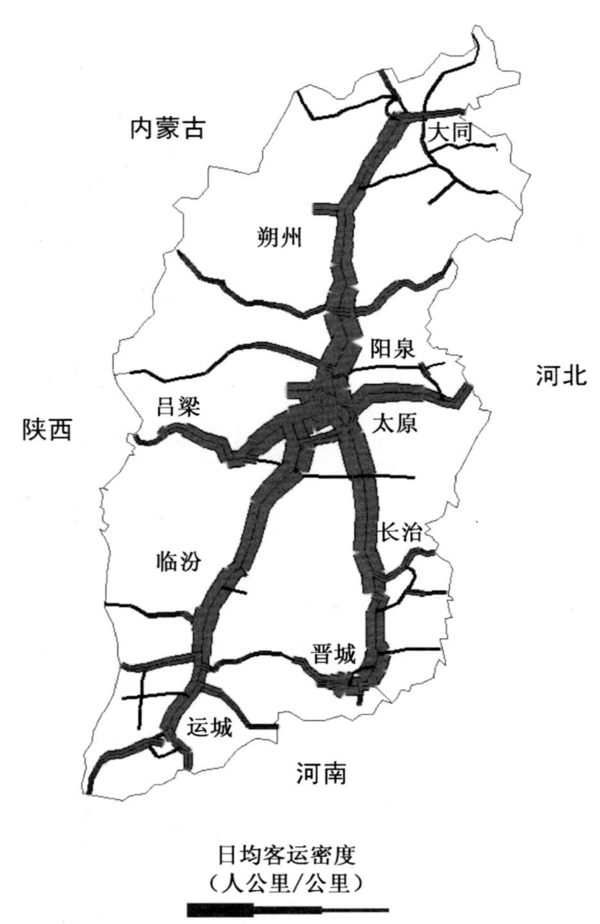

图 4.7 2013 年山西省高速公路日均客运密度

4.3.2　货运密度分布如表 4.8 和图 4.8 所示。

2013 年山西省高速公路日均货运密度　　　　表 4.8

路段起止点	货运密度（吨公里/公里）	路段起止点	货运密度（吨公里/公里）
得胜口—大同北	7 936	大同北—得胜口	11 730
大同北—马连庄	17 569	马连庄—大同北	11 608
马连庄—孙启庄	22 572	孙启庄—马连庄	10 105
马连庄—大同北	12 557	大同北—马连庄	17 483
大同—元营	9 926	元营—大同	24 985
元营—朔州	5 178	朔州—元营	15 710
元营—忻州	47 477	忻州—元营	17 890
忻州—武宿	65 614	武宿—忻州	29 033
罗城—交城	59 891	交城—罗城	65 339
交城—汾阳	52 086	汾阳—交城	72 645
交城—平遥	29 526	平遥—交城	33 335
平遥—临汾	25 100	临汾—平遥	16 868
临汾—侯马	37 966	侯马—临汾	20 597
北柴—龙门大桥	27 089	龙门大桥—北柴	15 534
侯马—运城	20 095	运城—侯马	9 376
运城—平陆	19 131	平陆—运城	10 379
运城—风陵渡	3 020	风陵渡—运城	2 642
东郭—运城西	1 183	运城西—东郭	1 531
小店—屯留	44 622	屯留—小店	18 839
屯留—晋城东	53 086	晋城东—屯留	18 613
晋城—泽州	63 084	泽州—晋城	9 963
大同北—西口	1 685	西口—大同北	9 344
驿马岭—山阴	1 502	山阴—驿马岭	3 270
五台山主线—顿村	13 669	顿村—五台山主线	112 566
顿村—杨家湾	9 205	杨家湾—顿村	44 067
黄寨—太佳	4 623	太佳—黄寨	24 688
郝家庄主线—阳曲	1 478	阳曲—郝家庄主线	10 956
阳曲—古交	11 427	古交—阳曲	67 184
旧关—晋中北	98 567	晋中北—旧关	162 992
晋中北—罗城	94 568	罗城—晋中北	142 093
晋中北—祁县	20 208	祁县—晋中北	44 684
盂县东—平定	25 045	平定—盂县东	2 893
左权—平遥	2 411	平遥—左权	13 888
平遥—汾阳	3 184	汾阳—平遥	27 350
汾阳—军渡	71 761	军渡—汾阳	137 145
东阳关—屯留	10 340	屯留—东阳关	25 045
潞城—长治县	1 385	长治县—潞城	887
明姜—广胜寺景区	248	广胜寺景区—明姜	114

续上表

路段起止点	货运密度（吨公里/公里）	路段起止点	货运密度（吨公里/公里）
龙马枢纽—洪洞西	3 773	洪洞西—龙马枢纽	4 877
临汾枢纽—壶口景区	6 413	壶口景区—临汾枢纽	12 074
王莽岭景区—南义城	147	南义城—王莽岭景区	164
南义城—晋城西	1 387	晋城西—南义城	2 620
丹河—北留	9 032	北留—丹河	8 673
北留—阳城	1 986	阳城—北留	1 740
北留—侯马	7 526	侯马—北留	9 066
河津—临猗西	747	临猗西—河津	1 491
蒲掌—东镇	11 092	东镇—蒲掌	29 349
北恒—王显	718	王显—北恒	2 351
新平堡—峰峪	129	峰峪—新平堡	7 976
峰峪—浑源西	893	浑源西—峰峪	5 309
浑源北—焦山主线	7 331	焦山主线—浑源北	1
汤头—五台山北	175	五台山北—汤头	31
长治东—虹梯关	2 113	虹梯关—长治东	904

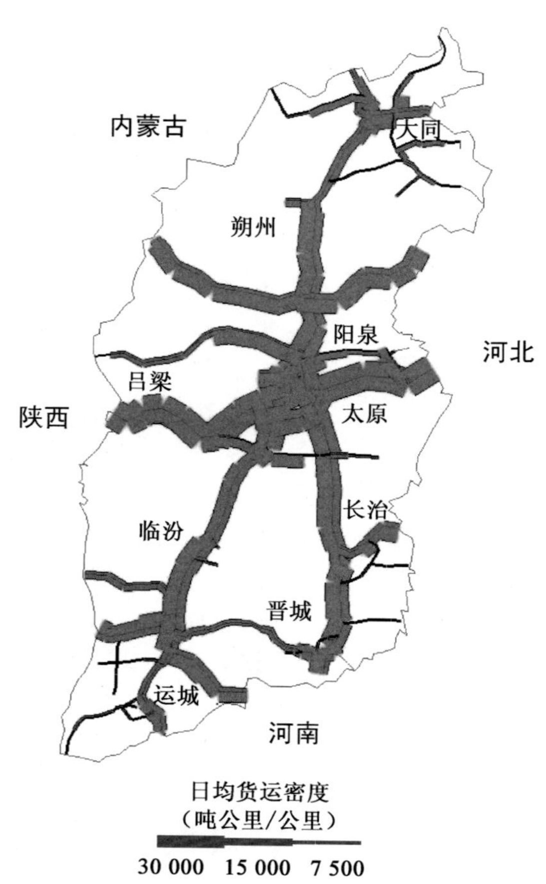

图 4.8　2013 年山西省高速公路日均货运密度

4.3.3　道路负荷分布如表 4.9 和图 4.9 所示。

2013 年山西省高速公路轴载　　表 4.9

路段起止点	轴　载（标准轴载当量轴次/日）	路段起止点	轴　载（标准轴载当量轴次/日）
胜口—大同北	1 487	大同北—得胜口	2 303
大同北—马连庄	3 671	马连庄—大同北	2 053
马连庄—孙启庄	5 254	孙启庄—马连庄	1 489
马连庄—大同北	2 137	大同北—马连庄	3 266
大同—元营	1 800	元营—大同	5 249
元营—朔州	939	朔州—元营	3 020
元营—忻州	8 806	忻州—元营	3 151
忻州—武宿	10 994	武宿—忻州	4 962
罗城—交城	9 290	交城—罗城	12 618
交城—汾阳	7 818	汾阳—交城	13 804
交城—平遥	5 698	平遥—交城	6 949
平遥—临汾	4 968	临汾—平遥	3 489
临汾—侯马	8 421	侯马—临汾	4 331
北柴—龙门大桥	6 029	龙门大桥—北柴	3 245
侯马—运城	4 484	运城—侯马	1 951
运城—平陆	4 492	平陆—运城	2 003
运城—风陵渡	613	风陵渡—运城	516
东郭—运城西	252	运城西—东郭	361
小店—屯留	8 272	屯留—小店	3 090
屯留—晋城东	11 863	晋城东—屯留	3 182
晋城—泽州	14 388	泽州—晋城	1 776
大同北—西口	269	西口—大同北	1 941
驿马岭—山阴	281	山阴—驿马岭	640
五台山主线—顿村	2 332	顿村—五台山主线	21 347
顿村—杨家湾	1 934	杨家湾—顿村	7 977
黄寨—太佳	898	太佳—黄寨	3 848
郝家庄主线—阳曲	299	阳曲—郝家庄主线	1 813
阳曲—古交	2 236	古交—阳曲	13 909
旧关—晋中北	15 236	晋中北—旧关	34 603
晋中北—罗城	14 980	罗城—晋中北	29 754
晋中北—祁县	3 720	祁县—晋中北	9 652
盂县东—平定	3 488	平定—盂县东	571
左权—平遥	485	平遥—左权	2 992
平遥—汾阳	597	汾阳—平遥	5 861
汾阳—军渡	11 410	军渡—汾阳	27 108
东阳关—屯留	1 852	屯留—东阳关	4 767
潞城—长治县	285	长治县—潞城	187
明姜—广胜寺景区	46	广胜寺景区—明姜	20

续上表

路段起止点	轴　载 （标准轴载当量轴次/日）	路段起止点	轴　载 （标准轴载当量轴次/日）
龙马枢纽—洪洞西	587	洪洞西—龙马枢纽	982
临汾枢纽—壶口景区	1 134	壶口景区—临汾枢纽	2 365
王莽岭景区—南义城	35	南义城—王莽岭景区	36
南义城—晋城西	269	晋城西—南义城	598
丹河—北留	1 624	北留—丹河	1 829
北留—阳城	427	阳城—北留	441
北留—侯马	1 569	侯马—北留	1 817
河津—临猗西	178	临猗西—河津	366
蒲掌—东镇	2 108	东镇—蒲掌	6 866
北恒—王显	174	王显—北恒	528
新平堡—峰峪	23	峰峪—新平堡	1 796
峰峪—浑源西	174	浑源西—峰峪	1 125
浑源北—焦山主线	1 527	焦山主线—浑源北	1
汤头—五台山北	42	五台山北—汤头	7
长治东—虹梯关	541	虹梯关—长治东	189

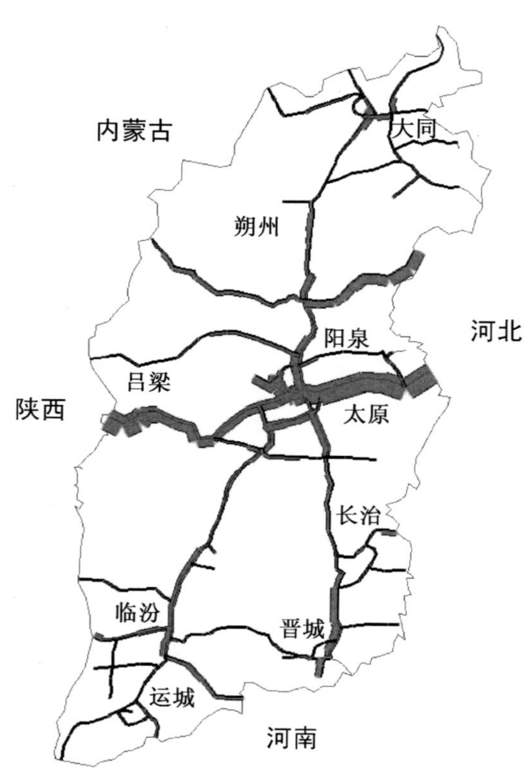

图 4.9　2013 年山西省高速公路日均轴载

4.3.4　交通量分布如表4.10和图4.10所示。

2013年山西省高速公路交通量　　表4.10

路段起止点	正向			反向		
	客车折算交通量（辆/日）	货车折算交通量（辆/日）	小计	客车折算交通量（辆/日）	货车折算交通量（辆/日）	小计
得胜口—大同北	1 326	1 530	2 856	1 452	2 502	3 954
大同北—马连庄	925	2 636	3 561	892	3 760	4 652
孙启庄—马连庄	2 058	2 951	5 009	2 055	2 382	4 437
马连庄—大同北	1 353	3 556	4 909	1 326	3 160	4 486
大同—元营	4 963	3 626	8 589	4 874	3 871	8 745
元营—朔州	3 983	2 171	6 154	3 551	2 352	5 903
元营—忻州	6 277	7 040	13 317	6 219	7 961	14 180
忻州—武宿	13 207	10 579	23 786	12 669	22 523	35 192
罗城—交城	15 391	12 981	28 372	14 913	11 564	26 477
交城—汾阳	7 253	15 243	22 496	6 981	10 090	17 071
交城—平遥	8 358	7 629	15 987	8 145	8 182	16 327
平遥—临汾	6 383	4 771	11 154	6 113	6 323	12 436
临汾—侯马	5 485	6 337	11 822	5 268	8 686	13 954
北柴—龙门大桥	2 303	4 539	6 842	2 117	4 194	6 311
侯马—运城	4 795	3 660	8 455	4 581	4 298	8 879
运城—平陆	2 733	3 062	5 795	2 648	4 039	6 687
运城—风陵渡	1 517	766	2 283	1 475	953	2 428
东郭—运城西	677	384	1 061	783	383	1 166
小店—屯留	6 261	6 566	12 827	6 071	12 430	18 501
屯留—晋城东	5 457	7 487	12 944	5 292	8 467	13 759
晋城—泽州	1 011	7 173	8 184	967	3 584	4 551
大同北—西口	349	2 031	2 380	262	1 146	1 408
驿马岭—山阴	472	679	1 151	473	442	915
五台山主线—顿村	2 290	12 314	14 604	2 093	13 409	15 502
顿村—杨家湾	1 405	22 525	23 930	1 343	5 308	6 651
黄寨—太佳	1 085	4 415	5 500	1 040	3 097	4 137
郝家庄主线—阳曲	733	1 211	1 944	744	1 522	2 266
阳曲—古交	4 830	7 523	12 353	4 841	9 213	14 054
旧关—晋中北	4 275	26 383	30 658	4 747	20 327	25 074
晋中北—罗城	9 723	22 804	32 527	9 433	20 216	29 649
晋中北—祁县	2 647	7 560	10 207	2 699	6 544	9 243
盂县东—平定	956	3 037	3 993	1 446	3 443	4 889
左权—平遥	310	1 740	2 050	282	1 637	1 919
平遥—汾阳	1 337	2 049	3 386	1 332	3 545	4 877
汾阳—军渡	3 413	17 718	21 131	3 008	16 496	19 504
东阳关—屯留	1 444	4 722	6 166	1 648	3 703	5 351
潞城—长治县	466	442	908	405	475	880

续上表

路段起止点	正向			反向		
	客车折算交通量（辆/日）	货车折算交通量（辆/日）	小计	客车折算交通量（辆/日）	货车折算交通量（辆/日）	小计
明姜—广胜寺景区	302	76	378	259	49	308
龙马枢纽—洪洞西	199	979	1 178	214	866	1 080
临汾枢纽—壶口景区	1 106	1 999	3 105	1 015	1 675	2 690
王莽岭景区—南义城	342	69	411	334	66	400
南义城—晋城西	484	548	1 032	580	676	1 256
丹河—北留	3 473	2 398	5 871	3 439	2 343	5 782
北留—阳城	2 114	841	2 955	1 620	566	2 186
北留—侯马	1 779	1 947	3 726	1 675	1 766	3 441
河津—临猗西	311	112	423	348	891	1 239
蒲掌—东镇	1 284	481	1 765	1 403	756	2 159
北恒—王显	493	877	1 370	527	3	530
新平堡—峰峪	263	121	384	244	7	251
峰峪—浑源西	1 083	388	1 471	903	955	1 858
浑源北—焦山主线	225	1 530	1 755	62	2 502	2 564
汤头—五台山北	78	2 636	2 714	13	3 760	3 773
长治东—虹梯关	1 063	2 951	4 014	767	2 382	3 149

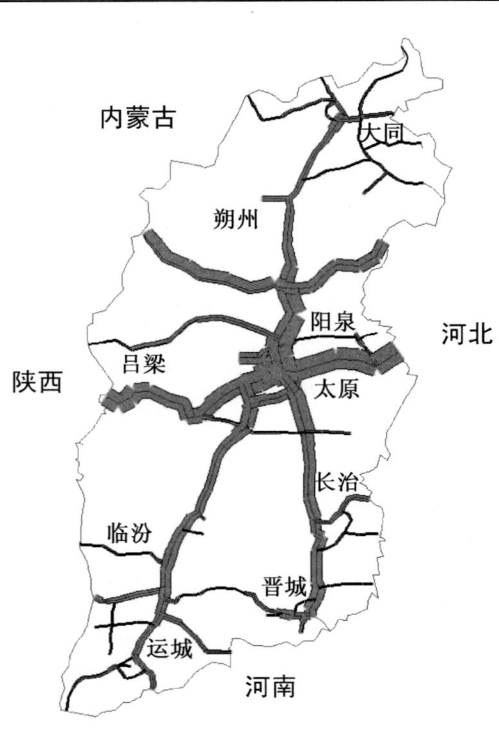

图 4.10　2013 年山西省高速公路日均交通量

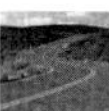

4.4 辽宁省高速公路运输密度

4.4.1 客运密度分布如表 4.11 和图 4.11 所示。

2013 年辽宁省高速公路日均客运密度 表 4.11

路段起止点	客运密度(人公里/公里)	路段起止点	客运密度(人公里/公里)
万家—葫芦岛	23 153	葫芦岛—万家	20 437
葫芦岛—锦州	27 697	锦州—葫芦岛	25 939
锦州—沈阳西	30 660	沈阳西—锦州	28 406
沈阳—毛家店	20 121	毛家店—沈阳	21 563
锦州—朝阳	9 126	朝阳—锦州	9 460
朝阳—黑水	3 528	黑水—朝阳	3 563
锦州东—阜新	9 322	阜新—锦州东	7 064
沈阳—鞍山	36 601	鞍山—沈阳	45 026
鞍山—营口	27 803	营口—鞍山	31 355
营口—鲅鱼圈	33 173	鲅鱼圈—营口	35 995
鲅鱼圈—炮台	20 839	炮台—鲅鱼圈	22 384
炮台—长兴岛	9 057	长兴岛—炮台	9 400
炮台—大连	59 699	大连—炮台	60 959
大连—旅顺新港	5 988	旅顺新港—大连	5 828
大连—庄河	13 007	庄河—大连	14 132
庄河—丹东	4 912	丹东—庄河	4 731
丹东—本溪	9 554	本溪—丹东	9 992
本溪—沈阳	31 227	沈阳—本溪	32 220
三十里堡—大窑湾	18 821	大窑湾—三十里堡	18 981
光辉—西安	15 130	西安—光辉	16 462
西安—西柳	6 014	西柳—西安	6 623
西安—营口	9 148	营口—西安	9 981
沈阳—草市	10 741	草市—沈阳	10 080
毛家店—三十家子	5 053	三十家子—毛家店	5 224
三面船—北台	4 023	北台—三面船	3 796
彰武—红旗台	13 922	红旗台—彰武	10 289
康平北—沈北新区	5 246	沈北新区—康平北	5 523
沈阳西环(逆时针)	17 154	沈阳西环(顺时针)	21 676
沈阳东环(逆时针)	14 488	沈阳东环(顺时针)	13 289
西柳—大孤山	4 926	大孤山—西柳	4 977
彰武—阿尔乡	3 677	阿尔乡—彰武	4 432
金岛—皮口	20 706	皮口—金岛	19 388
旺清门主线—南杂木	32 862	南杂木—旺清门主线	33 409
永陵——桓仁	1 770	桓仁—永陵	1 920
拐磨子—丹东	2 563	丹东—拐磨子	2 560
盖州——庄河西	2 591	庄河西—盖州	2 717
金沟子—安民主线	2 214	安民主线—金沟子	2 395
阜新—甜水	3 861	甜水—阜新	2 374

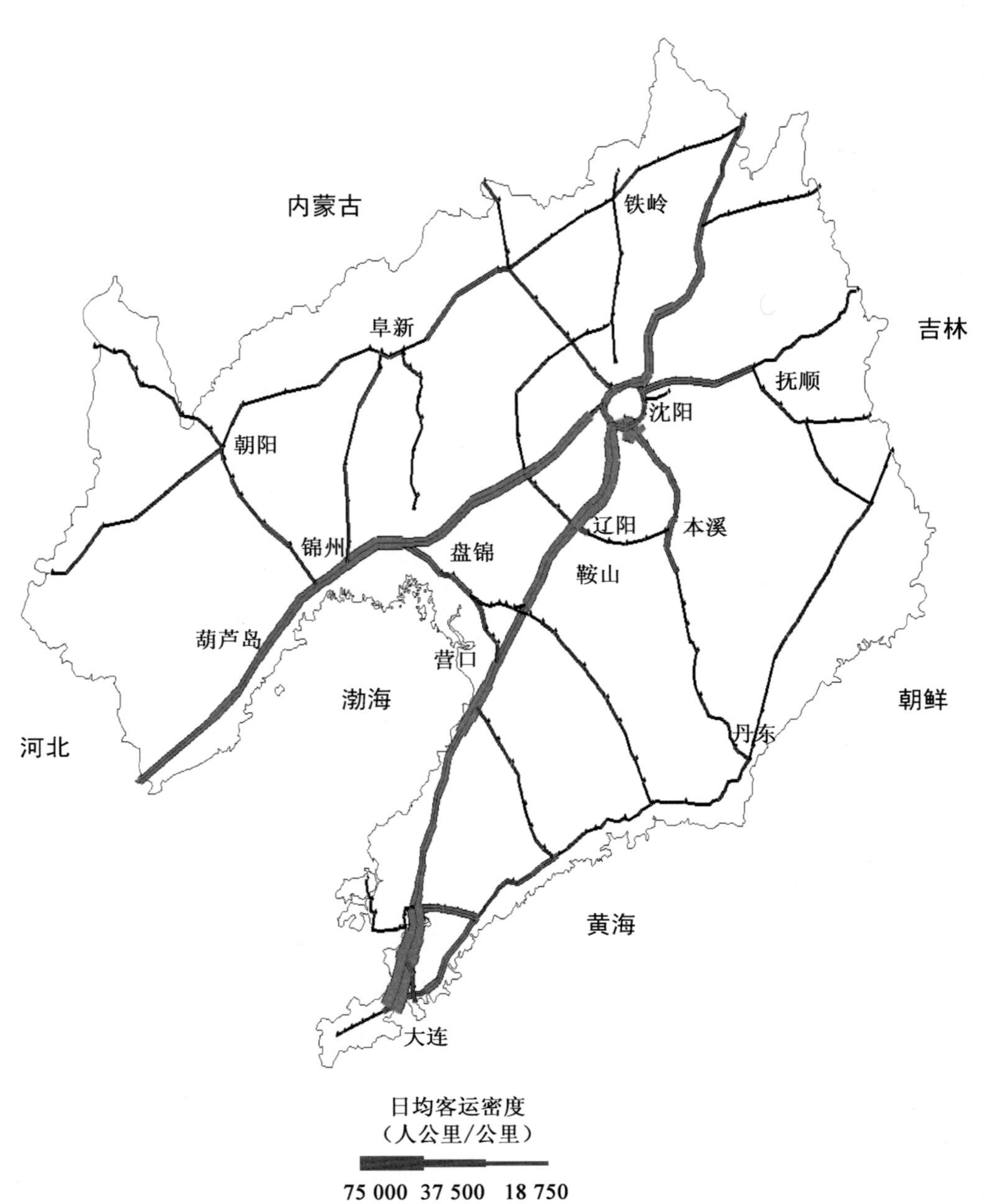

图 4.11　2013 年辽宁省高速公路日均客运密度

4.4.2　货运密度分布如表4.12和图4.12所示。

2013年辽宁省高速公路日均货运密度　表4.12

路段起止点	货运密度（吨公里/公里）	路段起止点	货运密度（吨公里/公里）
万家—葫芦岛	231 079	葫芦岛—万家	212 543
葫芦岛—锦州	237 642	锦州—葫芦岛	221 857
锦州—沈阳西	181 720	沈阳西—锦州	154 838
沈阳—毛家店	125 258	毛家店—沈阳	130 675
锦州—朝阳	22 259	朝阳—锦州	33 955
朝阳—黑水	10 477	黑水—朝阳	23 856
锦州东—阜新	26 587	阜新—锦州东	32 511
沈阳—鞍山	82 958	鞍山—沈阳	82 249
鞍山—营口	94 078	营口—鞍山	86 985
营口—鲅鱼圈	112 927	鲅鱼圈—营口	93 910
鲅鱼圈—炮台	58 378	炮台—鲅鱼圈	44 647
炮台—长兴岛	9 715	长兴岛—炮台	8 045
炮台—大连	48 743	大连—炮台	36 331
大连—旅顺新港	11 067	旅顺新港—大连	7 879
大连—庄河	2 686	庄河—大连	2 577
庄河—丹东	4 038	丹东—庄河	3 578
丹东—本溪	9 141	本溪—丹东	12 500
本溪—沈阳	7 944	沈阳—本溪	10 410
三十里堡—大窑湾	28 076	大窑湾—三十里堡	28 358
光辉—西安	59 377	西安—光辉	50 675
西安—西柳	21 296	西柳—西安	22 586
西安—营口	35 367	营口—西安	28 865
沈阳—草市	15 378	草市—沈阳	19 114
毛家店—三十家子	14 183	三十家子—毛家店	14 174
三面船—北台	10 107	北台—三面船	10 438
彰武—红旗台	20 429	红旗台—彰武	18 894
康平北—沈北新区	6 283	沈北新区—康平北	7 061
沈阳西环(逆时针)	96 348	沈阳西环(顺时针)	95 789
沈阳东环(逆时针)	25 822	沈阳东环(顺时针)	24 348
西柳—大孤山	8 719	大孤山—西柳	7 484
彰武—阿尔乡	7 160	阿尔乡—彰武	7 810
金岛—皮口	7 758	皮口—金岛	6 312
旺清门主线—南杂木	28 658	南杂木—旺清门主线	27 347
永陵——桓仁	961	桓仁—永陵	1 194
拐磨子—丹东	2 019	丹东—拐磨子	1 823
盖州——庄河西	3 733	庄河西—盖州	2 960
金沟子—安民主线	1 821	安民主线—金沟子	2 323
阜新—甜水	4 871	甜水—阜新	4 115

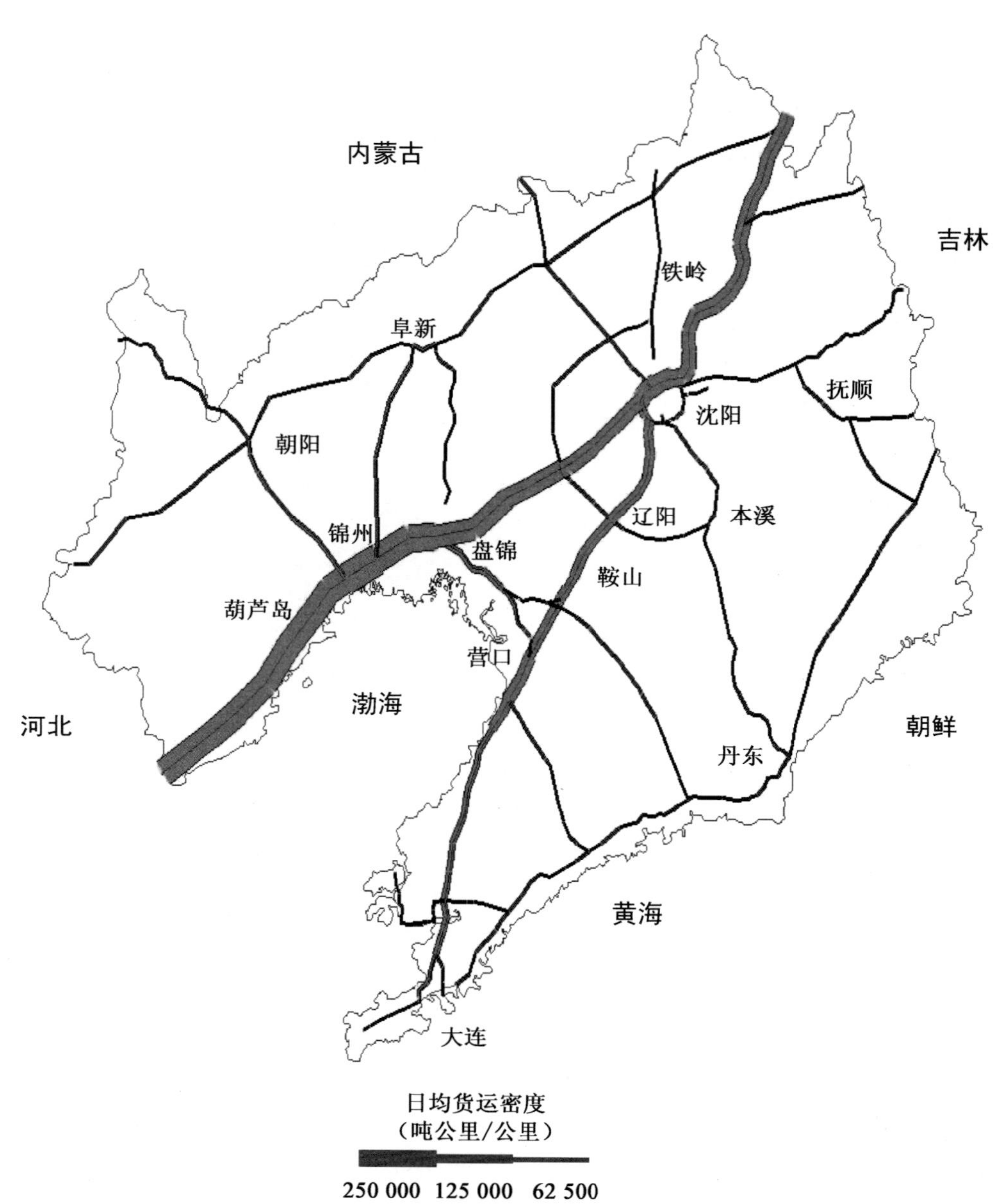

图 4.12 2013 年辽宁省高速公路日均货运密度

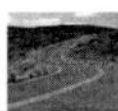

4.4.3　交通量分布如表 4.13 和图 4.13 所示。

2013 年辽宁省高速公路交通量　　表 4.13

路段起止点	正向			反向		
	客车折算交通量（辆/日）	货车折算交通量（辆/日）	小计	客车折算交通量（辆/日）	货车折算交通量（辆/日）	小计
万家—葫芦岛	4 770	34 718	39 488	4 350	31 642	35 992
葫芦岛—锦州	5 926	36 386	42 312	5 596	33 688	39 284
锦州—沈阳西	6 754	28 067	34 821	6 359	23 966	30 325
沈阳—毛家店	4 376	19 376	23 752	4 979	19 353	24 332
锦州—朝阳	2 048	4 404	6 452	2 093	4 883	6 976
朝阳—黑水	837	2 375	3 212	855	3 211	4 066
锦州东—阜新	2 461	4 952	7 413	1 829	5 019	6 848
沈阳—鞍山	9 378	13 575	22 953	11 772	17 071	28 843
鞍山—营口	6 779	14 509	21 288	7 835	18 357	26 192
营口—鲅鱼圈	7 883	17 065	24 948	8 663	20 465	29 128
鲅鱼圈—炮台	4 781	9 550	14 331	5 249	10 431	15 680
炮台—长兴岛	2 330	2 271	4 601	2 467	2 366	4 833
炮台—大连	14 944	10 998	25 942	15 669	11 867	27 536
大连—旅顺新港	1 717	2 571	4 288	1 769	2 530	4 299
大连—庄河	3 251	953	4 204	3 361	869	4 230
庄河—丹东	1 221	1 005	2 226	1 186	918	2 104
丹东—本溪	2 372	2 432	4 804	2 460	2 414	4 874
本溪—沈阳	8 530	2 540	11 070	8 859	2 509	11 368
三十里堡—大窑湾	4 891	7 088	11 979	5 173	8 189	13 362
光辉—西安	3 328	9 139	12 467	3 690	9 007	12 697
西安—西柳	1 423	4 021	5 444	1 509	3 866	5 375
西安—营口	1 992	5 608	7 600	2 195	5 436	7 631
沈阳—草市	2 386	3 020	5 406	2 312	3 563	5 875
毛家店—三十家子	1 338	2 505	3 843	1 352	2 345	3 697
三面船—北台	1 016	1 918	2 934	973	1 932	2 905
彰武—红旗台	3 602	4 149	7 751	2 606	3 952	6 558
康平北—沈北新区	1 365	1 272	2 637	1 448	1 469	2 917
沈阳西环(逆时针)	4 639	21 274	25 913	5 808	22 427	28 235
沈阳东环(逆时针)	3 950	6 593	10 543	3 647	5 717	9 364
西柳—大孤山	1 152	1 668	2 820	1 174	1 663	2 837
彰武—阿尔乡	886	1 354	2 240	1 091	1 443	2 534
金岛—皮口	5 732	2 437	8 169	5 299	2 160	7 459
旺清门主线—南杂木	1 038	831	1 869	1 040	788	1 828
永陵——桓仁	437	238	675	445	290	735
拐磨子—丹东	619	418	1 037	619	474	1 093
盖州——庄河西	632	848	1 480	655	801	1 456
金沟子—安民主线	512	406	918	548	463	1 011
阜新—甜水	1 089	1 220	2 309	658	826	1 484

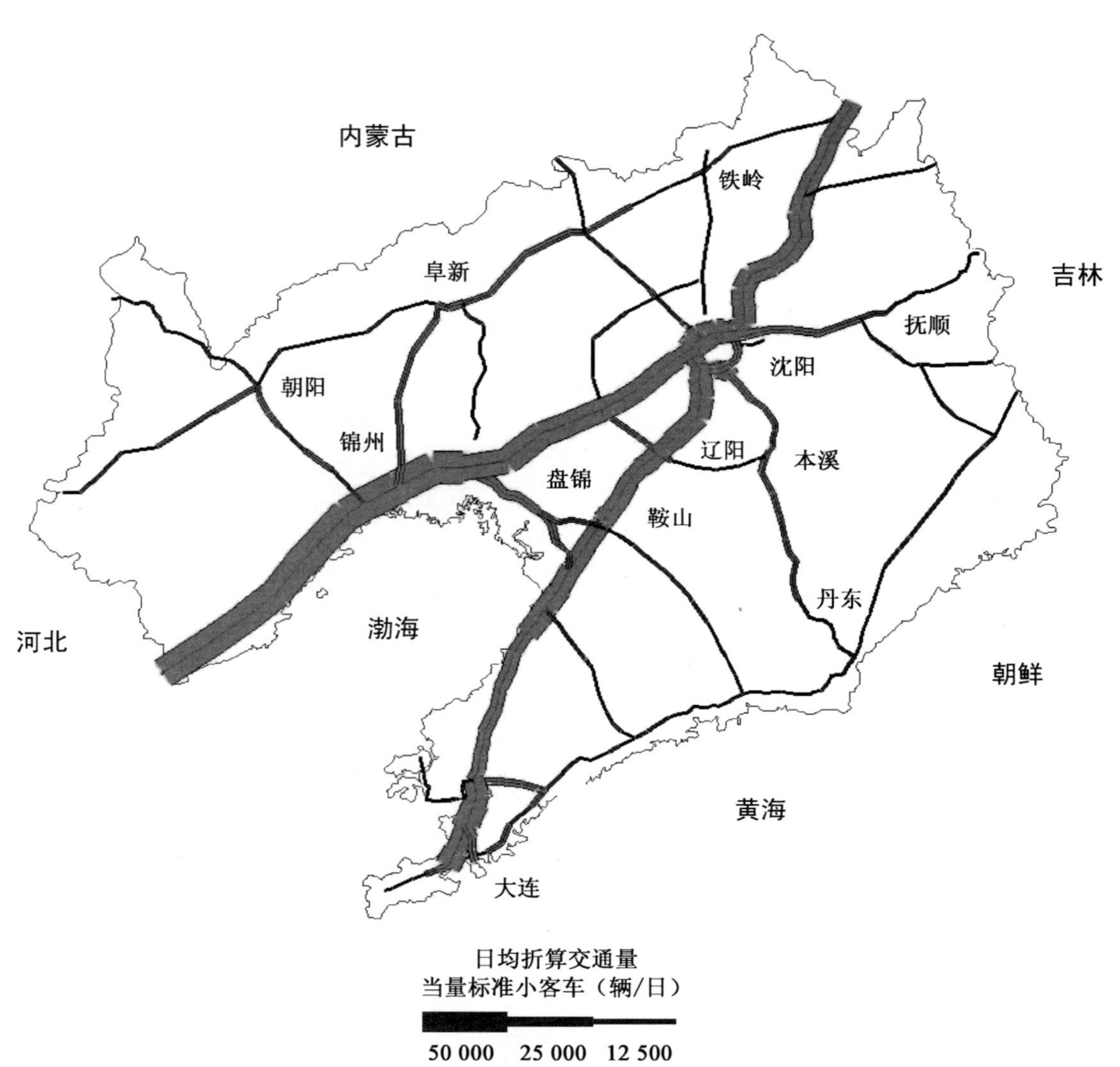

图 4.13　2013 年辽宁省高速公路日均交通量

4.5　上海市高速公路运输密度

4.5.1　客运密度分布如表 4.14 和图 4.14 所示。

2013 年上海市高速公路日均客运密度　　表 4.14

路段起止点	客运密度（人公里/公里）	路段起止点	客运密度（人公里/公里）
绕城月浦—沪嘉浏互通	10 963	沪嘉浏互通—绕城月浦	11 499
沪嘉浏互通—北环嘉浏立交	65 413	北环嘉浏立交—沪嘉浏互通	66 664
北环嘉浏立交—G2 安亭	19 247	G2 安亭—北环嘉浏立交	19 528
G2 安亭—G60 大港	21 068	G60 大港—G2 安亭	20 703
G60 大港—绕城亭枫	20 187	绕城亭枫—G60 大港	19 921
绕城亭枫—嘉金南环立交	6 876	嘉金南环立交—绕城亭枫	7 178
嘉金南环立交—界河	10 872	界河—嘉金南环立交	10 471
界河—G40 沪苏	31 883	G40 沪苏—界河	31 902
G15 朱桥—北环嘉浏立交	95 182	北环嘉浏立交—G15 朱桥	100 021
北环嘉浏立交—G60 新桥	58 353	G60 新桥—北环嘉浏立交	60 903
G60 新桥—嘉金南环立交	36 258	嘉金南环立交—G60 新桥	33 721
嘉金南环立交—G15 亭卫	16 081	G15 亭卫—嘉金南环立交	18 030
G2 安亭—G2 江桥	127 755	G2 江桥—G2 安亭	134 103
G50 沪浙—G50 嘉松	46 883	G50 嘉松—G50 沪浙	47 906
G50 嘉松—G50 徐泾	97 174	G50 徐泾—G50 嘉松	104 609
G60 枫泾—G60 大港	83 452	G60 大港—G60 枫泾	83 380
G60 大港—G60 新桥	117 961	G60 新桥—G60 大港	117 596
G60 新桥—G60 莘庄	167 127	G60 莘庄—G60 新桥	165 565
S32 沪浙—S32 祝桥	17 110	S32 祝桥—S32 沪浙	17 354
S36 枫泾—绕城亭枫	5 744	绕城亭枫—S36 枫泾	6 325
G15 沪浙—S4 大叶	23 397	S4 大叶—G15 沪浙	23 443
S4 大叶—S4 颛桥	78 815	S4 颛桥—S4 大叶	79 010
S2 临港—S2 大叶	19 101	S2 大叶—S2 临港	20 303
S2 大叶—S2 康桥	39 493	S2 康桥—S2 大叶	40 771
S19 沈海南环立交—S19 新卫	9 119	S19 新卫—S19 沈海南环立交	9 080

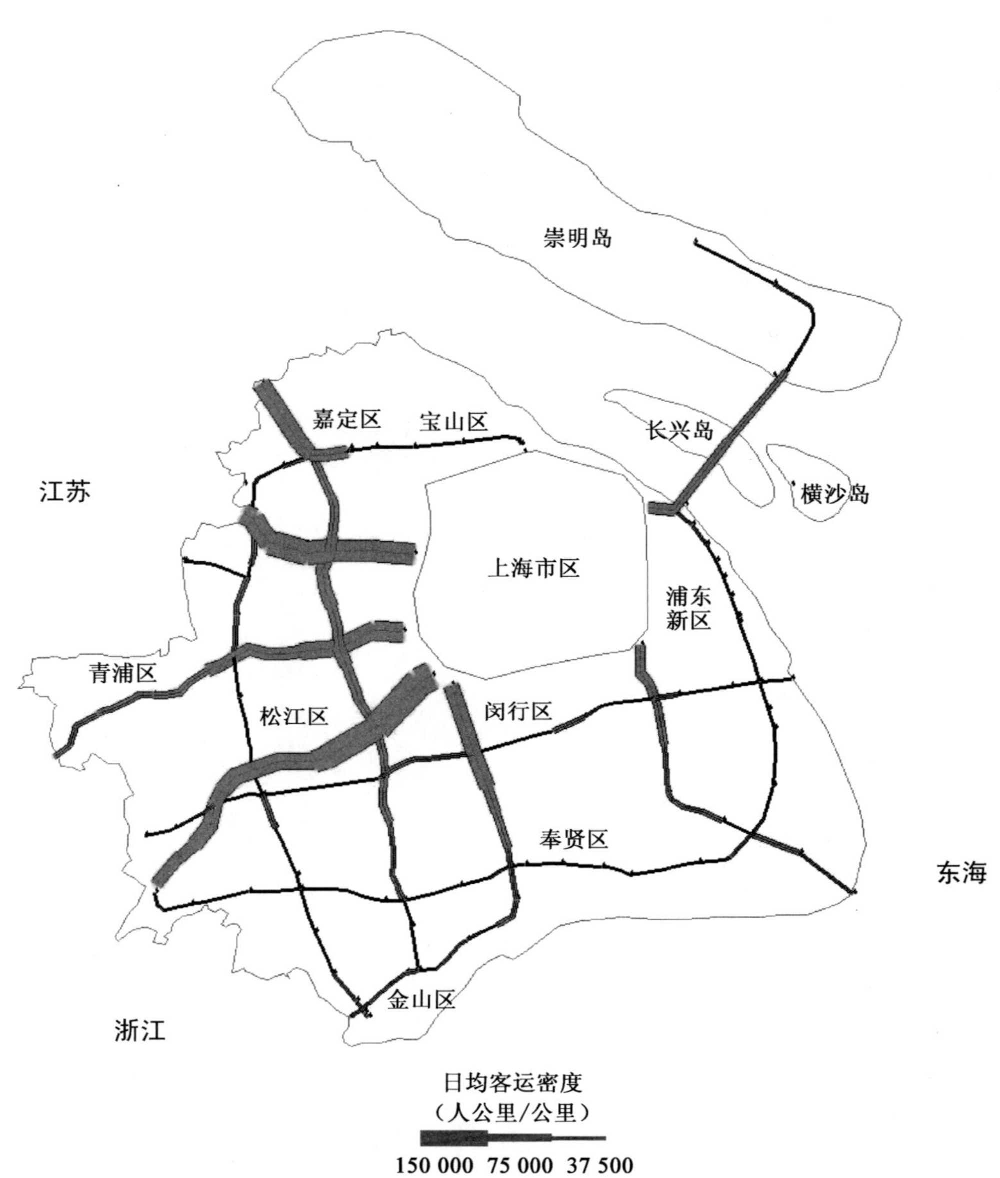

图 4.14　2013 年上海市高速公路日均客运密度

4.5.2　货运密度分布如表4.15和图4.15所示。

2013年上海市高速公路日均货运密度　　表4.15

路段起止点	货运密度（吨公里/公里）	路段起止点	货运密度（吨公里/公里）
绕城月浦—沪嘉浏互通	98 730	沪嘉浏互通—绕城月浦	107 719
沪嘉浏互通—北环嘉浏立交	144 584	北环嘉浏立交—沪嘉浏互通	146 012
北环嘉浏立交—G2安亭	92 502	G2安亭—北环嘉浏立交	93 426
G2安亭—G60大港	63 598	G60大港—G2安亭	51 511
G60大港—绕城亭枫	32 992	绕城亭枫—G60大港	23 123
绕城亭枫—嘉金南环立交	30 151	嘉金南环立交—绕城亭枫	18 560
嘉金南环立交—界河	71 461	界河—嘉金南环立交	45 392
界河—G40沪苏	37 860	G40沪苏—界河	29 619
G15朱桥—北环嘉浏立交	94 758	北环嘉浏立交—G15朱桥	94 596
北环嘉浏立交—G60新桥	90 683	G60新桥—北环嘉浏立交	80 498
G60新桥—嘉金南环立交	42 311	嘉金南环立交—G60新桥	34 991
嘉金南环立交—G15亭卫	18 757	G15亭卫—嘉金南环立交	22 153
G2安亭—G2江桥	58 484	G2江桥—G2安亭	64 278
G50沪浙—G50嘉松	19 767	G50嘉松—G50沪浙	20 215
G50嘉松—G50徐泾	29 956	G50徐泾—G50嘉松	33 917
G60枫泾—G60大港	68 535	G60大港—G60枫泾	68 042
G60大港—G60新桥	57 321	G60新桥—G60大港	52 849
G60新桥—G60莘庄	72 276	G60莘庄—G60新桥	71 370
S32沪浙—S32祝桥	21 937	S32祝桥—S32沪浙	22 050
S36枫泾—绕城亭枫	9 907	绕城亭枫—S36枫泾	9 364
G15沪浙—S4大叶	41 707	S4大叶—G15沪浙	40 394
S4大叶—S4颛桥	46 301	S4颛桥—S4大叶	52 874
S2临港—S2大叶	60 792	S2大叶—S2临港	64 000
S2大叶—S2康桥	22 218	S2康桥—S2大叶	22 085
S19沈海南环立交—S19新卫	6 638	S19新卫—S19沈海南环立交	6 805

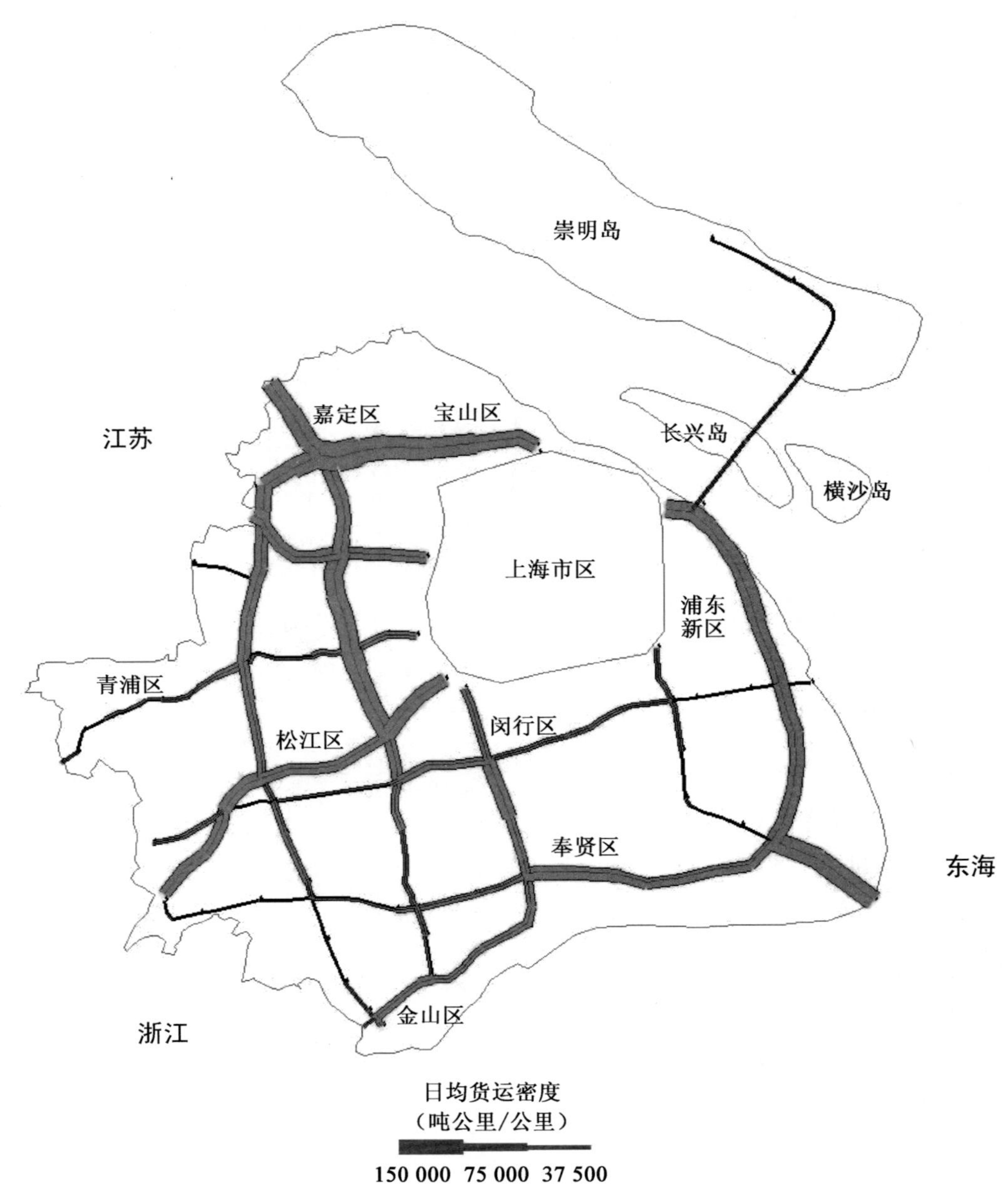

图 4.15　2013 年上海市高速公路日均货运密度

4.6　江苏省高速公路运输密度

4.6.1　客运密度分布如表 4.16 和图 4.16 所示。

2013 年江苏省高速公路日均客运密度　　表 4.16

路段起止点	客运密度（人公里/公里）	路段起止点	客运密度（人公里/公里）
苏鲁省界—淮安	34 276	淮安—苏鲁省界	24 626
淮安—江都	108 073	江都—淮安	68 349
江都—江阴	121 580	江阴—江都	73 467
江阴枢纽—无锡	41 725	无锡—江阴枢纽	99 771
广陵—南通北	42 992	南通北—广陵	44 562
南通—苏州北	101 801	苏州北—南通	104 234
小海—启东	27 472	启东—小海	26 148
启东—崇启大桥	15 958	崇启大桥—启东	15 259
沈海苏鲁—灌云	14 894	灌云—沈海苏鲁	16 094
灌云—盐城东	28 151	盐城东—灌云	24 559
盐城东—南通北	71 636	南通北—盐城东	59 706
盐城—楚州	20 110	楚州—盐城	22 322
淮安西绕城(顺时针)	31 121	淮安西绕城(逆时针)	38 989
淮阴—灌云北	26 997	灌云北—淮阴	29 970
灌云北—连云港	41 940	连云港—灌云北	44 070
连云港—苏鲁省界	14 901	苏鲁省界—连云港	14 619
淮安南—六合南	44 187	六合南—淮安南	42 918
六合南—刘村	8 331	刘村—六合南	6 035
黄花塘—宿迁	22 728	宿迁—黄花塘	24 128
宿迁—新沂	2 986	新沂—宿迁	2 960
淮安西—徐州	33 448	徐州—淮安西	40 325
徐州东—京福苏鲁	21 576	京福苏鲁—徐州东	21 862
徐州东—苏皖省界	22 916	苏皖省界—徐州东	26 078
徐州东—渔湾主线	10 158	渔湾主线—徐州东	9 915
海安—江都	20 203	江都—海安	19 148
江都—镇江	48 173	镇江—江都	47 943
南京—无锡	136 736	无锡—南京	123 541
无锡—苏州北	192 159	苏州北—无锡	211 761
苏州北—花桥主线	139 471	花桥主线—苏州北	147 079
苏州绕城(顺时针)	34 404	苏州绕城(逆时针)	34 142
石牌—岳王	16 987	岳王—石牌	19 371
角直—千灯	19 769	千灯—角直	19 813
苏州北—盛泽主线	113 663	盛泽主线—苏州北	110 118
苏浙省界—苏沪主线	42 458	苏沪主线—苏浙省界	43 530
南京—新昌	67 154	新昌—南京	61 616
新昌—长深苏浙	74 476	长深苏浙—新昌	69 639
丹徒—新昌	12 647	新昌—丹徒	14 000
西坞—无锡	35 185	无锡—西坞	33 765

续上表

路段起止点	客运密度（人公里/公里）	路段起止点	客运密度（人公里/公里）
骆家边—戚墅堰	17 418	戚墅堰—骆家边	20 416
戚墅堰—常熟	50 965	常熟—戚墅堰	60 587
常熟—太仓	83 177	太仓—常熟	123 469
南京三桥—麒麟	70 043	麒麟—南京三桥	62 302
麒麟—横梁	25 660	横梁—麒麟	20 944
横梁—马鞍	659	马鞍—横梁	699
南泉—锦丰	13 040	锦丰—南泉	13 734
武进—泰州大桥	81 461	泰州大桥—武进	68 573
石牌—董滨	54 816	董滨—石牌	43 640
彭城—丰县	7 389	丰县—彭城	7 742
六合—江都	22 469	江都—六合	24 279

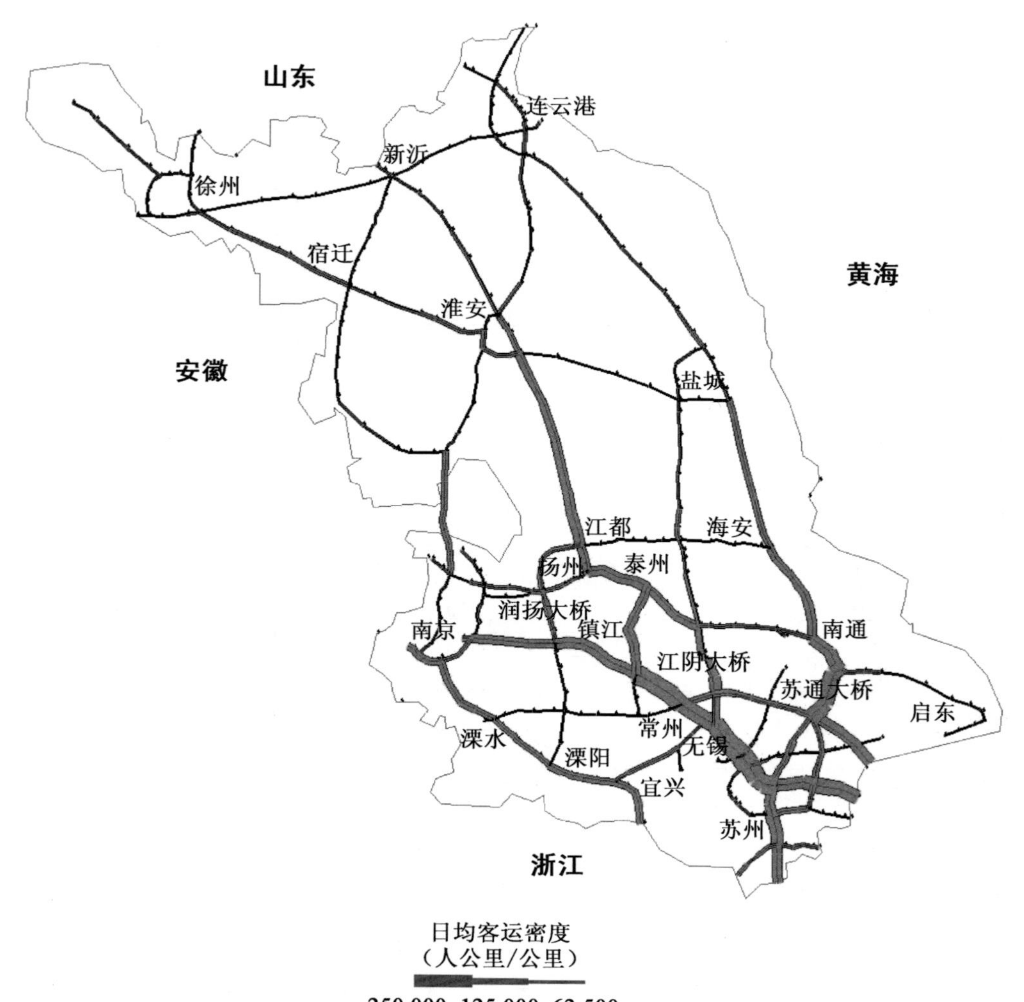

图 4.16　2013 年江苏省高速公路日均客运密度

4.6.2 货运密度分布如表4.17和图4.17所示。

2013年江苏省高速公路日均货运密度 表4.17

路段起止点	货运密度（吨公里/公里）	路段起止点	货运密度（吨公里/公里）
苏鲁省界—淮安	265 264	淮安—苏鲁省界	127 841
淮安—江都	251 196	江都—淮安	123 556
江都—江阴	110 358	江阴—江都	53 874
江阴枢纽—无锡	20 306	无锡—江阴枢纽	59 880
广陵—南通北	21 478	南通北—广陵	16 334
南通—苏州北	87 821	苏州北—南通	63 869
小海—启东	4 372	启东—小海	4 702
启东—崇启大桥	2 121	崇启大桥—启东	2 205
沈海苏鲁—灌云	51 367	灌云—沈海苏鲁	29 230
灌云—盐城东	102 169	盐城东—灌云	54 928
盐城东—南通北	135 268	南通北—盐城东	69 949
盐城—楚州	32 710	楚州—盐城	61 846
淮安西绕城(顺时针)	23 531	淮安西绕城(逆时针)	39 225
淮阴—灌云北	33 487	灌云北—淮阴	51 910
灌云北—连云港	83 031	连云港—灌云北	140 133
连云港—苏鲁省界	55 640	苏鲁省界—连云港	91 187
淮安南—六合南	43 310	六合南—淮安南	28 989
六合南—刘村	7 578	刘村—六合南	5 396
黄花塘—宿迁	20 495	宿迁—黄花塘	32 650
宿迁—新沂	7 128	新沂—宿迁	12 761
淮安西—徐州	27 133	徐州—淮安西	51 945
徐州东—京福苏鲁	65 616	京福苏鲁—徐州东	109 032
徐州东—苏皖省界	94 467	苏皖省界—徐州东	72 191
徐州东—渔湾主线	15 693	渔湾主线—徐州东	16 080
海安—江都	10 249	江都—海安	10 125
江都—镇江	96 440	镇江—江都	70 101
南京—无锡	107 323	无锡—南京	111 857
无锡—苏州北	154 676	苏州北—无锡	161 089
苏州北—花桥主线	63 989	花桥主线—苏州北	79 991
苏州绕城(顺时针)	30 453	苏州绕城(逆时针)	34 676
石牌—岳王	15 965	岳王—石牌	12 843
角直—千灯	10 090	千灯—角直	8 801
苏州北—盛泽主线	138 285	盛泽主线—苏州北	138 998
苏浙省界—苏沪主线	16 764	苏沪主线—苏浙省界	17 039
南京—新昌	79 719	新昌—南京	49 249
新昌—长深苏浙	111 335	长深苏浙—新昌	107 906
丹徒—新昌	37 977	新昌—丹徒	60 850
西坞—无锡	12 314	无锡—西坞	11 464
骆家边—戚墅堰	11 381	戚墅堰—骆家边	12 496
戚墅堰—常熟	28 604	常熟—戚墅堰	36 911

续上表

路段起止点	货运密度（吨公里/公里）	路段起止点	货运密度（吨公里/公里）
常熟—太仓	50 583	太仓—常熟	85 459
南京三桥—麒麟	49 719	麒麟—南京三桥	58 311
麒麟—横梁	9 728	横梁—麒麟	10 136
横梁—马鞍	484	马鞍—横梁	937
南泉—锦丰	6 675	锦丰—南泉	10 643
武进—泰州大桥	69 121	泰州大桥—武进	65 184
石牌—董滨	75 032	董滨—石牌	64 028
彭城—丰县	4 626	丰县—彭城	7 524
六合—江都	11 223	江都—六合	12 358

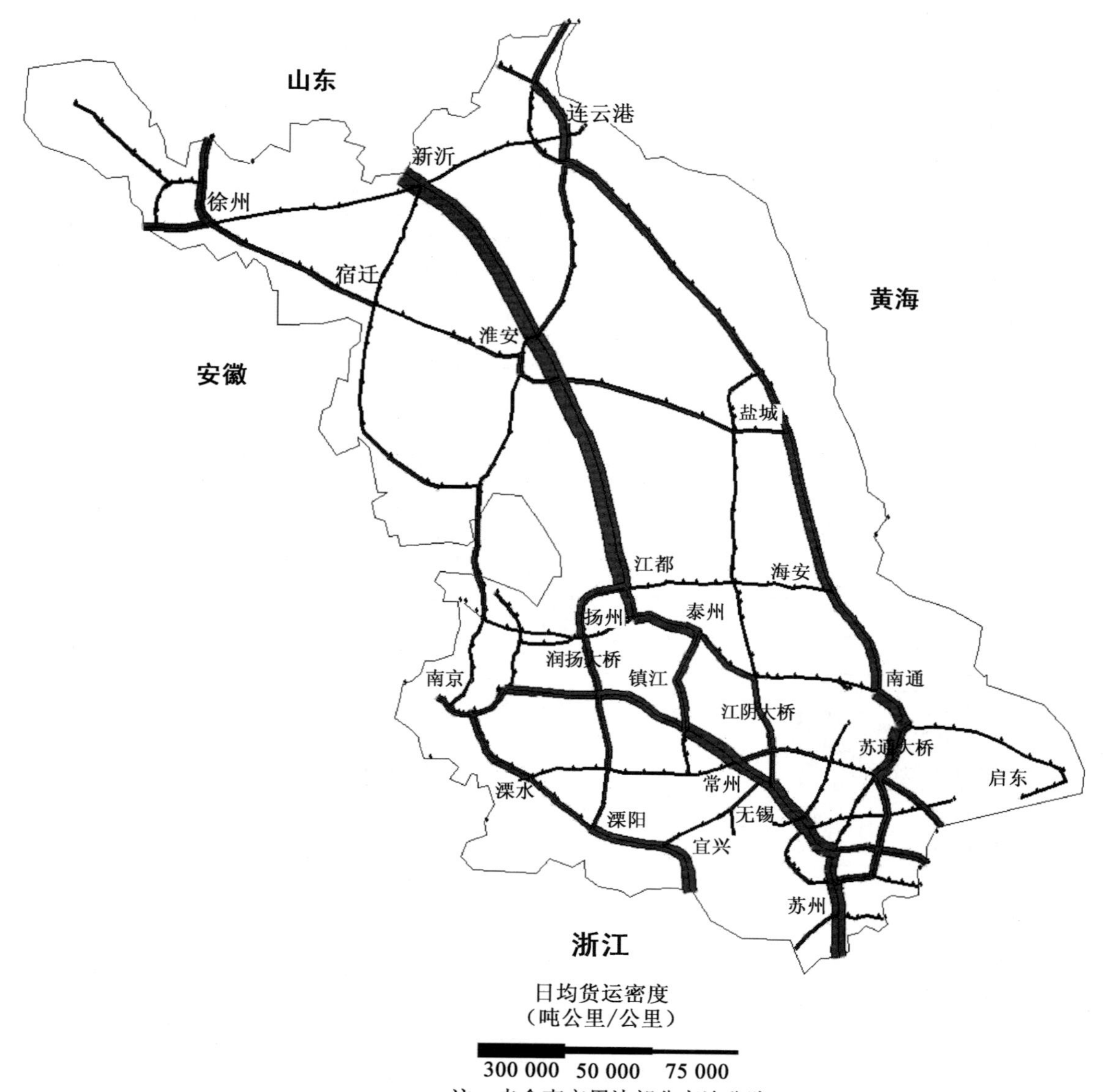

图 4.17 2013 年江苏省高速公路日均货运密度

4.6.3　道路负荷分布如表 4.18 和图 4.18 所示。

2013 年江苏省高速公路轴载　　表 4.18

路段起止点	轴　载（标准轴载当量轴次/日）	路段起止点	轴　载（标准轴载当量轴次/日）
苏鲁省界—淮安	34 276	淮安—苏鲁省界	24 626
淮安—江都	108 073	江都—淮安	68 349
江都—江阴	121 580	江阴—江都	73 467
江阴枢纽—无锡	41 725	无锡—江阴枢纽	99 771
广陵—南通北	42 992	南通北—广陵	44 562
南通—苏州北	101 801	苏州北—南通	104 234
小海—启东	27 472	启东—小海	26 148
启东—崇启大桥	15 958	崇启大桥—启东	15 259
沈海苏鲁—灌云	14 894	灌云—沈海苏鲁	16 094
灌云—盐城东	28 151	盐城东—灌云	24 559
盐城东—南通北	71 636	南通北—盐城东	59 706
盐城—楚州	20 110	楚州—盐城	22 322
淮安西绕城(顺时针)	31 121	淮安西绕城(逆时针)	38 989
淮阴—灌云北	26 997	灌云北—淮阴	29 970
灌云北—连云港	41 940	连云港—灌云北	44 070
连云港—苏鲁省界	14 901	苏鲁省界—连云港	14 619
淮安南—六合南	44 187	六合南—淮安南	42 918
六合南—刘村	8 331	刘村—六合南	6 035
黄花塘—宿迁	22 728	宿迁—黄花塘	24 128
宿迁—新沂	2 986	新沂—宿迁	2 960
淮安西—徐州	33 448	徐州—淮安西	40 325
徐州东—京福苏鲁	21 576	京福苏鲁—徐州东	21 862
徐州东—苏皖省界	22 916	苏皖省界—徐州东	26 078
徐州东—渔湾主线	10 158	渔湾主线—徐州东	9 915
海安—江都	20 203	江都—海安	19 148
江都—镇江	48 173	镇江—江都	47 943
南京—无锡	136 736	无锡—南京	123 541
无锡—苏州北	192 159	苏州北—无锡	211 761
苏州北—花桥主线	139 471	花桥主线—苏州北	147 079
苏州绕城(顺时针)	34 404	苏州绕城(逆时针)	34 142
石牌—岳王	16 987	岳王—石牌	19 371
角直—千灯	19 769	千灯—角直	19 813
苏州北—盛泽主线	113 663	盛泽主线—苏州北	110 118
苏浙省界—苏沪主线	42 458	苏沪主线—苏浙省界	43 530
南京—新昌	67 154	新昌—南京	61 616
新昌—长深苏浙	74 476	长深苏浙—新昌	69 639
丹徒—新昌	12 647	新昌—丹徒	14 000
西坞—无锡	35 185	无锡—西坞	33 765

续上表

路段起止点	轴　　载（标准轴载当量轴次/日）	路段起止点	轴　　载（标准轴载当量轴次/日）
骆家边—戚墅堰	17 418	戚墅堰—骆家边	20 416
戚墅堰—常熟	50 965	常熟—戚墅堰	60 587
常熟—太仓	83 177	太仓—常熟	123 469
南京三桥—麒麟	70 043	麒麟—南京三桥	62 302
麒麟—横梁	25 660	横梁—麒麟	20 944
横梁—马鞍	659	马鞍—横梁	699
南泉—锦丰	13 040	锦丰—南泉	13 734
武进—泰州大桥	81 461	泰州大桥—武进	68 573
石牌—董滨	54 816	董滨—石牌	43 640
彭城—丰县	7 389	丰县—彭城	7 742
六合—江都	22 469	江都—六合	24 279

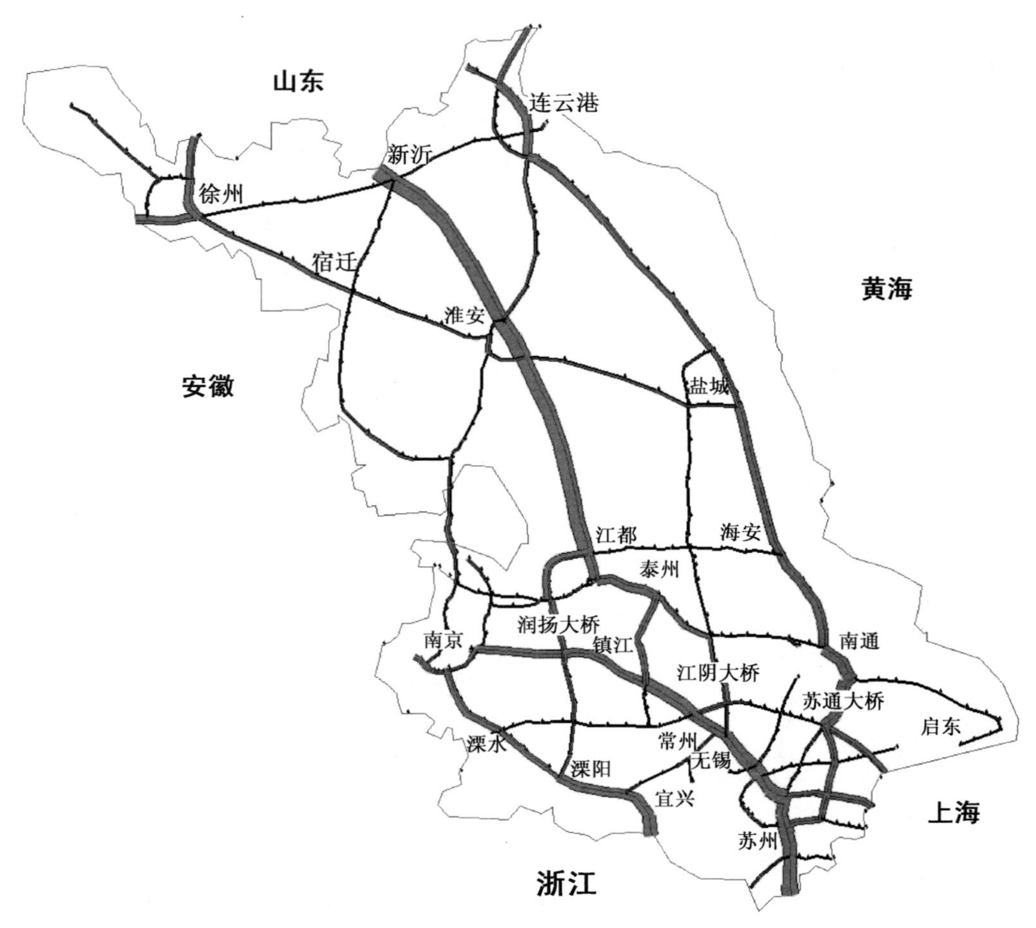

图 4.18　2013 年江苏省高速公路日均轴载

4.6.4　交通量分布如表4.19和图4.19所示。

2013年江苏省高速公路交通量　　表4.19

路段起止点	正向		小　计	反向		小　计
	客车折算交通量（辆/日）	货车折算交通量（辆/日）		客车折算交通量（辆/日）	货车折算交通量（辆/日）	
苏鲁省界—淮安	6 585	39 690	46 275	4 813	23 398	28 211
淮安—江都	17 483	40 687	58 170	11 229	23 510	34 739
江都—江阴	21 650	22 687	44 337	13 760	12 659	26 419
江阴枢纽—无锡	10 551	6 185	16 736	21 304	17 333	38 637
广陵—南通北	8 742	5 761	14 503	9 253	5 481	14 734
南通—苏州北	22 008	20 082	42 090	22 424	17 470	39 894
小海—启东	6 935	1 477	8 412	6 998	1 938	8 936
启东—崇启大桥	3 677	773	4 450	3 536	883	4 419
沈海苏鲁—灌云	2 859	8 819	11 678	2 819	7 162	9 981
灌云—盐城东	6 069	17 470	23 539	5 013	12 414	17 427
盐城东—南通北	15 466	24 341	39 807	11 755	15 021	26 776
盐城—楚州	4 161	6 921	11 082	4 810	10 244	15 054
淮安西绕城(顺时针)	5 339	5 455	10 794	6 525	7 458	13 983
淮阴—灌云北	5 271	8 301	13 572	5 865	9 856	15 721
灌云北—连云港	8 894	19 735	28 629	9 686	24 661	34 347
连云港—苏鲁省界	3 031	12 150	15 181	3 167	15 306	18 473
淮安南—六合南	8 881	7 892	16 773	8 867	6 184	15 051
六合南—刘村	912	1 268	2 180	661	1 125	1 786
黄花塘—宿迁	3 996	4 286	8 282	4 140	5 427	9 567
宿迁—新沂	741	1 875	2 616	745	2 018	2 763
淮安西—徐州	5 752	6 380	12 132	6 910	9 098	16 008
徐州东—京福苏鲁	4 658	13 943	18 601	4 832	16 639	21 471
徐州东—苏皖省界	5 221	14 448	19 669	5 594	14 465	20 059
徐州东—渔湾主线	2 618	3 383	6 001	2 605	3 381	5 986
海安—江都	5 280	3 026	8 306	4 697	2 826	7 523
江都—镇江	11 232	16 087	27 319	11 071	14 125	25 196
南京—无锡	27 626	24 994	52 620	25 872	25 800	51 672
无锡—苏州北	41 966	40 029	81 995	46 319	47 510	93 829
苏州北—花桥主线	33 461	21 559	55 020	35 319	27 093	62 412
苏州绕城(顺时针)	88 86	8 558	17 444	9 033	10 306	19 339
石牌—岳王	4 618	5 117	9 735	5 166	4 583	9 749
角直—千灯	5 711	4 074	9 785	5 658	3 934	9 592
苏州北—盛泽主线	23 337	30 534	53 871	23 699	36 853	60 552
苏浙省界—苏沪主线	8 801	4 589	13 390	8 978	5 046	14 024
南京—新昌	10 596	12 740	23 336	10 472	10 690	21 162
新昌—长深苏浙	11 534	16 934	28 468	11 531	20 708	32 239
丹徒—新昌	3 066	5 836	8 902	3 577	10 970	14 547

续上表

路段起止点	正向		小计	反向		小计
	客车折算交通量（辆/日）	货车折算交通量（辆/日）		客车折算交通量（辆/日）	货车折算交通量（辆/日）	
西坞—无锡	8 620	4 663	13 283	8 277	3 986	12 263
骆家边—戚墅堰	4 589	3 381	7 970	5 145	3 497	8 642
戚墅堰—常熟	11 934	9 200	21 134	13 261	11 323	24 584
常熟—太仓	17 868	13 198	31 066	27 110	22 771	49 881
南京三桥—麒麟	9 999	11 755	21 754	9 481	12 905	22 386
麒麟—横梁	5 614	3 327	8 941	3 781	3 004	6 785
横梁—马鞍	185	139	324	202	241	443
南泉—锦丰	3 554	2 816	6 370	3 683	2 719	6 402
武进—泰州大桥	15 947	16 829	32 776	13 316	14 465	27 781
石牌—董滨	12 839	19 683	32 522	9 562	13 415	22 977
彭城—丰县	2 126	1 577	3 703	2 177	1 613	3 790
六合—江都	4 836	2 688	7 524	5 018	2 982	8 000

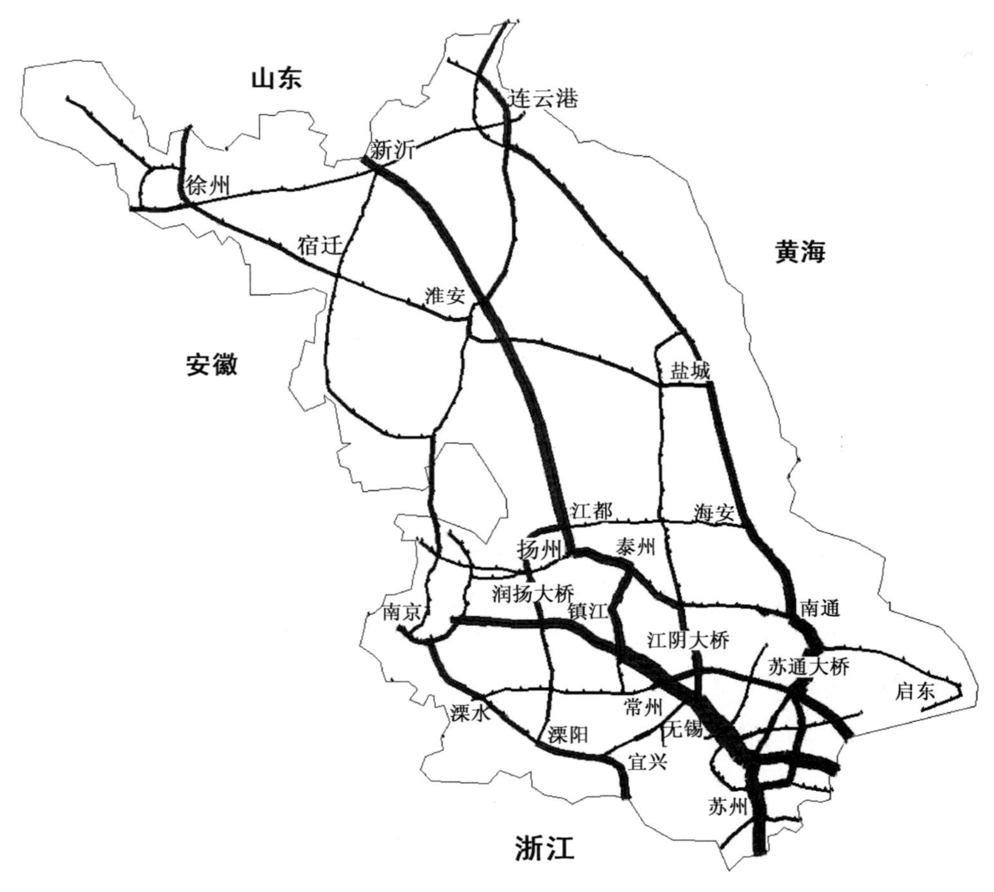

图 4.19　2013 年江苏省高速公路日均交通量

4.7　浙江省高速公路运输密度

4.7.1　客运密度分布如表4.20和图4.20所示。

2013年浙江省高速公路日均客运密度　　表4.20

路段起止点	客运密度（人公里/公里）	路段起止点	客运密度（人公里/公里）
李家巷枢纽—浙皖主线	30 957	浙皖主线—李家巷枢纽	30 402
浙苏主线—李家巷枢纽	25 917	李家巷枢纽—浙苏主线	26 612
李家巷枢纽—父子岭(浙苏分界)	57 494	父子岭(浙苏分界)—李家巷枢纽	57 010
南庄兜(杭州)—李家巷枢纽	65 744	李家巷枢纽—南庄兜(杭州)	66 856
杭州绕城(逆时针)	64 426	杭州绕城(顺时针)	62 888
嘉兴枢纽—沈士枢纽	103 885	沈士枢纽—嘉兴枢纽	105 010
大云(浙沪边界)—嘉兴枢纽	83 511	嘉兴枢纽—大云(浙沪界)	83 758
昱岭关(安徽边界)—杭州西	23 356	杭州西—昱岭关(安徽界)	23 458
尖山—嘉兴枢纽	1 564	嘉兴枢纽—尖山	1 637
嘉兴枢纽—王江泾(浙苏界)	61 302	王江泾(浙苏边界)—嘉兴枢纽	60 754
湖州北—王江泾(浙苏界)	20 769	王江泾(浙苏边界)—湖州北	21 073
西塘桥(跨海大桥北)—嘉兴枢纽	55 956	嘉兴枢纽—西塘桥(跨海大桥北)	54 971
西塘桥(跨海大桥北)—浙沪主线	15 904	浙沪主线—西塘桥(跨海大桥北)	16 821
西塘桥(跨海大桥北)—余姚	50 491	余姚—西塘桥(跨海大桥北)	50 761
沽渚枢纽—红垦(杭州)	116 346	红垦(杭州)—沽渚枢纽	117 911
余姚—沽渚枢纽	56 043	沽渚枢纽—余姚	56 831
余姚—宁波北	89 985	宁波北—余姚	89 944
北仑—宁波东	30 585	宁波东—北仑	29 900
宁波绕城(逆时针)	21 635	宁波绕城(顺时针)	21 698
嵊州枢纽—宁波西	14 615	宁波西—嵊州枢纽	14 543
义乌东—嵊州枢纽	19 791	嵊州枢纽—义乌东	19 642
嵊州枢纽—沽渚枢纽	45 052	沽渚枢纽—嵊州枢纽	45 759
吴岙—嵊州枢纽	29 209	嵊州枢纽—吴岙	29 898
宁海—姜山(宁波)	40 608	姜山(宁波)—宁海	40 490
吴岙—宁海	26 292	宁海—吴岙	26 350
台州—吴岙	46 078	吴岙—台州	46 640
缙云—台州	15 883	台州—缙云	16 399
温州—台州	37 750	台州—温州	37 763
平阳—温州南	75 827	温州南—平阳	76 452
分水关—平阳	29 247	平阳—分水关	29 734
金华东—温州	23 793	温州—金华东	23 856
金华东—张家畈枢纽(杭州)	60 156	张家畈枢纽(杭州)—金华东	59 076
杭金衢龙游交界—金华	35 164	金华—杭金衢龙游交界	34 805
浙赣界—杭金衢龙游交界	45 557	杭金衢龙游交界—浙赣界	46 642
丽水—杭金衢龙游交界	17 596	杭金衢龙游交界—丽水	17 250
浙闽界—龙泉	1 809	龙泉—浙闽界	1 633
龙泉—丽水	11 543	丽水—龙泉	11 322

续上表

路段起止点	客运密度（人公里/公里）	路段起止点	客运密度（人公里/公里）
建德市—杭州南	43 953	杭州南—建德市	45 326
杭金衢龙游交界—建德市	21 702	建德市—杭金衢龙游交界	22 844
建德市—千岛湖	11 726	千岛湖—建德市	11 697
浙皖界—衢州	5 467	衢州—浙皖界	5 839
衢州南—浙闽主线	7 626	浙闽主线—衢州南	7 471
诸暨北—温州	29 328	温州—诸暨北	30 282
练市—杭州(崇贤)	27 578	杭州(崇贤)—练市	26 627
温州绕城(逆时针)	27 379	温州绕城(顺时针)	26 577
舟山—蛟川	28 692	蛟川—舟山	28 928
勾庄—长兴	20 304	长兴—勾庄	20 112
诸暨浣东—上虞道墟	10 158	上虞道墟—诸暨浣东	10 239
云龙—象山	20 798	象山—云龙	20 814

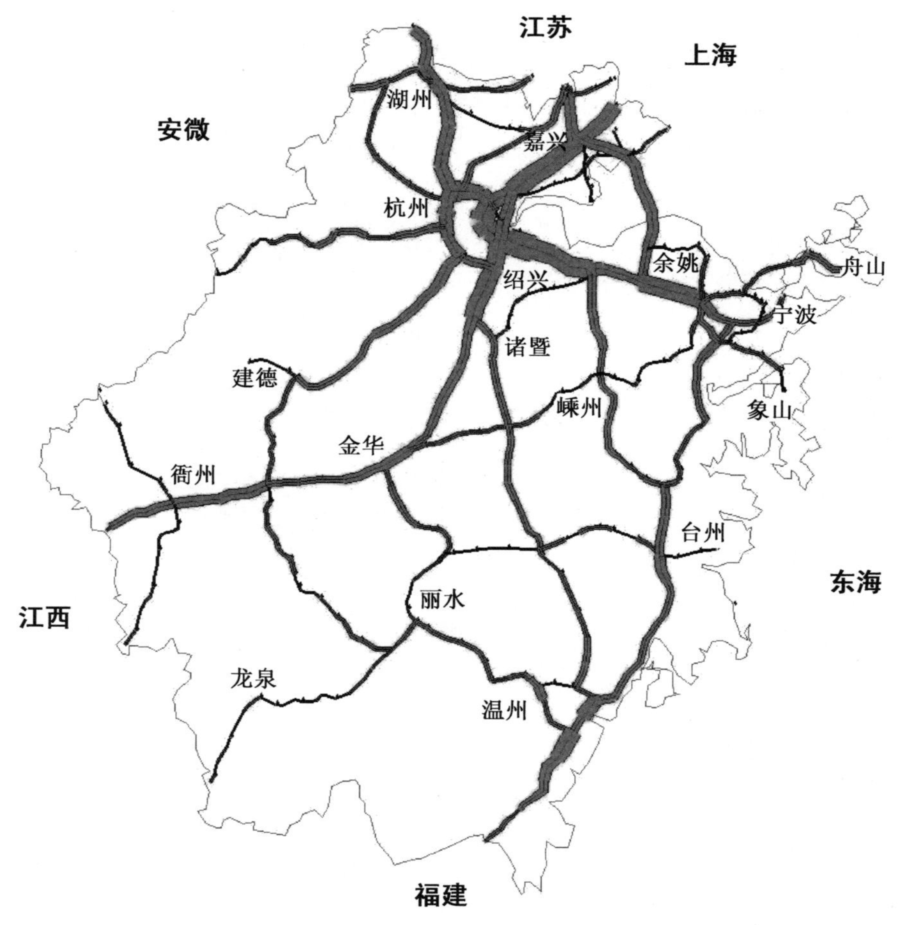

图 4.20　2013 年浙江省高速公路日均客运密度

4.7.2 货运密度分布如表4.21和图4.21所示。

2013年浙江省高速公路日均货运密度 表4.21

路段起止点	货运密度（吨公里/公里）	路段起止点	货运密度（吨公里/公里）
李家巷枢纽—浙皖主线	24 265	浙皖主线—李家巷枢纽	24 635
浙苏主线—李家巷枢纽	16 282	李家巷枢纽—浙苏主线	15 814
李家巷枢纽—父子岭(浙苏界)	109 593	父子岭(浙苏界)—李家巷枢纽	143 597
南庄兜(杭州)—李家巷枢纽	144 354	李家巷枢纽—南庄兜(杭州)	104 009
杭州绕城(逆时针)	97 655	杭州绕城(顺时针)	111 010
嘉兴枢纽—沈士枢纽	123 573	沈士枢纽—嘉兴枢纽	94 999
大云(浙沪界)—嘉兴枢纽	73 626	嘉兴枢纽—大云(浙沪界)	66 979
昱岭关(安徽界)—杭州西	9 698	杭州西—昱岭关(安徽界)	11 485
尖山—嘉兴枢纽	775	嘉兴枢纽—尖山	861
嘉兴枢纽—王江泾(浙苏界)	73 598	王江泾(浙苏界)—嘉兴枢纽	110 733
湖州北—王江泾(浙苏界)	20 676	王江泾(浙苏界)—湖州北	21 237
西塘桥(跨海大桥北)—嘉兴枢纽	65 800	嘉兴枢纽—西塘桥(跨海大桥北)	73 111
西塘桥(跨海大桥北)—浙沪主线	15 685	浙沪主线—西塘桥(跨海大桥北)	27 796
西塘桥(跨海大桥北)—余姚	73 935	余姚—西塘桥(跨海大桥北)	50 381
沽渚枢纽—红垦(杭州)	85 689	红垦(杭州)—沽渚枢纽	117 651
余姚—沽渚枢纽	65 014	沽渚枢纽—余姚	59 034
余姚—宁波北	86 074	宁波北—余姚	75 453
北仑—宁波东	24 767	宁波东—北仑	14 375
宁波绕城(逆时针)	33 846	宁波绕城(顺时针)	27 899
嵊州枢纽—宁波西	16 448	宁波西—嵊州枢纽	20 760
义乌东—嵊州枢纽	20 521	嵊州枢纽—义乌东	21 456
嵊州枢纽—沽渚枢纽	31 264	沽渚枢纽—嵊州枢纽	51 137
吴岙—嵊州枢纽	24 969	嵊州枢纽—吴岙	40 583
宁海—姜山(宁波)	32 492	姜山(宁波)—宁海	51 590
吴岙—宁海	30 108	宁海—吴岙	51 794
台州—吴岙	52 844	吴岙—台州	79 783
缙云—台州	23 782	台州—缙云	21 001
温州—台州	40 198	台州—温州	53 490
平阳—温州南	75 719	温州南—平阳	91 432
分水关—平阳	64 820	平阳—分水关	72 599
金华东—温州	28 366	温州—金华东	21 729
金华东—张家畈枢纽(杭州)	49 998	张家畈枢纽(杭州)—金华东	72 785
杭金衢龙游交界—金华	63 384	金华—杭金衢龙游交界	49 944
浙赣界—杭金衢龙游交界	132 501	杭金衢龙游交界—浙赣界	125 514
丽水—杭金衢龙游交界	18 903	杭金衢龙游交界—丽水	26 997
浙闽界—龙泉	1 417	龙泉—浙闽界	957
龙泉—丽水	12 423	丽水—龙泉	11 309
建德市—杭州南	91 872	杭州南—建德市	97 917

续上表

路段起止点	货运密度（吨公里/公里）	路段起止点	货运密度（吨公里/公里）
杭金衢龙游交界—建德市	84 472	建德市—杭金衢龙游交界	91 479
建德市—千岛湖	1 770	千岛湖—建德市	689
浙皖界—衢州	8 741	衢州—浙皖界	9 828
衢州南—浙闽主线	12 026	浙闽主线—衢州南	11 347
诸暨北—温州	63 246	温州—诸暨北	49 882
练市—杭州(崇贤)	54 080	杭州(崇贤)—练市	42 340
温州绕城(逆时针)	34 715	温州绕城(顺时针)	37 412
舟山—蛟川	5 669	蛟川—舟山	7 195
勾庄—长兴	18 718	长兴—勾庄	22 560
诸暨浣东—上虞道墟	8 359	上虞道墟—诸暨浣东	8 462
云龙—象山	6 618	象山—云龙	4 679

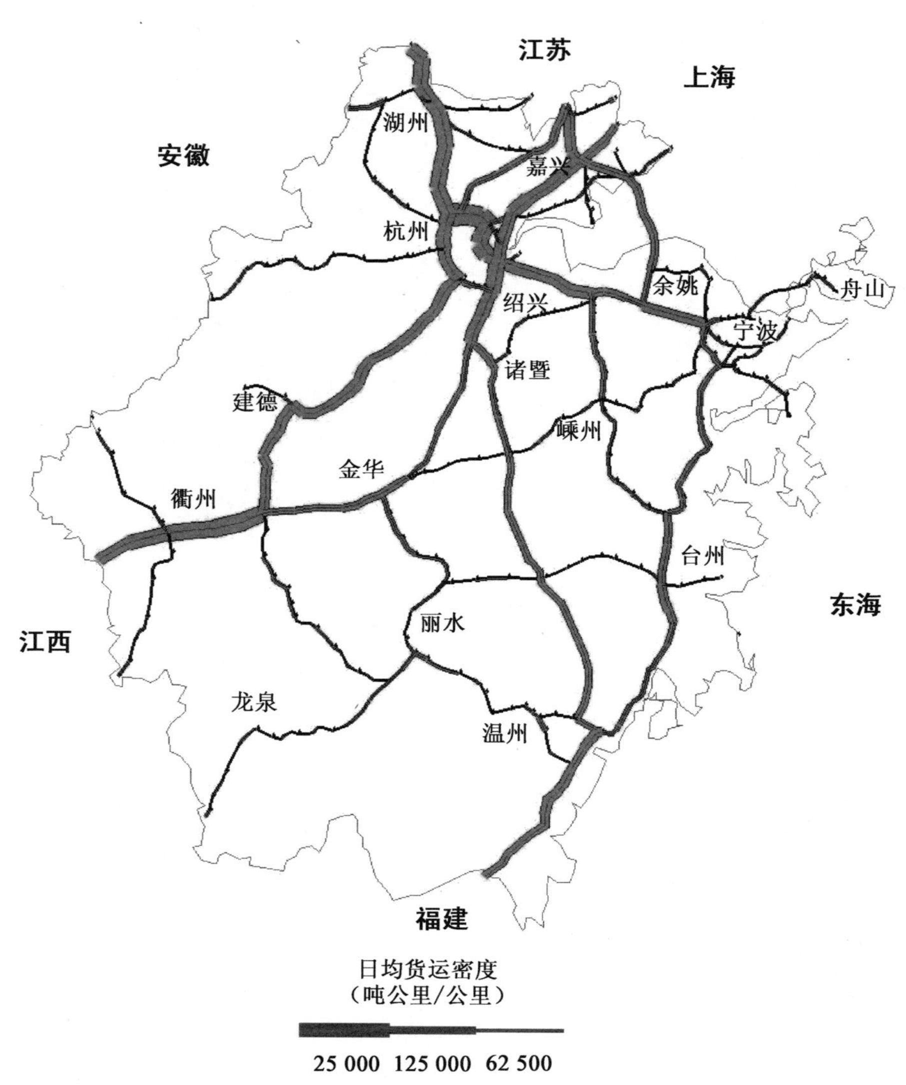

图 4.21　2013 年浙江省高速公路日均货运密度

4.7.3　交通量分布如表4.22和图4.22所示。

2013年浙江省高速公路交通量　　表4.22

路段起止点	正向			反向		
	客车折算交通量（辆/日）	货车折算交通量（辆/日）	小计	客车折算交通量（辆/日）	货车折算交通量（辆/日）	小计
李家巷枢纽—浙皖主线	6 392	5 290	11 682	6 217	5 230	11 447
浙苏主线—李家巷枢纽	5 861	4 088	9 949	6 043	4 200	10 243
李家巷枢纽—父子岭(浙苏界)	9 509	23 779	33 288	9 426	23 819	33 245
南庄兜(杭州)—李家巷枢纽	12 094	24 059	36 153	12 374	23 252	35 626
杭州绕城(逆时针)	15 771	24 444	40 215	15 439	25 005	40 444
嘉兴枢纽—沈士枢纽	24 962	27 710	52 672	24 856	28 109	52 965
大云(浙沪界)—嘉兴枢纽	20 114	17 745	37 859	19 758	18 783	38 541
昱岭关(安徽界)—杭州西	5 038	2 500	7 538	5 075	2 646	7 721
尖山—嘉兴枢纽	461	292	753	483	282	765
嘉兴枢纽—王江泾(浙苏界)	13 933	23 133	37 066	13 776	23 794	37 570
湖州北—王江泾(浙苏界)	5 102	5 087	10 189	5 168	5 399	10 567
西塘桥(跨海大桥北)—嘉兴枢纽	13 282	17 102	30 384	13 031	16 539	29 570
西塘桥(跨海大桥北)—浙沪主线	4 881	5 343	10 224	5 132	5 655	10 787
西塘桥(跨海大桥北)—余姚	12 025	14 459	26 484	12 128	14 613	26 741
沽渚枢纽—红垦(杭州)	26 117	23 801	49 918	26 490	24 141	50 631
余姚—沽渚枢纽	13 006	13 355	26 361	13 185	13 801	26 986
余姚—宁波北	21 123	20 198	41 321	21 199	19 315	40 514
北仑—宁波东	9 013	5 364	14 377	8 865	4 697	13 562
宁波绕城(逆时针)	5 529	7 914	13 443	5 558	7 824	13 382
嵊州枢纽—宁波西	3 221	3 876	7 097	3 233	3 771	7 004
义乌东—嵊州枢纽	4 511	4 798	9 309	4 466	4 587	9 053
嵊州枢纽—沽渚枢纽	9 275	8 662	17 937	9 467	8 896	18 363
吴岙—嵊州枢纽	5 382	6 098	11 480	5 546	6 624	12 170
宁海—姜山(宁波)	10 339	10 134	20 473	10 308	10 246	20 554
吴岙—宁海	6 344	9 280	15 624	6 336	9 350	15 686
台州—吴岙	9 729	14 458	24 187	9 769	14 185	23 954
缙云—台州	3 258	3 847	7 105	3 305	4 325	7 630
温州—台州	8 634	11 316	19 950	8 574	11 064	19 638
平阳—温州南	18 740	19 440	38 180	18 826	19 362	38 188
分水关—平阳	6 426	13 539	19 965	6 640	13 778	20 418
金华东—温州	4 789	4 658	9 447	4 874	4 712	9 586
金华东—张家畈枢纽(杭州)	14 215	13 936	28 151	14 093	14 307	28 400
杭金衢龙游交界—金华	6 720	11 022	17 742	6 737	10 028	16 765
浙赣界—杭金衢龙游交界	7 717	22 268	29 985	8 013	21 606	29 619
丽水—杭金衢龙游交界	2 868	3 587	6 455	2 854	3 723	6 577
浙闽界—龙泉	496	354	850	432	285	717
龙泉—丽水	2 665	2 251	4 916	2 571	2 210	4 781
建德市—杭州南	10 224	16 916	27 140	10 682	16 852	27 534
杭金衢龙游交界—建德市	4 823	14 707	19 530	5 150	14 809	19 959

续上表

路段起止点	正向			反向		
	客车折算交通量（辆/日）	货车折算交通量（辆/日）	小计	客车折算交通量（辆/日）	货车折算交通量（辆/日）	小计
建德市—千岛湖	2 902	765	3 667	2 850	417	3 267
浙皖界—衢州	1 356	1 587	2 943	1 467	1 950	3 417
衢州南—浙闽主线	2 114	2 276	4 390	2 069	2 392	4 461
诸暨北—温州	6 307	10 870	17 177	6 445	10 378	16 823
练市—杭州(崇贤)	6 849	10 796	17 645	6 870	10 469	17 339
温州绕城(逆时针)	6 506	8 206	14 712	6 389	8 328	14 717
舟山—蛟川	5 964	2 259	8 223	6 024	2 287	8 311
勾庄—长兴	4 175	4 218	8 393	4 129	4 085	8 214
诸暨浣东—上虞道墟	2 621	1 836	4 457	2 645	1 797	4 442
云龙—象山	5 540	2 208	7 748	5 553	2 194	7 747

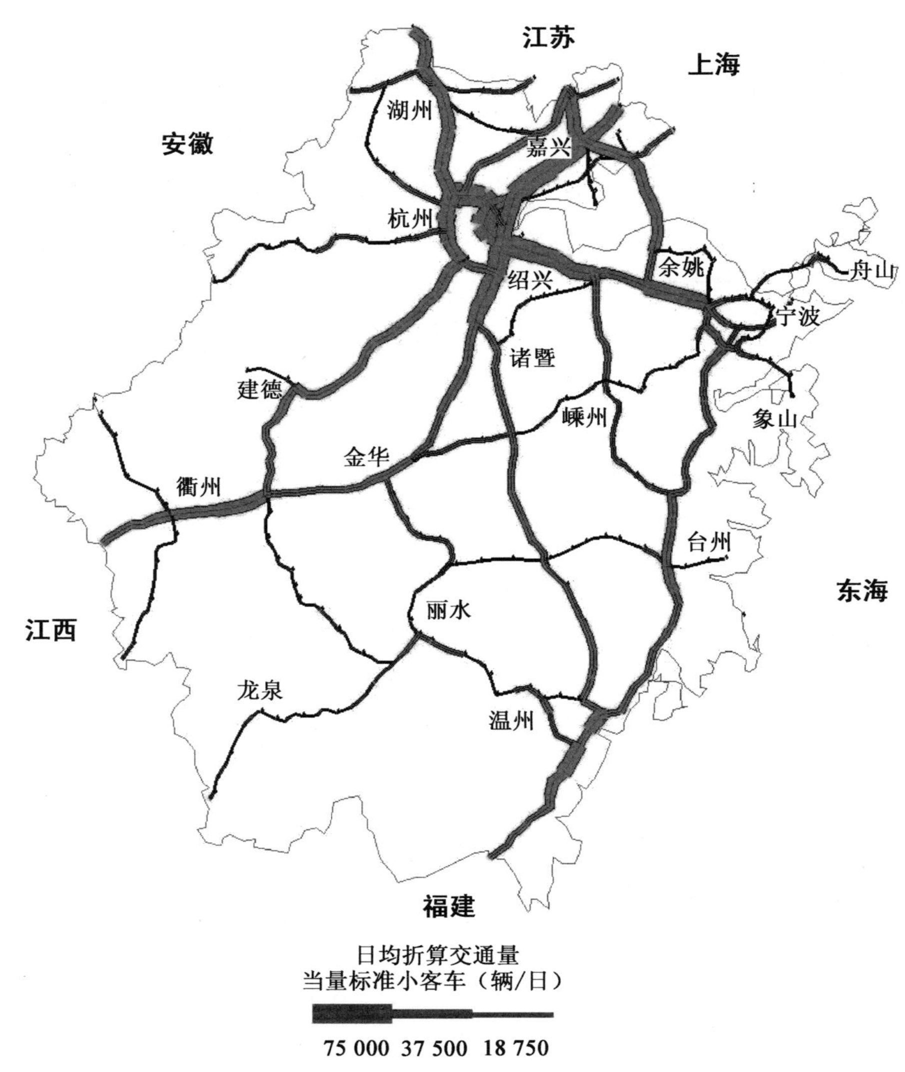

图 4.22　2013 年浙江省高速公路日均交通量

4.8　安徽省高速公路运输密度

4.8.1　客运密度分布如表4.23和图4.23所示。

2013年安徽省高速公路日均客运密度　　表4.23

路段起止点	客运密度（人公里/公里）	路段起止点	客运密度（人公里/公里）
皖豫—皖苏	16 923	皖苏—皖豫	17 117
朱圩子—宿州	14 668	宿州—朱圩子	16 806
宿州—蚌埠	19 879	蚌埠—宿州	20 361
蚌埠—合肥	17 190	合肥—蚌埠	17 736
合肥—芜湖	37 340	芜湖—合肥	35 583
芜湖—苏皖	38 316	苏皖—芜湖	36 733
界首—蚌埠	23 462	蚌埠—界首	23 318
蚌埠—曹庄	44 330	曹庄—蚌埠	44 518
黄庄—阜阳	9 704	阜阳—黄庄	9 216
阜阳—淮南	19 551	淮南—阜阳	18 000
淮南—合肥	43 209	合肥—淮南	43 777
合肥—庐江	48 841	庐江—合肥	48 958
庐江—铜陵	15 740	铜陵—庐江	14 956
铜陵—黄山	12 705	黄山—铜陵	11 896
黄山—徽州	6 762	徽州—黄山	6 329
庐江—怀宁	25 880	怀宁—庐江	25 585
怀宁—宿松	17 187	宿松—怀宁	17 919
怀宁—安庆	17 070	安庆—怀宁	16 579
叶集—六安	28 036	六安—叶集	29 695
六安—合肥	50 008	合肥—六安	51 101
合肥—吴庄	58 753	吴庄—合肥	59 211
大顾店—长岭关	8 470	长岭关—大顾店	7 505
潜山互通—六安西	2 924	六安西—潜山互通	3 696
马鞍山—芜湖	36 231	芜湖—马鞍山	35 875
芜湖—铜陵	27 737	铜陵—芜湖	27 160
铜陵—安庆	17 459	安庆—铜陵	16 888
安庆—皖赣花园	5 042	皖赣花园—安庆	4 833
宿州—泗县	2 050	泗县—宿州	2 232
合肥绕城(顺时针)	41 397	合肥绕城(逆时针)	41 541
亳鹿主线—亳永主线	2 767	亳永主线—亳鹿主线	3 052
宿州—淮永主线	3 375	淮永主线—宿州	3 526
芜湖—水阳	1 976	水阳—芜湖	1 910

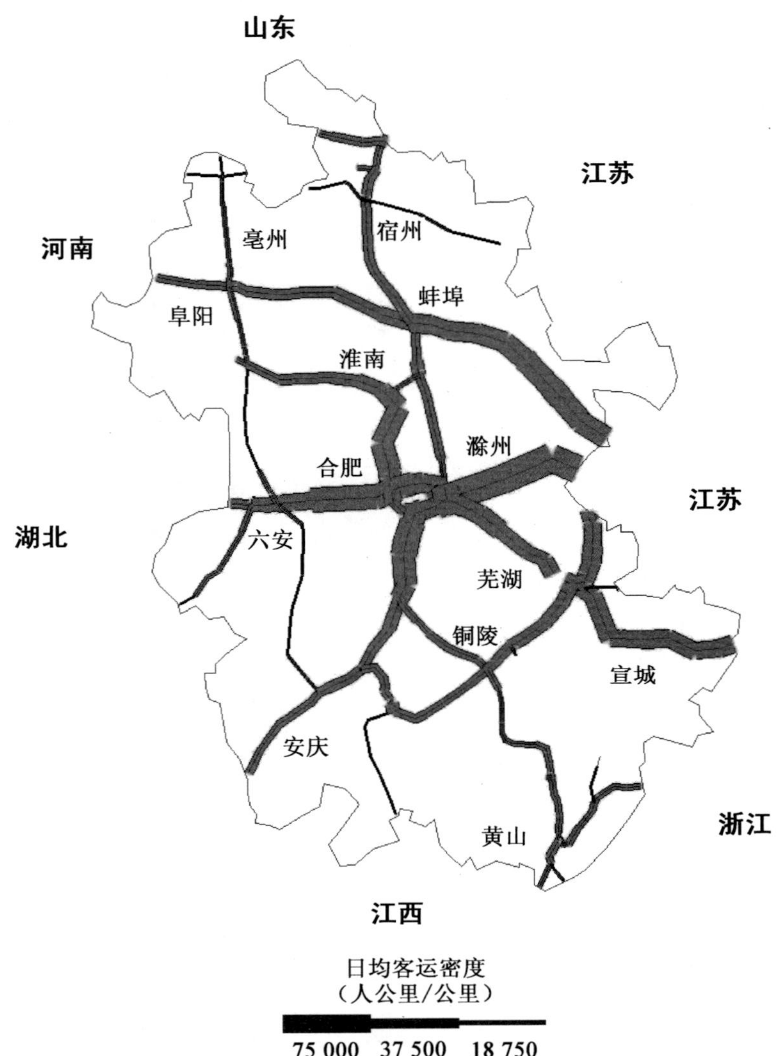

图 4.23　2013 年安徽省高速公路日均客运密度

4.8.2　货运密度分布如表4.24和图4.24所示。

2013年安徽省高速公路日均货运密度　　表4.24

路段起止点	货运密度（吨公里/公里）	路段起止点	货运密度（吨公里/公里）
皖豫—皖苏	29 279	皖苏—皖豫	40 632
朱圩子—宿州	65 849	宿州—朱圩子	49 052
宿州—蚌埠	63 603	蚌埠—宿州	46 404
蚌埠—合肥	58 193	合肥—蚌埠	43 901
合肥—芜湖	43 598	芜湖—合肥	38 779
芜湖—苏皖	45 290	苏皖—芜湖	35 991
界首—蚌埠	50 192	蚌埠—界首	44 339
蚌埠—曹庄	77 264	曹庄—蚌埠	62 121
黄庄—阜阳	20 499	阜阳—黄庄	20 173
阜阳—淮南	19 817	淮南—阜阳	23 016
淮南—合肥	31 207	合肥—淮南	24 174
合肥—庐江	69 231	庐江—合肥	64 216
庐江—铜陵	9 081	铜陵—庐江	7 961
铜陵—黄山	10 087	黄山—铜陵	8 132
黄山—徽州	11 752	徽州—黄山	9 371
庐江—怀宁	59 353	怀宁—庐江	55 423
怀宁—宿松	28 365	宿松—怀宁	29 537
怀宁—安庆	51 019	安庆—怀宁	45 261
叶集—六安	56 050	六安—叶集	57 674
六安—合肥	79 448	合肥—六安	70 142
合肥—吴庄	55 185	吴庄—合肥	66 797
大顾店—长岭关	42 598	长岭关—大顾店	34 067
潜山互通—六安西	3 865	六安西—潜山互通	5 867
马鞍山—芜湖	34 276	芜湖—马鞍山	31 064
芜湖—铜陵	34 722	铜陵—芜湖	32 441
铜陵—安庆	25 121	安庆—铜陵	23 478
安庆—皖赣花园	47 827	皖赣花园—安庆	43 862
宿州—泗县	1 044	泗县—宿州	761
合肥绕城(顺时针)	56 937	合肥绕城(逆时针)	55 159
亳鹿主线—亳永主线	2 979	亳永主线—亳鹿主线	5 886
宿州—淮永主线	4 263	淮永主线—宿州	4 733
芜湖—水阳	4 610	水阳—芜湖	4 258

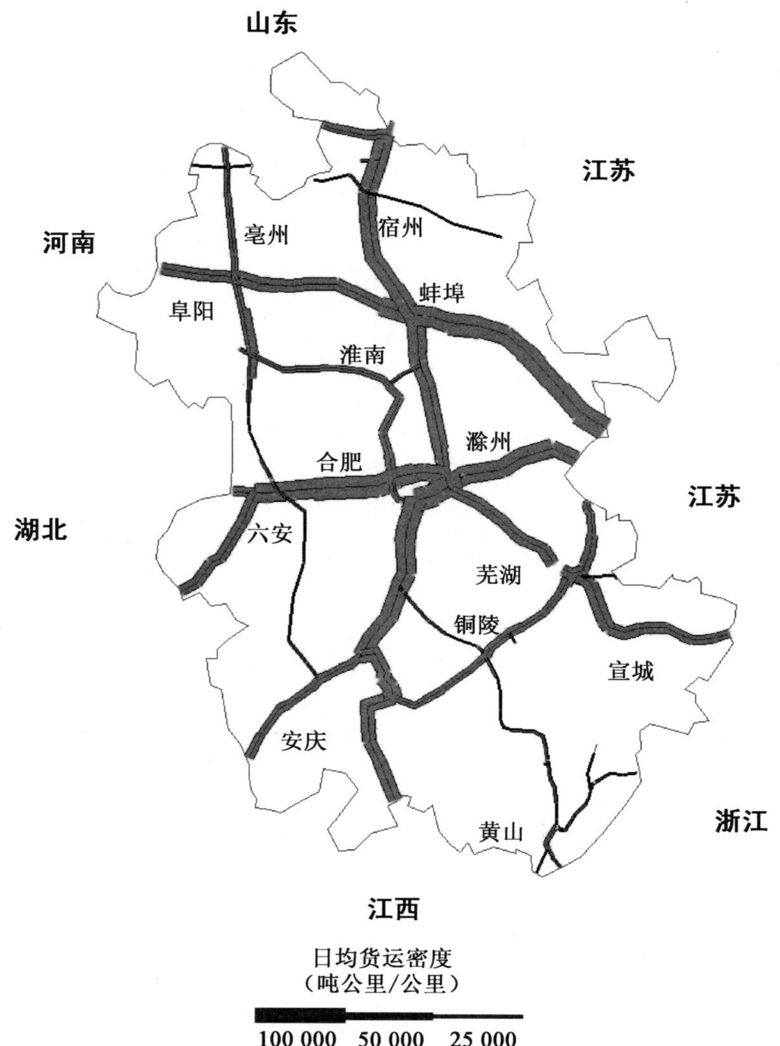

图 4.24　2013 年安徽省高速公路日均货运密度

4.8.3　交通量分布如表4.25和图4.25所示。

2013年安徽省高速公路交通量　　表4.25

路段起止点	正向		小计	反向		小计
	客车折算交通量（辆/日）	货车折算交通量（辆/日）		客车折算交通量（辆/日）	货车折算交通量（辆/日）	
皖豫—皖苏	3 261	4 888	8 149	3 389	4 708	8 097
朱圩子—宿州	3 526	7 770	11 296	4 132	7 703	11 835
宿州—蚌埠	4 044	7 600	11 644	4 186	6 719	10 905
蚌埠—合肥	3 736	6 955	10 691	3 831	6 599	10 430
合肥—芜湖	7 686	6 678	14 364	7 346	6 395	13 741
芜湖—苏皖	7 081	6 393	13 474	6 754	6 266	13 020
界首—蚌埠	3 522	6 319	9 841	3 558	5 968	9 526
蚌埠—曹庄	6 155	9 746	15 901	6 349	8 854	15 203
黄庄—阜阳	1 950	2 782	4 732	1 906	3 172	5 078
阜阳—淮南	3 938	3 406	7 344	3 624	3 472	7 096
淮南—合肥	9 541	4 789	14 330	9 687	4 932	14 619
合肥—庐江	10 351	8 964	19 315	10 247	9 264	19 511
庐江—铜陵	3 472	1 470	4 942	3 312	1 440	4 752
铜陵—黄山	2 629	1 542	4 171	2 448	1 475	3 923
黄山—徽州	1 487	1 671	3 158	1 370	1 411	2 781
庐江—怀宁	4 949	7 177	12 126	4 887	7 403	12 290
怀宁—宿松	3 043	4 061	7 104	3 133	4 366	7 499
怀宁—安庆	3 483	5 906	9 389	3 442	5 862	9 304
叶集—六安	4 286	7 241	11 527	4 626	8 104	12 730
六安—合肥	8 568	10 278	18 846	8 955	11 924	20 879
合肥—吴庄	9 027	9 479	18 506	9 222	10 059	19 281
大顾店—长岭关	1 770	5 559	7 329	1 541	4 538	6 079
潜山互通—六安西	714	706	1 420	900	877	1 777
马鞍山—芜湖	8 330	5 940	14 270	8 235	6 192	14 427
芜湖—铜陵	5 617	5 196	10 813	5 457	5 117	10 574
铜陵—安庆	3 499	3 366	6 865	3 331	3 481	6 812
安庆—皖赣花园	1 191	5 173	6 364	1 120	5 316	6 436
宿州—泗县	622	217	839	686	207	893
合肥绕城(顺时针)	8 239	8 208	16 447	8 322	8 635	16 957
亳鹿主线—亳永主线	475	600	1 075	601	842	1 443
宿州—淮永主线	542	656	1 198	582	713	1 295
芜湖—水阳	515	671	1 186	497	715	1 212

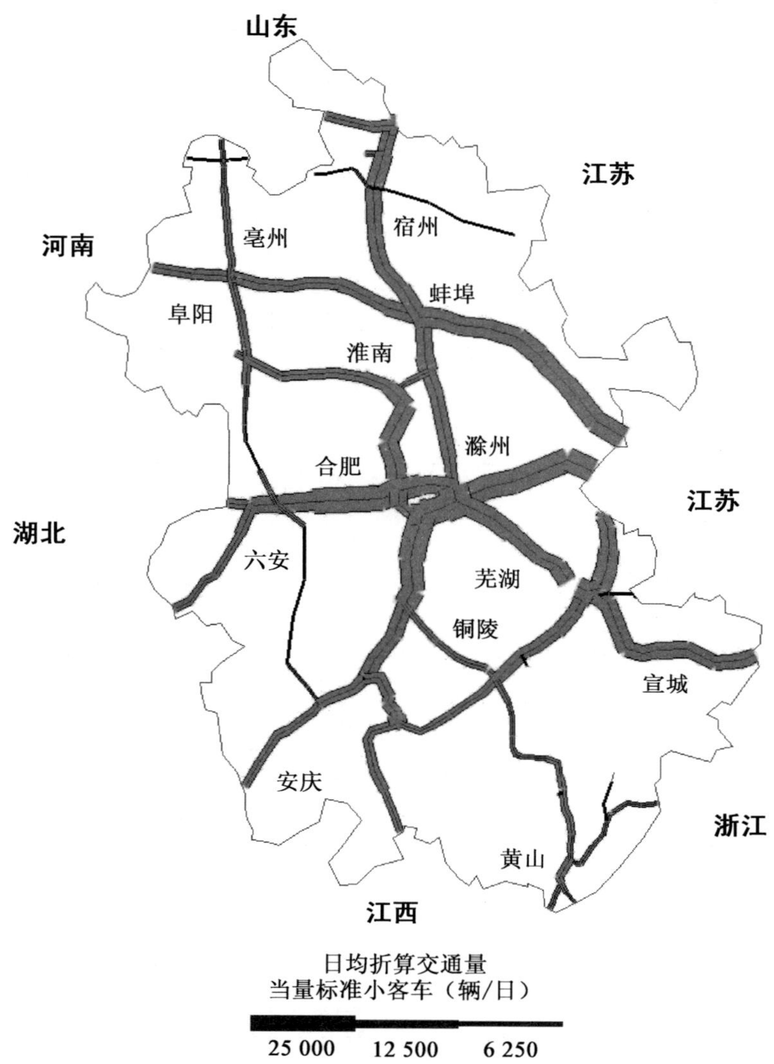

图 4.25　2013 年安徽省高速公路日均交通量

4.9　福建省高速公路运输密度

4.9.1　客运密度分布如表4.26和图4.26所示。

2013年福建省高速公路日均客运密度　　表4.26

路段起止点	客运密度（人公里/公里）	路段起止点	客运密度（人公里/公里）
闽浙—福鼎	7 127	福鼎—闽浙	6 288
福鼎—霞浦	8 576	霞浦—福鼎	8 307
霞浦—宁德	10 715	宁德—霞浦	10 598
宁德—连江	14 025	连江—宁德	13 886
连江—闽侯	5 542	闽侯—连江	4 657
连江—福州	14 589	福州—连江	14 676
营前—福州机场	6 300	福州机场—营前	10 422
福州—莆田	26 544	莆田—福州	26 496
莆田—泉州	23 467	泉州—莆田	23 474
惠东—南安	4 727	南安—惠东	4 655
泉州—厦门	39 939	厦门—泉州	40 703
厦门—漳州	22 916	漳州—厦门	22 500
漳州—云霄	14 737	云霄—漳州	14 177
云霄—诏安	14 107	诏安—云霄	13 486
诏安—闽粤	13 493	闽粤—诏安	12 760
漳州—龙岩	14 993	龙岩—漳州	14 140
龙岩—新泉	11 689	新泉—龙岩	11 579
溪南—龙岩	1 685	龙岩—溪南	1 137
新泉—厦成闽赣	7 330	厦成闽赣—新泉	6 424
泉州—永春	21 696	永春—泉州	20 994
永春—永安	9 062	永安—永春	8 318
永安—泉南闽赣	3 522	泉南闽赣—永安	3 127
福州—青州	9 949	青州—福州	9 752
夏茂—闽赣省际	7 518	闽赣省际—夏茂	7 607
湾坞—屏南	2 793	屏南—湾坞	3 248
松溪旧县—建瓯东峰	654	建瓯东峰—松溪旧县	673
杨源—将口	1 976	将口—杨源	1 915
兴田—宁上闽赣	1 579	宁上闽赣—兴田	1 450
兴田—和平	2 207	和平—兴田	2 144
浦建闽浙—浦城	327	浦城—浦建闽浙	338
京台闽浙—浦城	1 988	浦城—京台闽浙	1 503
浦城—南平	3 756	南平—浦城	3 716
南平—三明	7 275	三明—南平	6 921
三明—永安	7 397	永安—三明	7 804
永安—新泉	2 669	新泉—永安	2 547

续上表

路段起止点	客运密度（人公里/公里）	路段起止点	客运密度（人公里/公里）
新泉—长深闽粤	3 017	长深闽粤—新泉	2 806
平潭—渔溪	3 953	渔溪—平潭	3 845
湄洲岛—仙游大济	4 414	仙游大济—湄洲岛	4 441
晋江龙湖—内坑	4 969	内坑—晋江龙湖	4 912
龙岩—永定下洋	4 532	永定下洋—龙岩	4 303
下道湖—古石	3 356	古石—下道湖	3 239
亭川—安溪龙门	5 041	安溪龙门—亭川	4 706
德化—蓬壶	3 051	蓬壶—德化	3 091

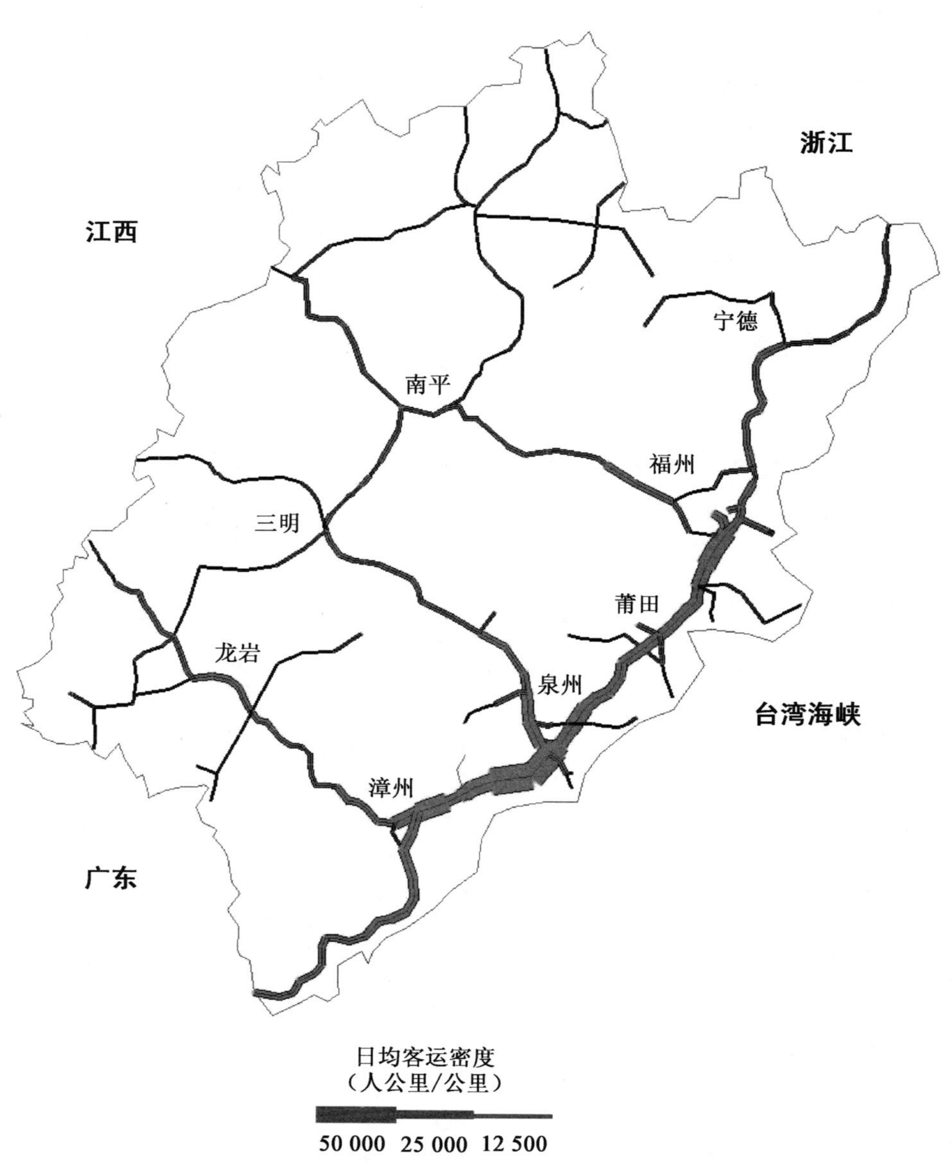

图 4.26　2013 年福建省高速公路日均客运密度

4.9.2　货运密度分布如表4.27和图4.27所示。

2013年福建省高速公路日均货运密度　　表4.27

路段起止点	货运密度（吨公里/公里）	路段起止点	货运密度（吨公里/公里）
闽浙—福鼎	61 459	福鼎—闽浙	60 551
福鼎—霞浦	58 153	霞浦—福鼎	62 945
霞浦—宁德	57 445	宁德—霞浦	68 326
宁德—连江	65 321	连江—宁德	72 435
连江—闽侯	8 154	闽侯—连江	7 328
连江—福州	31 197	福州—连江	32 152
营前—福州机场	6 076	福州机场—营前	5 234
福州—莆田	62 479	莆田—福州	68 690
莆田—泉州	64 225	泉州—莆田	71 519
惠东—南安	3 341	南安—惠东	3 177
泉州—厦门	70 814	厦门—泉州	80 522
厦门—漳州	42 064	漳州—厦门	50 436
漳州—云霄	31 291	云霄—漳州	28 661
云霄—诏安	34 721	诏安—云霄	32 082
诏安—闽粤	38 881	闽粤—诏安	34 075
漳州—龙岩	32 264	龙岩—漳州	41 042
龙岩—新泉	21 310	新泉—龙岩	16 657
溪南—龙岩	1 086	龙岩—溪南	1 102
新泉—厦成闽赣	15 453	厦成闽赣—新泉	11 936
泉州—永春	32 996	永春—泉州	30 151
永春—永安	27 541	永安—永春	34 204
永安—泉南闽赣	19 676	泉南闽赣—永安	14 137
福州—青州	19 192	青州—福州	25 566
夏茂—闽赣省际	12 345	闽赣省际—夏茂	16 879
湾坞—屏南	3 262	屏南—湾坞	2 524
松溪旧县—建瓯东峰	661	建瓯东峰—松溪旧县	804
杨源—将口	1 944	将口—杨源	1 841
兴田—宁上闽赣	1 540	宁上闽赣—兴田	1 541
兴田—和平	2 840	和平—兴田	3 890
浦建闽浙—浦城	249	浦城—浦建闽浙	328
京台闽浙—浦城	10 859	浦城—京台闽浙	7 523
浦城—南平	6 128	南平—浦城	6 792
南平—三明	12 092	三明—南平	16 292
三明—永安	10 174	永安—三明	10 524

续上表

路段起止点	货运密度（吨公里/公里）	路段起止点	货运密度（吨公里/公里）
永安—新泉	6 166	新泉—永安	5 109
新泉—长深闽粤	6 999	长深闽粤—新泉	5 263
平潭—渔溪	1 887	渔溪—平潭	4 074
湄洲岛—仙游大济	2 493	仙游大济—湄洲岛	1 871
晋江龙湖—内坑	4 741	内坑—晋江龙湖	4 189
龙岩—永定下洋	12 420	永定下洋—龙岩	12 799
下道湖—古石	3 159	古石—下道湖	1 987
亭川—安溪龙门	2 694	安溪龙门—亭川	2 989
德化—蓬壶	3 715	蓬壶—德化	4 490

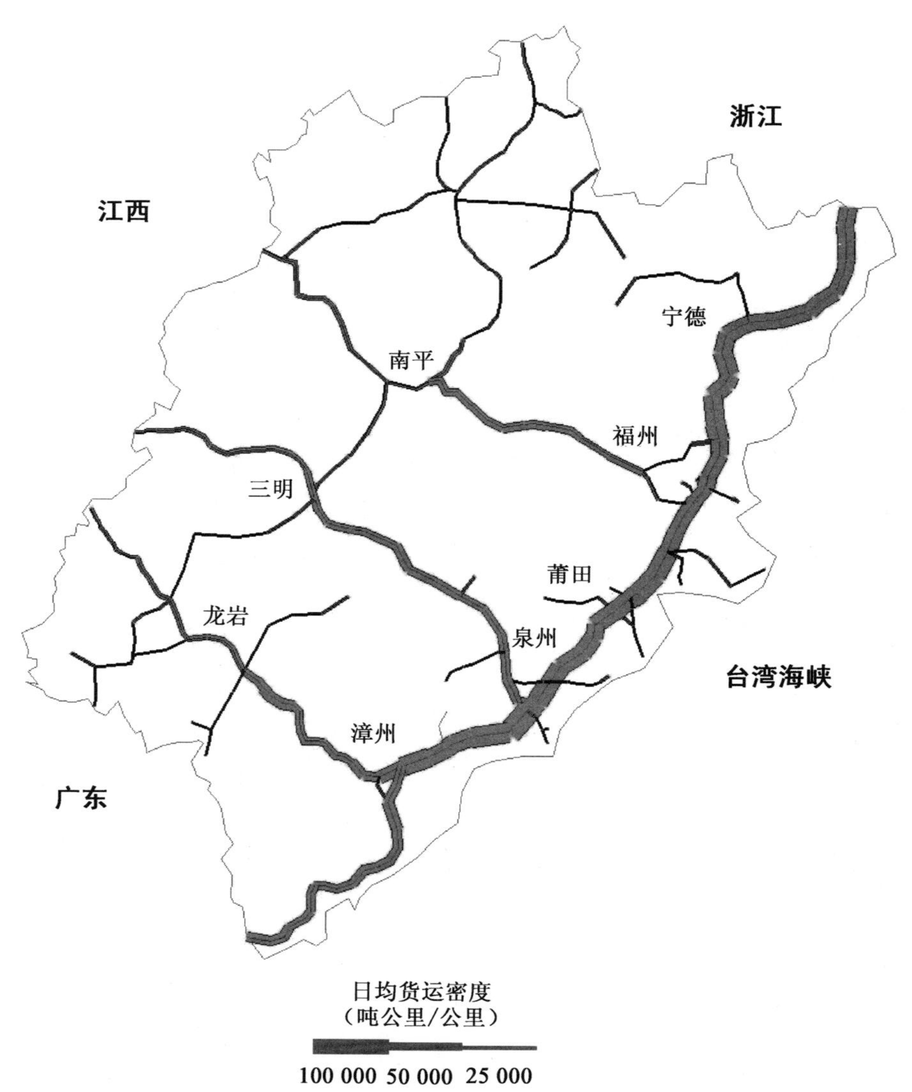

图 4.27　2013 年福建省高速公路日均货运密度

4.9.3　道路负荷分布如表 4.28 和图 4.28 所示。

2013 年福建省高速公路轴载　　表 4.28

路段起止点	轴　载 (标准轴载当量轴次/日)	路段起止点	轴　载 (标准轴载当量轴次/日)
闽浙—福鼎	16 623	福鼎—闽浙	16 361
福鼎—霞浦	15 078	霞浦—福鼎	17 265
霞浦—宁德	14 817	宁德—霞浦	19 175
宁德—连江	17 189	连江—宁德	21 096
连江—闽侯	2 622	闽侯—连江	2 562
连江—福州	9 615	福州—连江	10 591
营前—福州机场	1 962	福州机场—营前	1 316
福州—莆田	17 014	莆田—福州	19 162
莆田—泉州	16 900	泉州—莆田	20 130
惠东—南安	859	南安—惠东	898
泉州—厦门	20 368	厦门—泉州	23 785
厦门—漳州	13 342	漳州—厦门	15 556
漳州—云霄	9 264	云霄—漳州	7 565
云霄—诏安	10 076	诏安—云霄	8 415
诏安—闽粤	11 987	闽粤—诏安	9 109
漳州—龙岩	12 163	龙岩—漳州	12 968
龙岩—新泉	5 963	新泉—龙岩	4 591
溪南—龙岩	438	龙岩—溪南	424
新泉—厦成闽赣	3 773	厦成闽赣—新泉	2 736
泉州—永春	8 600	永春—泉州	8 918
永春—永安	7 178	永安—永春	10 849
永安—泉南闽赣	5 027	泉南闽赣—永安	3 756
福州—青州	5 456	青州—福州	7 970
夏茂—闽赣省际	3 162	闽赣省际—夏茂	3 774
湾坞—屏南	1 139	屏南—湾坞	726
松溪旧县—建瓯东峰	203	建瓯东峰—松溪旧县	296
杨源—将口	652	将口—杨源	610
兴田—宁上闽赣	431	宁上闽赣—兴田	390
兴田—和平	816	和平—兴田	962
浦建闽浙—浦城	45	浦城—浦建闽浙	85
京台闽浙—浦城	2 904	浦城—京台闽浙	1 967
浦城—南平	1 676	南平—浦城	1 973
南平—三明	3 182	三明—南平	4 345
三明—永安	2 674	永安—三明	2 788
永安—新泉	2 237	新泉—永安	1 571
新泉—长深闽粤	2 575	长深闽粤—新泉	1 557

续上表

路段起止点	轴　载 （标准轴载当量轴次/日）	路段起止点	轴　载 （标准轴载当量轴次/日）
平潭—渔溪	529	渔溪—平潭	1 575
湄洲岛—仙游大济	746	仙游大济—湄洲岛	610
晋江龙湖—内坑	1 569	内坑—晋江龙湖	1 439
龙岩—永定下洋	255	永定下洋—龙岩	158
下道湖—古石	938	古石—下道湖	521
亭川—安溪龙门	870	安溪龙门—亭川	927
德化—蓬壶	1 157	蓬壶—德化	1 605

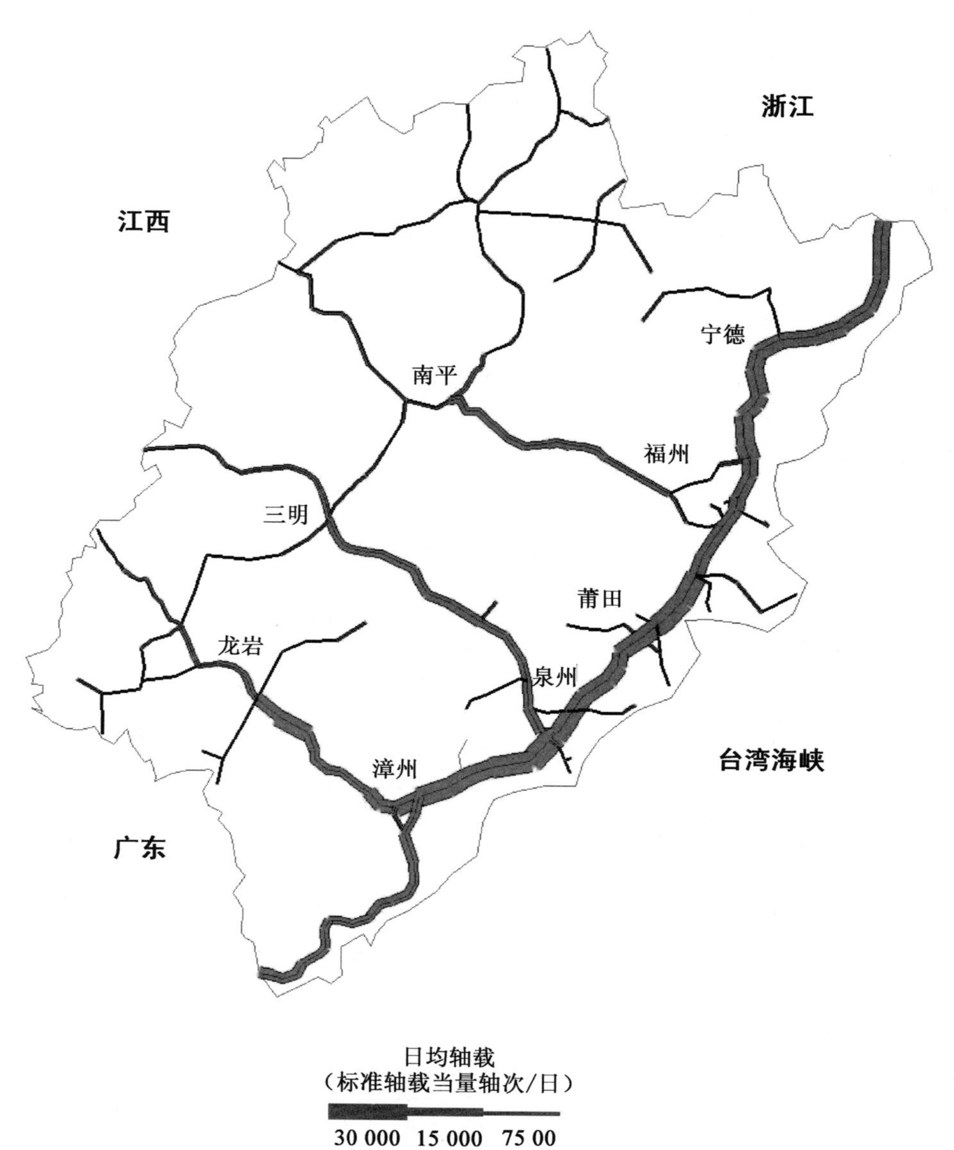

图 4.28　2013 年福建省高速公路日均轴载

4.9.4　交通量分布如表 4.29 和图 4.29 所示。

2013 年福建省高速公路交通量　　　　表 4.29

路段起止点	正向		小计	反向		小计
	客车折算交通量（辆/日）	货车折算交通量（辆/日）		客车折算交通量（辆/日）	货车折算交通量（辆/日）	
闽浙—福鼎	2 005	10 049	12 054	1 602	9 638	11 240
福鼎—霞浦	2 496	10 007	12 503	2 286	10 166	12 452
霞浦—宁德	3 355	10 874	14 229	3 214	10 971	14 185
宁德—连江	4 672	12 494	17 166	4 525	12 389	16 914
连江—闽侯	2 045	1 868	3 913	1 704	1 588	3 292
连江—福州	5 410	6 716	12 126	5 413	6 783	12 196
营前—福州机场	2 556	1 857	4 413	4 241	1 722	5 963
福州—莆田	8 706	13 407	22 113	8 764	13 317	22 081
莆田—泉州	7 312	14 008	21 320	7 380	14 042	21 422
惠东—南安	1 840	1 257	3 097	1 825	1 158	2 983
泉州—厦门	13 115	17 985	31 100	13 221	18 124	31 345
厦门—漳州	6 375	10 620	16 995	6 287	10 649	16 936
漳州—云霄	3 588	6 176	9 764	3 407	6 057	9 464
云霄—诏安	2 909	6 372	9 281	2 733	6 299	9 032
诏安—闽粤	2 478	6 826	9 304	2 399	6 749	9 148
漳州—龙岩	3 808	9 173	1 2981	3 498	8 341	11 839
龙岩—新泉	3 135	4 232	7 367	3 116	4 202	7 318
溪南—龙岩	681	515	1 196	457	415	872
新泉—厦成闽赣	1 448	2 673	4 121	1 281	2 263	3 544
泉州—永春	7 217	7 504	14 721	7 040	7 221	14 261
永春—永安	2 251	5 611	7 862	2 122	5 327	7 449
永安—泉南闽赣	777	2 928	3 705	716	2 307	3 023
福州—青州	3 136	4 395	7 531	3 030	4 866	7 896
夏茂—闽赣省际	1 614	2 325	3 939	1 619	3 060	4 679
湾坞—屏南	1 015	772	1 787	1 197	924	2 121
松溪旧县—建瓯东峰	249	212	461	259	217	476
杨源—将口	668	526	1 194	650	499	1 149
兴田—宁上闽赣	558	360	918	519	350	869
兴田—和平	754	774	1 528	737	836	1 573
浦建闽浙—浦城	113	100	213	114	94	208
京台闽浙—浦城	622	1 843	2 465	492	1 349	1 841
浦城—南平	1 310	1 393	2 703	1 299	1 469	2 768
南平—三明	2 247	3 001	5 248	2 067	3 050	5 117
三明—永安	2 145	2 518	4 663	2 241	2 392	4 633
永安—新泉	911	1 256	2 167	874	1 180	2 054
新泉—长深闽粤	985	1 306	2 291	891	1 279	2 170
平潭—渔溪	1 563	938	2 501	1 517	1 047	2 564

续上表

路段起止点	正向		小计	反向		小计
	客车折算交通量（辆/日）	货车折算交通量（辆/日）		客车折算交通量（辆/日）	货车折算交通量（辆/日）	
湄洲岛—仙游大济	1 774	765	2 539	1 787	749	2 536
晋江龙湖—内坑	1 902	1 530	3 432	1 894	1 440	3 334
龙岩—永定下洋	1 637	2 544	4 181	1 528	2 573	4 101
下道湖—古石	1 298	882	2 180	1 245	1 102	2 347
亭川—安溪龙门	1 923	1 114	3 037	1 777	1 111	2 888
德化—蓬壶	1 223	1 122	2 345	1 228	1 014	2 242

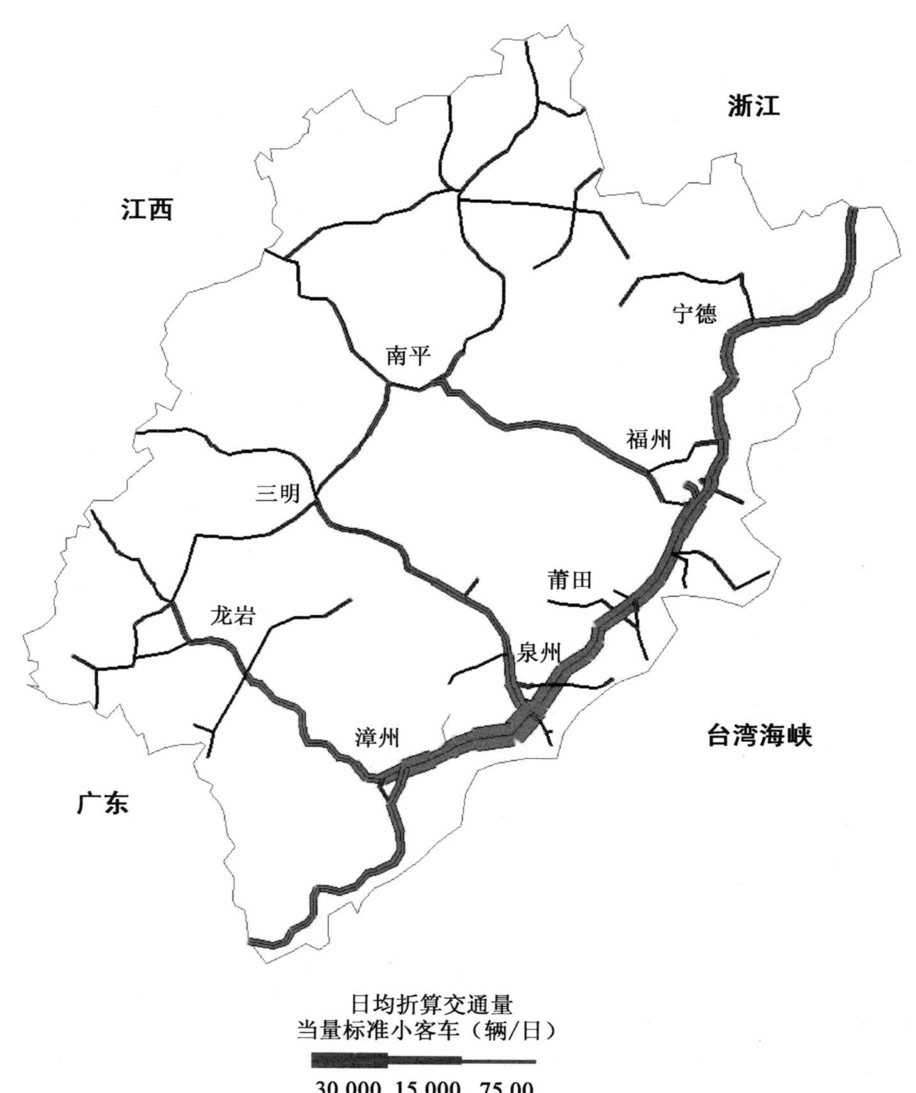

图 4.29 2013 年福建省高速公路日均交通量

4.10　江西省高速公路运输密度

4.10.1　客运密度分布如表4.30和图4.30所示。

2013年江西省高速公路日均客运密度　　表4.30

路段起止点	客运密度（人公里/公里）	路段起止点	客运密度（人公里/公里）
九江—南昌	41 144	南昌—九江	44 491
南昌北—厚田	8 487	厚田—南昌北	9 365
厚田—昌傅	51 675	昌傅—厚田	51 978
昌傅—吉安	17 590	吉安—昌傅	18 485
吉安—赣鄂	10 476	赣鄂—吉安	10 750
吉安—泰和	32 002	泰和—吉安	33 194
泰和—赣闽界石城站	9 575	赣闽界石城站—泰和	11 818
泰和—井冈山	5 495	井冈山—泰和	7 160
泰和—南康	25 666	南康—泰和	26 602
南康—赣粤界	29 811	赣粤界—南康	29 865
南康—梅关	10 717	梅关—南康	11 237
赣浙界—上饶	40 477	上饶—赣浙界	38 617
上饶—鹰潭	39 663	鹰潭—上饶	37 999
鹰潭—赣皖	8 662	赣皖—鹰潭	8 685
鹰潭—温家圳	35 451	温家圳—鹰潭	34 963
鹰潭—金溪	8 399	金溪—鹰潭	8 214
金溪—南城	8 537	南城—金溪	8 008
南城—瑞金	10 761	瑞金—南城	11 244
温家圳—厚田	34 034	厚田—温家圳	32 819
机场互通—温家圳	21 517	温家圳—机场互通	23 474
南昌(长堎)—生米	32 826	生米—南昌(长堎)	30 085
生米—梅岭	47 260	梅岭—生米	47 841
乐化—南昌(长堎)	5 950	南昌(长堎)—乐化	6 990
九江—景德镇	25 908	景德镇—九江	27 029
景德镇—婺源	21 966	婺源—景德镇	23 235
婺源—塔岭	10 339	塔岭—婺源	10 961
婺源—白沙关	14 289	白沙关—婺源	15 145
温家圳—抚州	24 181	抚州—温家圳	25 707
抚州—南城	20 647	南城—抚州	21 639
南城—赣闽界	16 098	赣闽界—南城	16 927
昌傅—新余	36 291	新余—昌傅	34 618
新余—宜春	41 149	宜春—新余	39 916
宜春—萍乡	35 357	萍乡—宜春	34 867
萍乡—赣湘界	33 764	赣湘界—萍乡	32 624
湖口—彭泽	2 697	彭泽—湖口	2 514
赣州北—崇义	7 425	崇义—赣州北	6 806
崇义—赣湘界崇义西站	1 431	赣湘界崇义西站—崇义	1 143
赣州北—赣县	5 077	赣县—赣州北	6 013
赣县—南康东	14 572	南康东—赣县	14 346

续上表

路段起止点	客运密度（人公里/公里）	路段起止点	客运密度（人公里/公里）
赣县—会昌北	15 863	会昌北—赣县	16 110
会昌—赣粤界南桥站	4 388	赣粤界南桥站—会昌	3 514
德兴—南昌东	10 191	南昌东—德兴	9 968
南昌西—奉新	6 305	奉新—南昌西	5 866
奉新—天宝	2 972	天宝—奉新	2 985
天宝—赣湘界铜鼓西站	2 887	赣湘界铜鼓西站—天宝	2 593
上饶—赣闽界	9 265	赣闽界—上饶	8 858
九江县—赣鄂界	6 752	赣鄂界—九江县	5 671
军山枢纽—武宁	7 770	武宁—军山枢纽	6 453
瑞金西—赣闽界隘岭站	10 308	赣闽界隘岭站—瑞金西	12 250
泰和—赣湘界界化垄站	8 148	赣湘界界化垄站—泰和	3 829
临川南—乐安	1 729	乐安—临川南	1 869
乐安—吉安北	2 030	吉安北—乐安	1 950

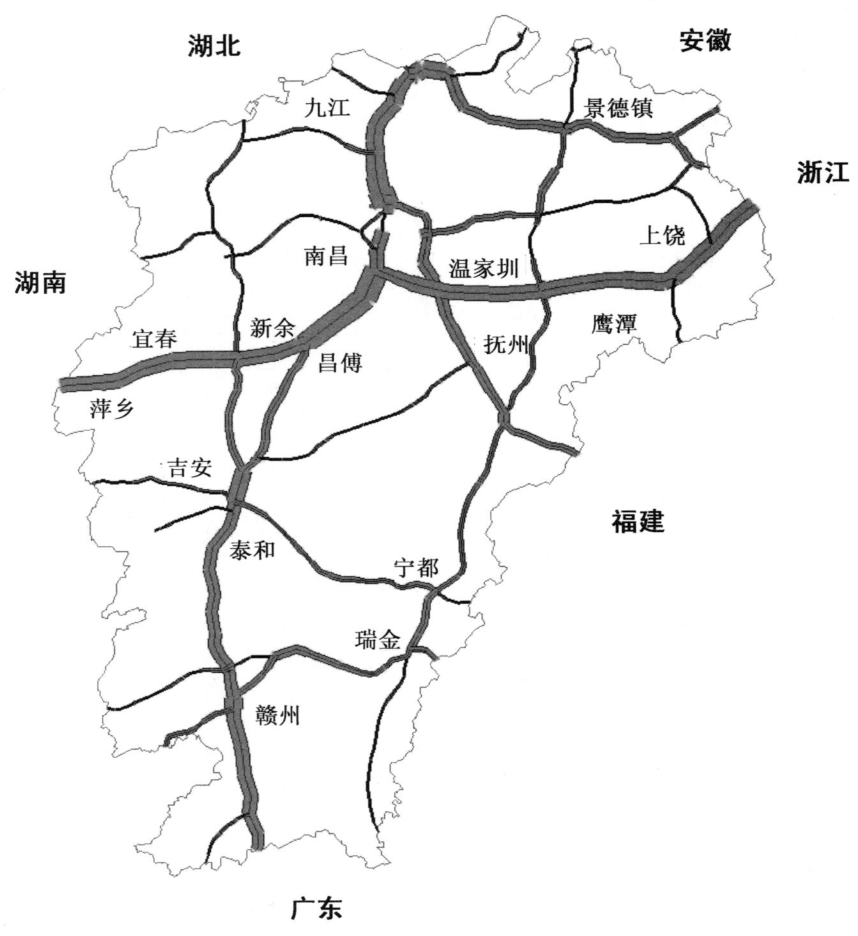

图4.30 2013年江西省高速公路日均客运密度

4.10.2　货运密度分布如表4.31和图4.31所示。

2013年江西省高速公路日均货运密度　　表4.31

路段起止点	货运密度（吨公里/公里）	路段起止点	货运密度（吨公里/公里）
九江—南昌	55 830	南昌—九江	61 537
南昌北—厚田	22 175	厚田—南昌北	25 010
厚田—昌傅	116 513	昌傅—厚田	120 056
昌傅—吉安	70 939	吉安—昌傅	67 708
吉安—赣鄂	25 024	赣鄂—吉安	36 168
吉安—泰和	106 918	泰和—吉安	93 853
泰和—赣闽界石城站	13 940	赣闽界石城站—泰和	17 227
泰和—井冈山	4 595	井冈山—泰和	5 710
泰和—南康	109 428	南康—泰和	91 407
南康—赣粤界	63 368	赣粤界—南康	39 927
南康—梅关	67 393	梅关—南康	77 523
赣浙界—上饶	93 081	上饶—赣浙界	100 728
上饶—鹰潭	101 329	鹰潭—上饶	104 718
鹰潭—赣皖	40 939	赣皖—鹰潭	43 435
鹰潭—温家圳	97 795	温家圳—鹰潭	99 468
鹰潭—金溪	26 801	金溪—鹰潭	30 832
金溪—南城	27 283	南城—金溪	30 302
南城—瑞金	23 050	瑞金—南城	31 172
温家圳—厚田	97 365	厚田—温家圳	98 651
机场互通—温家圳	27 727	温家圳—机场互通	27 589
南昌(长堎)—生米	29 251	生米—南昌(长堎)	36 223
生米—梅岭	89 454	梅岭—生米	98 163
乐化—南昌(长堎)	18 615	南昌(长堎)—乐化	22 071
九江—景德镇	26 712	景德镇—九江	32 903
景德镇—婺源	21 609	婺源—景德镇	25 545
婺源—塔岭	7 655	塔岭—婺源	12 095
婺源—白沙关	14 964	白沙关—婺源	15 238
温家圳—抚州	24 856	抚州—温家圳	25 200
抚州—南城	23 258	南城—抚州	24 512
南城—赣闽界	19 806	赣闽界—南城	17 254
昌傅—新余	48 120	新余—昌傅	49 120
新余—宜春	55 154	宜春—新余	52 393
宜春—萍乡	57 421	萍乡—宜春	54 003
萍乡—赣湘界	57 739	赣湘界—萍乡	52 945
湖口—彭泽	11 736	彭泽—湖口	13 052
赣州北—崇义	2 447	崇义—赣州北	3 151
崇义—赣湘界崇义西站	1 109	赣湘界崇义西站—崇义	1 298
赣州北—赣县	3 704	赣县—赣州北	3 976

续上表

路段起止点	货运密度（吨公里/公里）	路段起止点	货运密度（吨公里/公里）
赣县—南康东	19 583	南康东—赣县	16 851
赣县—会昌北	10 285	会昌北—赣县	12 667
会昌—赣粤界南桥站	14 523	赣粤界南桥站—会昌	17 528
德兴—南昌东	5 918	南昌东—德兴	4 433
南昌西—奉新	1 895	奉新—南昌西	2 345
奉新—天宝	974	天宝—奉新	1 448
天宝—赣湘界铜鼓西站	5 385	赣湘界铜鼓西站—天宝	8 394
上饶—赣闽界	19 306	赣闽界—上饶	20 056
九江县—赣鄂界	31 170	赣鄂界—九江县	37 891
军山枢纽—武宁	3 144	武宁—军山枢纽	2 750
瑞金西—赣闽界隘岭站	10 267	赣闽界隘岭站—瑞金西	13 752
泰和—赣湘界界化垄站	3 607	赣湘界界化垄站—泰和	2 046
临川南—乐安	464	乐安—临川南	979
乐安—吉安北	2 940	吉安北—乐安	2 990

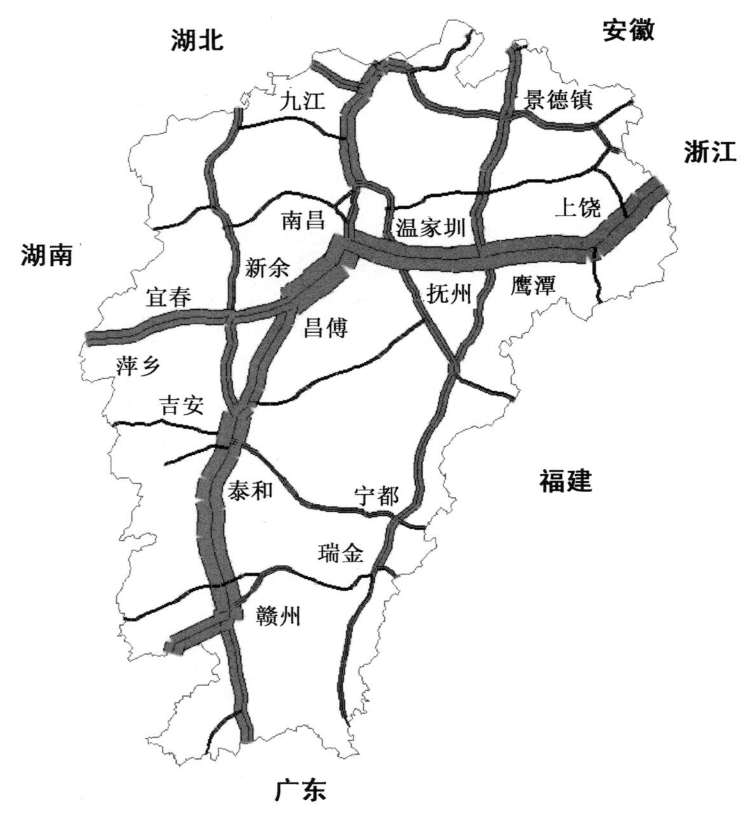

图 4.31　2013 年江西省高速公路日均货运密度

4.10.3　道路负荷分布如表4.32和图4.32所示。

2013年江西省高速公路轴载　　表4.32

路段起止点	轴　载 (标准轴载当量轴次/日)	路段起止点	轴　载 (标准轴载当量轴次/日)
九江—南昌	16 924	南昌—九江	15 091
南昌北—厚田	9 265	厚田—南昌北	8 338
厚田—昌傅	41 175	昌傅—厚田	36 044
昌傅—吉安	25 312	吉安—昌傅	17 458
吉安—赣鄂	9 646	赣鄂—吉安	32 953
吉安—泰和	64 443	泰和—吉安	28 743
泰和—赣闽界石城站	3 278	赣闽界石城站—泰和	5 271
泰和—井冈山	1 436	井冈山—泰和	3 550
泰和—南康	69 102	南康—泰和	29 090
南康—赣粤界	53 058	赣粤界—南康	16 350
南康—梅关	15 580	梅关—南康	27 614
赣浙界—上饶	32 221	上饶—赣浙界	29 080
上饶—鹰潭	38 055	鹰潭—上饶	26 874
鹰潭—赣皖	8 775	赣皖—鹰潭	18 283
鹰潭—温家圳	35 528	温家圳—鹰潭	26 277
鹰潭—金溪	12 063	金溪—鹰潭	6 872
金溪—南城	12 894	南城—金溪	7 380
南城—瑞金	9 709	瑞金—南城	8 756
温家圳—厚田	36 581	厚田—温家圳	27 906
机场互通—温家圳	8 803	温家圳—机场互通	6 412
南昌(长堎)—生米	11 226	生米—南昌(长堎)	10 289
生米—梅岭	31 604	梅岭—生米	28 885
乐化—南昌(长堎)	7 559	南昌(长堎)—乐化	6 321
九江—景德镇	7 809	景德镇—九江	8 249
景德镇—婺源	6 113	婺源—景德镇	6 259
婺源—塔岭	2 873	塔岭—婺源	3 725
婺源—白沙关	4 260	白沙关—婺源	4 771
温家圳—抚州	7 024	抚州—温家圳	6 200
抚州—南城	6 411	南城—抚州	6 096
南城—赣闽界	7 031	赣闽界—南城	4 903
昌傅—新余	18 915	新余—昌傅	17 917
新余—宜春	17 292	宜春—新余	30 167
宜春—萍乡	15 508	萍乡—宜春	34 676
萍乡—赣湘界	13 353	赣湘界—萍乡	36 599
湖口—彭泽	2 536	彭泽—湖口	3 935
赣州北—崇义	970	崇义—赣州北	1 015
崇义—赣湘界崇义西站	479	赣湘界崇义西站—崇义	595
赣州北—赣县	867	赣县—赣州北	1 643

续上表

路段起止点	轴　载（标准轴载当量轴次/日）	路段起止点	轴　载（标准轴载当量轴次/日）
赣县—南康东	5 830	南康东—赣县	6 289
赣县—会昌北	4 485	会昌北—赣县	4 998
会昌—赣粤界南桥站	4 746	赣粤界南桥站—会昌	4 548
德兴—南昌东	1 594	南昌东—德兴	4 652
南昌西—奉新	813	奉新—南昌西	1 728
奉新—天宝	394	天宝—奉新	612
天宝—赣湘界铜鼓西站	2 097	赣湘界铜鼓西站—天宝	6 167
上饶—赣闽界	6 938	赣闽界—上饶	5 016
九江县—赣鄂界	6 723	赣鄂界—九江县	11 831
军山枢纽—武宁	1 181	武宁—军山枢纽	835
瑞金西—赣闽界隘岭站	2 504	赣闽界隘岭站—瑞金西	4 175
泰和—赣湘界界化垄站	955	赣湘界界化垄站—泰和	698
临川南—乐安	146	乐安—临川南	285
乐安—吉安北	1 097	吉安北—乐安	815

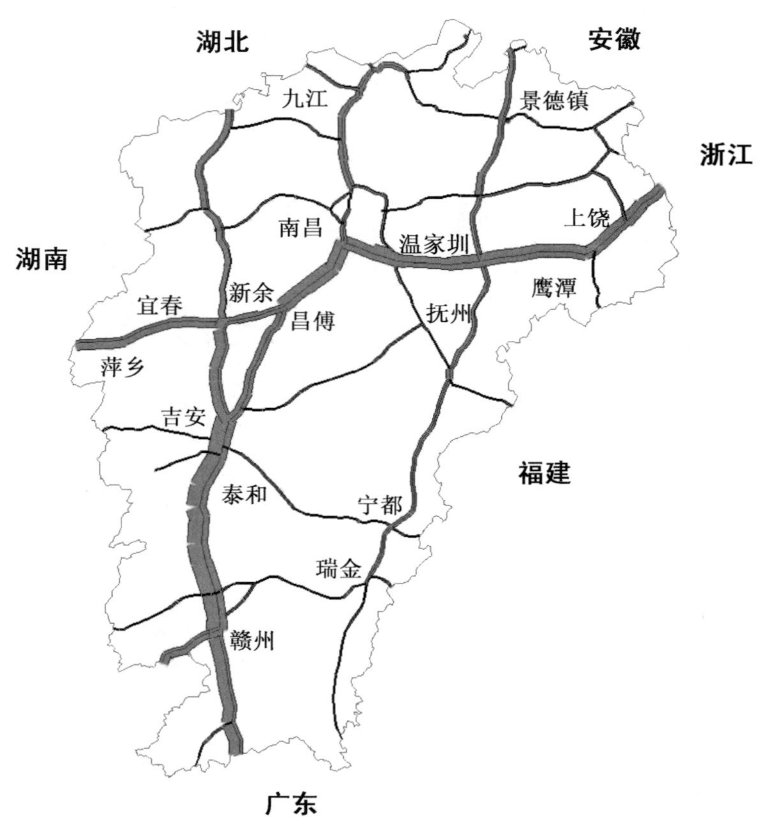

图 4.32　2013 年江西省高速公路日均轴载

4.10.4　交通量分布如表4.33和图4.33所示。

2013年江西省高速公路交通量　　表4.33

路段起止点	正向		小计	反向		小计
	客车折算交通量(辆/日)	货车折算交通量(辆/日)		客车折算交通量(辆/日)	货车折算交通量(辆/日)	
九江—南昌	7 294	9 752	17 046	7 825	11 778	19 603
南昌北—厚田	1 723	3 736	5 459	1 898	4 635	6 533
厚田—昌傅	7 524	18 889	26 413	7 594	18 926	26 520
昌傅—吉安	2 894	10 895	13 789	3 112	11 620	14 732
吉安—赣鄂	1 486	4 335	5 821	1 511	5 486	6 997
吉安—泰和	4 756	16 184	20 940	5 151	16 153	21 304
泰和—赣闽界石城站	959	2 352	3 311	1 137	2 696	3 833
泰和—井冈山	1 027	872	1 899	1 379	1 022	2 401
泰和—南康	3 728	16 309	20 037	4 034	15 868	19 902
南康—赣粤界	4 125	10 283	14 408	4 275	7 694	11 969
南康—梅关	1 496	9 515	11 011	1 622	11 556	13 178
赣浙界—上饶	4 874	15 273	20 147	4 503	13 634	18 137
上饶—鹰潭	5 041	16 482	21 523	4 663	14 418	19 081
鹰潭—赣皖	1 525	6 824	8 349	1 526	6 509	8 035
鹰潭—温家圳	4 556	15 629	20 185	4 455	14 279	18 734
鹰潭—金溪	1 200	4 050	5 250	1 148	4 690	5 838
金溪—南城	1 212	4 141	5 353	1 086	4 744	5 830
南城—瑞金	1 504	3 823	5 327	1 500	5 151	6 651
温家圳—厚田	4 150	15 495	19 645	4 037	14 500	18 537
机场互通—温家圳	3 633	4 641	8 274	3 792	4 866	8 658
南昌(长埈)—生米	6 797	5 868	12 665	6 009	6 745	12 754
生米—梅岭	7 624	15 287	22 911	7 729	15 639	23 368
乐化—南昌(长埈)	1 066	3 062	4 128	1 283	4 009	5 292
九江—景德镇	3 552	4 802	8 354	3 576	6 190	9 766
景德镇—婺源	2 694	3 608	6 302	2 801	4 708	7 509
婺源—塔岭	1 704	1 461	3 165	1 815	2 209	4 024
婺源—白沙关	1 382	2 392	3 774	1 401	2 746	4 147
温家圳—抚州	3 493	4 497	7 990	3 540	4 566	8 106
抚州—南城	2 815	4 220	7 035	2 827	4 311	7 138
南城—赣闽界	1 906	3 488	5 394	1 912	3 126	5 038
昌傅—新余	4 982	8 217	13 199	4 559	7 233	11 792
新余—宜春	5 333	9 341	14 674	5 062	8 226	13 288
宜春—萍乡	4 030	9 487	13 517	3 927	8 541	12 468
萍乡—赣湘界	3 799	9 469	13 268	3 606	8 204	11 810
湖口—彭泽	642	2 014	2 656	581	2 072	2 653
赣州北—崇义	1 619	794	2 413	1 507	892	2 399
崇义—赣湘界崇义西站	280	259	539	217	282	499
赣州北—赣县	1 061	939	2 000	1 222	917	2 139

续上表

路段起止点	正向		小计	反向		小计
	客车折算交通量（辆/日）	货车折算交通量（辆/日）		客车折算交通量（辆/日）	货车折算交通量（辆/日）	
赣县—南康东	2 309	3 415	5 724	2 286	3 310	5 596
赣县—会昌北	2 981	2 569	5 550	2 987	2 473	5 460
会昌—赣粤界南桥站	588	2 299	2 887	397	2 749	3 146
德兴—南昌东	1 896	1 174	3 070	1 865	979	2 844
南昌西—奉新	1 622	568	2 190	1 501	530	2 031
奉新—天宝	718	276	994	715	340	1 055
天宝—赣湘界铜鼓西站	564	964	1 528	486	1 366	1 852
上饶—赣闽界	1 406	3 248	4 654	1 312	2 886	4 198
九江县—赣鄂界	1 101	4 951	6 052	903	5 415	6 318
军山枢纽—武宁	1 522	675	2 197	1 255	621	1 876
瑞金西—赣闽界隘岭站	1 269	2 074	3 343	1 425	2 420	3 845
泰和—赣湘界界化垄站	1 071	758	1 829	496	402	898
临川南—乐安	420	128	548	449	212	661
乐安—吉安北	417	506	923	404	563	967

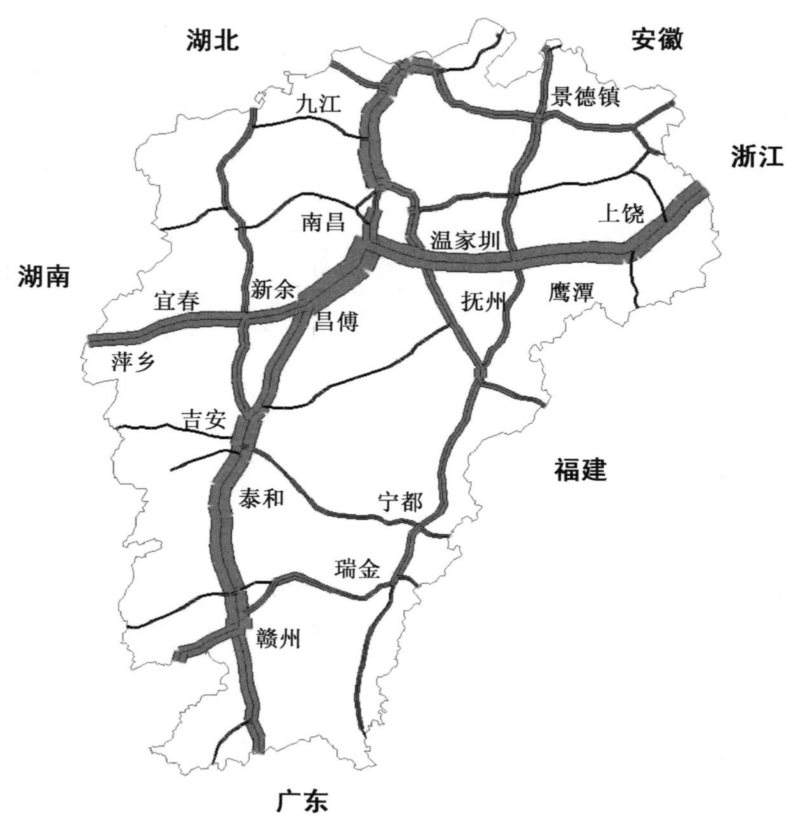

图 4.33　2013 年江西省高速公路日均交通量

4.11　山东省高速公路运输密度

4.11.1　客运密度分布如表 4.34 和图 4.34 所示。

2013 年山东省高速公路日均客运密度　　表 4.34

路段起止点	客运密度（人公里/公里）	路段起止点	客运密度（人公里/公里）
京福鲁冀—齐河	27 179	齐河—京福鲁冀(德州)	28 126
齐河—济南	67 387	济南—齐河	69 017
济南—泰安	49 940	泰安—济南	49 947
泰安—曲阜	32 386	曲阜—泰安	31 093
曲阜—京福鲁苏	18 012	京福鲁苏—曲阜	17 484
鲁北—博山	24 066	博山—鲁北	22 729
博山—莱芜	28 858	莱芜—博山	22 236
莱芜—泰安	17 520	泰安—莱芜	17 256
海港—青州	14 561	青州—海港	14 773
坊子—明村	7 586	明村—坊子	7 724
明村—周格庄	8 302	周格庄—明村	7 854
八角—明村	16 415	明村—八角	16 521
八角—莱山	20 007	莱山—八角	17 010
福山—栖霞	25 279	栖霞—福山	25 804
栖霞—胶州	14 913	胶州—栖霞	15 656
胶州—沈海鲁苏	28 871	沈海鲁苏—胶州	29 181
齐河—冠县	20 825	冠县—齐河	19 835
济南—潍坊	37 306	潍坊—济南	36 739
潍坊—胶州	20 597	胶州—潍坊	20 655
胶州—青岛	25 350	青岛—胶州	24 923
菏泽—曲阜	23 917	曲阜—菏泽	23 891
曲阜—日照	20 081	日照—曲阜	19 739
泰安—京沪鲁苏	22 704	京沪鲁苏—泰安	22 678
齐河—青银鲁冀	11 140	青银鲁冀—齐河	10 926
济南机场—济南	40 959	济南—济南机场	41 776
济南—郓城	25 069	郓城—济南	25 678
济南—胶南	19 706	胶南—济南	19 059
柳花泊—海伯河	24 549	海伯河—柳花泊	26 115
齐河—章丘	34 226	章丘—齐河	33 591
菏泽—济广鲁豫	7 632	济广鲁豫—菏泽	8 083

续上表

路段起止点	客运密度（人公里/公里）	路段起止点	客运密度（人公里/公里）
东明主—菏泽	14 627	菏泽—东明主	15 057
滨州港—前郭	11 209	前郭—滨州港	11 105
寿光—新河	23 616	新河—寿光	23 584
平度—青岛高新	31 185	青岛高新—平度	32 898
即墨—威海	15 457	威海—即墨	15 744
菏关鲁豫—菏泽	1 919	菏泽—菏关鲁豫	1 841
黄岛—海湾大桥	20 819	海湾大桥—黄岛	18 396
滨州港—德州	9 281	德州—滨州港	8 911
青州—沂水北	11 334	沂水北—青州	10 786
沂水北—莒县	6 235	莒县—沂水北	5 498
莒县—长深鲁苏	3 247	长深鲁苏—莒县	2 979
枣庄新城—苍山	4 281	苍山—枣庄新城	4 529

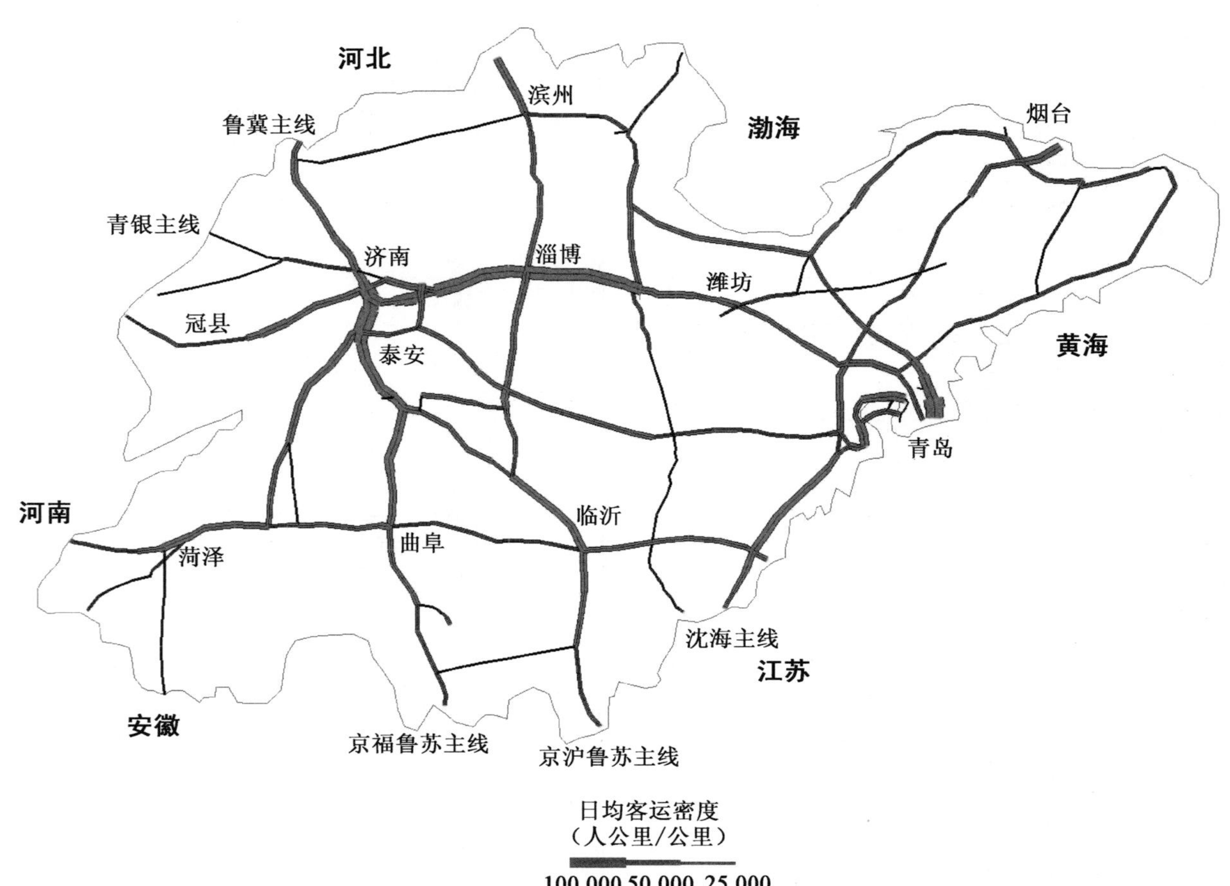

图 4.34　2013 年山东省高速公路日均客运密度

4.11.2　货运密度分布如表 4.35 和图 4.35 所示。

2013 年山东省高速公路日均货运密度　　表 4.35

路段起止点	货运密度（吨公里/公里）	路段起止点	货运密度（吨公里/公里）
京福鲁冀—齐河	113 447	齐河—京福鲁冀	100 586
齐河—济南	248 202	济南—齐河	199 379
济南—泰安	170 764	泰安—济南	148 097
泰安—曲阜	80 832	曲阜—泰安	63 016
曲阜—京福鲁苏	76 393	京福鲁苏—曲阜	52 122
鲁北—博山	133 759	博山—鲁北	123 030
博山—莱芜	117 144	莱芜—博山	77 583
莱芜—泰安	29 241	泰安—莱芜	22 937
海港—青州	28 792	青州—海港	25 830
坊子—明村	10 372	明村—坊子	8 990
明村—周格庄	10 144	周格庄—明村	8 817
八角—明村	12 958	明村—八角	15 071
八角—莱山	10 738	莱山—八角	7 571
福山—栖霞	18 378	栖霞—福山	20 787
栖霞—胶州	31 788	胶州—栖霞	26 063
胶州—沈海鲁苏	59 800	沈海鲁苏—胶州	50 903
齐河—冠县	69 038	冠县—齐河	47 339
济南—潍坊	65 086	潍坊—济南	72 779
潍坊—胶州	31 832	胶州—潍坊	26 793
胶州—青岛	30 719	青岛—胶州	21 504
菏泽—曲阜	63 987	曲阜—菏泽	76 253
曲阜—日照	38 019	日照—曲阜	52 060
泰安—京沪鲁苏	140 632	京沪鲁苏—泰安	115 069
齐河—青银鲁冀	79 974	青银鲁冀—齐河	119 989
济南机场—济南	16 597	济南—济南机场	16 934
济南—郓城	53 537	郓城—济南	36 962
济南—胶南	39 139	胶南—济南	41 449
柳花泊—海伯河	17 261	海伯河—柳花泊	21 568
齐河—章丘	96 234	章丘—齐河	128 606
菏泽—济广鲁豫	21 140	济广鲁豫—菏泽	18 857
东明主—菏泽	56 431	菏泽—东明主	76 783

续上表

路段起止点	货运密度（吨公里/公里）	路段起止点	货运密度（吨公里/公里）
滨州港—前郭	38 076	前郭—滨州港	42 203
寿光—新河	44 552	新河—寿光	40 093
平度—青岛高新	14 978	青岛高新—平度	10 162
即墨—威海	16 598	威海—即墨	12 159
菏关鲁豫—菏泽	6 012	菏泽—菏关鲁豫	5 570
黄岛—海湾大桥	8 878	海湾大桥—黄岛	100 586
滨州港—德州	13 119	德州—滨州港	8 901
青州—沂水北	37 702	沂水北—青州	34 110
沂水北—莒县	30 064	莒县—沂水北	24 383
莒县—长深鲁苏	25 608	长深鲁苏—莒县	20 233
枣庄新城—苍山	10 441	苍山—枣庄新城	14 954

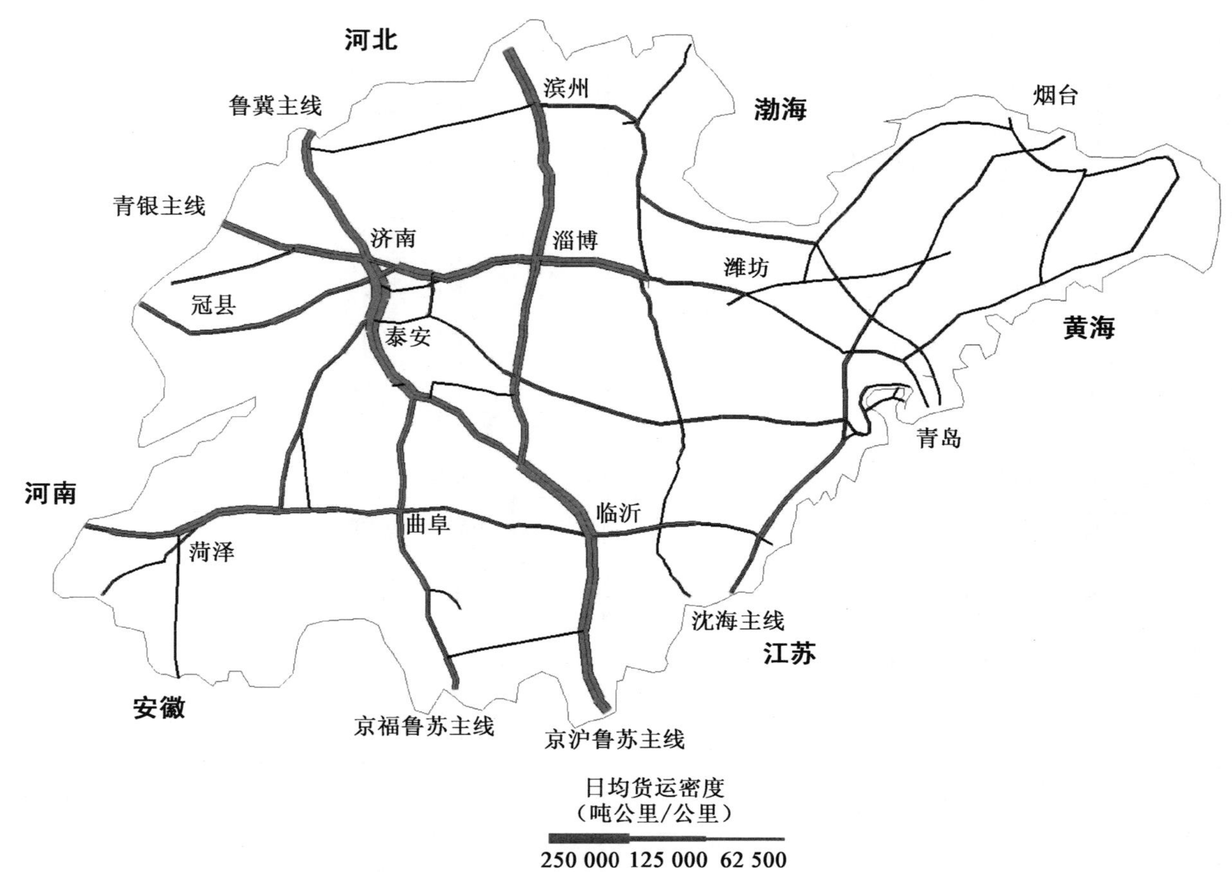

图 4.35　2013 年山东省高速公路日均货运密度

4.11.3　道路负荷分布如表 4.36 和图 4.36 所示。

2013 年山东省高速公路轴载　　表 4.36

路段起止点	轴　载（标准轴载当量轴次/日）	路段起止点	轴　载（标准轴载当量轴次/日）
京福鲁冀—齐河	17 571	齐河—京福鲁冀	14 513
齐河—济南	38 231	济南—齐河	28 252
济南—泰安	26 925	泰安—济南	20 855
泰安—曲阜	12 065	曲阜—泰安	8 871
曲阜—京福鲁苏	11 764	京福鲁苏—曲阜	7 253
鲁北—博山	20 326	博山—鲁北	15 843
博山—莱芜	18 494	莱芜—博山	9 905
莱芜—泰安	4 223	泰安—莱芜	3 044
海港—青州	4 044	青州—海港	3 334
坊子—明村	1 417	明村—坊子	1 218
明村—周格庄	1 395	周格庄—明村	1 228
八角—明村	1 866	明村—八角	2 092
八角—莱山	1 467	莱山—八角	1 043
福山—栖霞	2 683	栖霞—福山	2 729
栖霞—胶州	4 571	胶州—栖霞	3 372
胶州—沈海鲁苏	9 053	沈海鲁苏—胶州	7 007
齐河—冠县	9 947	冠县—齐河	7 333
济南—潍坊	9 257	潍坊—济南	10 127
潍坊—胶州	4 364	胶州—潍坊	3 664
胶州—青岛	4 164	青岛—胶州	3 036
菏泽—曲阜	9 857	曲阜—菏泽	10 602
曲阜—日照	5 956	日照—曲阜	7 754
泰安—京沪鲁苏	23 518	京沪鲁苏—泰安	15 855
齐河—青银鲁冀	10 358	青银鲁冀—齐河	18 783
济南机场—济南	2 390	济南—济南机场	2 358
济南—郓城	7 656	郓城—济南	5 298
济南—胶南	5 799	胶南—济南	5 754
柳花泊—海伯河	2 913	海伯河—柳花泊	3 119
齐河—章丘	14 746	章丘—齐河	18 291
菏泽—济广鲁豫	3 478	济广鲁豫—菏泽	2 824
东明主—菏泽	8 469	菏泽—东明主	10 004

续上表

路段起止点	轴　　载（标准轴载当量轴次/日）	路段起止点	轴　　载（标准轴载当量轴次/日）
滨州港—前郭	5 300	前郭—滨州港	5 466
寿光—新河	6 383	新河—寿光	5 501
平度—青岛高新	2 106	青岛高新—平度	1 375
即墨—威海	2 219	威海—即墨	1 727
菏关鲁豫—菏泽	852	菏泽—菏关鲁豫	736
黄岛—海湾大桥	1 475	海湾大桥—黄岛	1 174
滨州港—德州	1 976	德州—滨州港	1 289
青州—沂水北	5 790	沂水北—青州	4 383
沂水北—莒县	4 577	莒县—沂水北	3 015
莒县—长深鲁苏	3 919	长深鲁苏—莒县	2 477
枣庄新城—苍山	1 549	苍山—枣庄新城	2 326

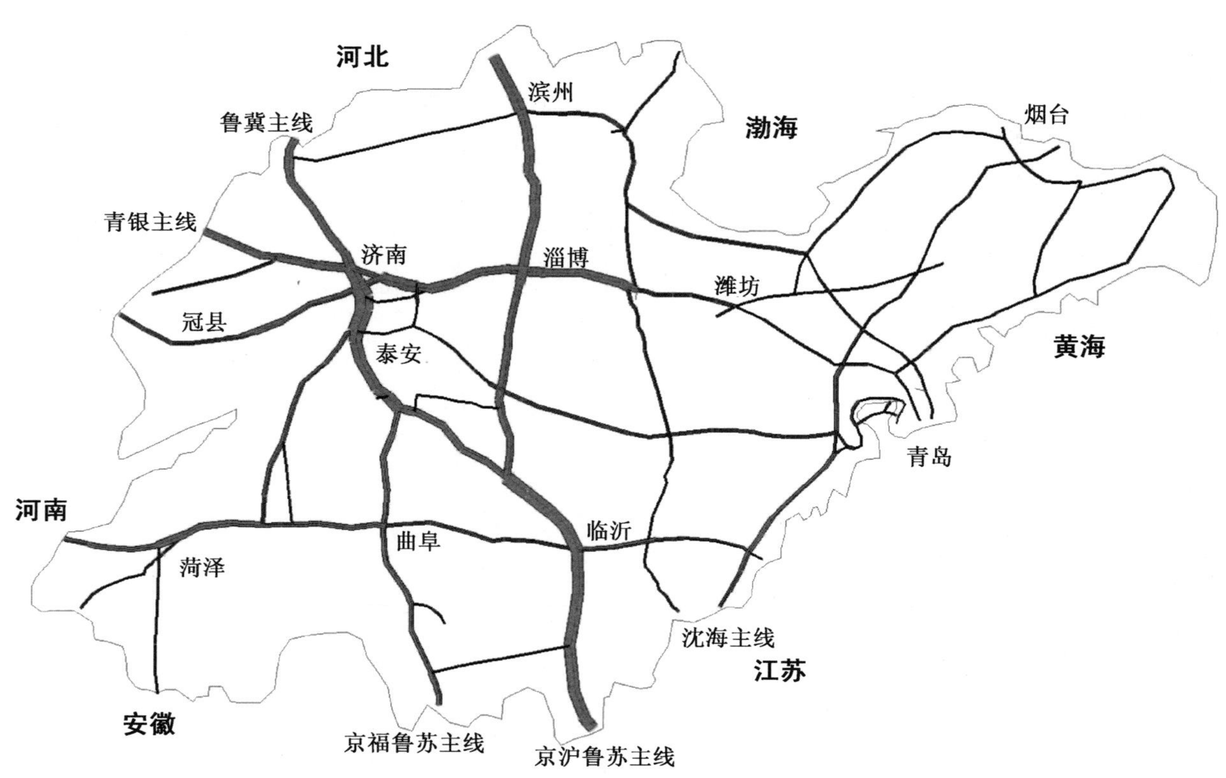

图 4.36　2013 年山东省高速公路日均轴载

4.11.4　交通量分布如表 4.37 和图 4.37 所示。

2013 年山东省高速公路交通量　　表 4.37

路段起止点	正向			反向		
	客车折算交通量（辆/日）	货车折算交通量（辆/日）	小　计	客车折算交通量（辆/日）	货车折算交通量（辆/日）	小　计
京福鲁冀—齐河	6 031	18 253	24 284	6 215	18 358	24 573
齐河—济南	15 420	39 075	54 495	15 795	37 472	53 267
济南—泰安	10 952	26 465	37 417	10 721	26 597	37 318
泰安—曲阜	6 890	13 338	20 228	6 684	12 446	19 130
曲阜—京福鲁苏	4 010	12 097	16 107	3 849	10 654	14 503
鲁北—博山	6 002	23 097	29 099	5 644	23 387	29 031
博山—莱芜	6 456	20 199	26 655	4 972	16 313	21 285
莱芜—泰安	3 871	5 709	9 580	3 902	5 579	9 481
海港—青州	3 673	6 791	10 464	3 726	6 867	10 593
坊子—明村	1 796	2 937	4 733	1 820	2 796	4 616
明村—周格庄	1 762	2 593	4 355	1 684	2 632	4 316
八角—明村	3 483	3 665	7 148	3 504	3 938	7 442
八角—莱山	4 799	3 575	8 374	4 138	3 514	7 652
福山—栖霞	5 600	4 778	10 378	5 709	5 086	10 795
栖霞—胶州	3 118	6 838	9 956	3 302	6 394	9 696
胶州—沈海鲁苏	5 446	11 897	17 343	5 523	11 459	16 982
齐河—冠县	4 948	11 801	16 749	4 555	9 042	13 597
济南—潍坊	8 444	15 038	23 482	8 291	15 802	24 093
潍坊—胶州	5 019	7 481	12 500	4 926	7 335	12 261
胶州—青岛	5 816	6 694	12 510	5 688	6 091	11 779
菏泽—曲阜	5 030	12 687	17 717	5 050	13 240	18 290
曲阜—日照	4 004	8 052	12 056	3 977	8 735	12 712
泰安—京沪鲁苏	5 097	20 862	25 959	5 015	21 531	26 546
齐河—青银鲁冀	2 653	15 946	18 599	2 618	16 673	19 291
济南机场—济南	9 749	4 924	14 673	9 938	5 679	15 617
济南—郓城	5 340	9 145	14 485	5 374	8 299	13 673
济南—胶南	4 455	7 112	11 567	4 354	7 405	11 759
柳花泊—海伯河	5 225	5 439	10 664	5 708	8 005	13 713
齐河—章丘	7 697	19 309	27 006	7 561	22 547	30 108
菏泽—济广鲁豫	1 408	3 635	5 043	1 507	4 210	5 717

续上表

路段起止点	正　　向		小　计	反　　向		小　计
	客车折算交通量（辆/日）	货车折算交通量（辆/日）		客车折算交通量（辆/日）	货车折算交通量（辆/日）	
东明主—菏泽	3 105	10 178	13 283	3 236	12 763	15 999
滨州港—前郭	2 742	8 076	10 818	2 706	8 494	11 200
寿光—新河	4 980	9 403	14 383	4 961	8 727	13 688
平度—青岛高新	8 669	3 811	12 480	9 084	3 766	12 850
即墨—威海	3 022	3 661	6 683	3 077	3 318	6 395
菏关鲁豫—菏泽	418	1 404	1 822	400	1 156	1 556
黄岛—海湾大桥	5 220	2 636	7 856	4 584	3 262	7 846
滨州港—德州	2 608	2 992	5 600	2 532	3 191	5 723
青州—沂水北	2 529	7 431	9 960	2 443	7 856	10 299
沂水北—莒县	1 387	5 507	6 894	1 238	5 373	6 611
莒县—长深鲁苏	690	4 529	5 219	652	4 278	4 930
枣庄新城—苍山	1 072	2 349	3 421	1 158	2 666	3 824

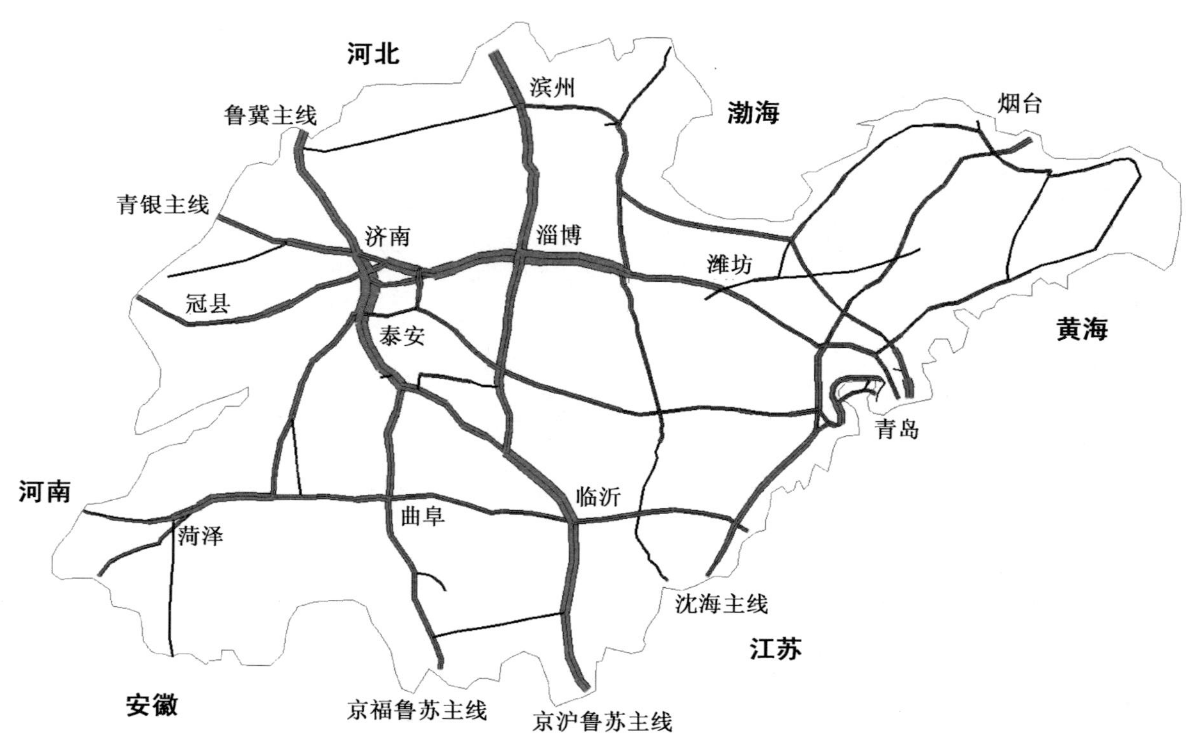

图 4.37　2013 年山东省高速公路日均交通量

4.12　河南省高速公路运输密度

4.12.1　客运密度分布如表 4.38 和图 4.38 所示。

2013 年河南省高速公路日均客运密度　　表 4.38

路段起止点	客运密度（人公里/公里）	路段起止点	客运密度（人公里/公里）
京港澳豫冀界—鹤壁	21 672	鹤壁—京港澳豫冀界	22 187
鹤壁—新乡	41 535	新乡—鹤壁	41 262
新乡—郑州	45 900	郑州—新乡	45 426
郑州—许昌	75 435	许昌—郑州	74 965
许昌—漯河	52 969	漯河—许昌	51 644
漯河—驻马店	29 411	驻马店—漯河	28 621
驻马店—京港澳豫鄂界	14 858	京港澳豫鄂界—驻马店	14 840
大广豫冀省界—濮阳	24 900	濮阳—大广豫冀省界	23 929
濮阳—周口	19 173	周口—濮阳	18 871
周口—大广豫鄂界	8 907	大广豫鄂界—周口	8 045
二广豫晋省界—济源	4 776	济源—二广豫晋省界	3 876
济源—洛阳	19 090	洛阳—济源	19 008
洛阳—汝阳	20 553	汝阳—洛阳	20 467
汝阳—南阳	5 625	南阳—汝阳	5 356
南阳—二广豫鄂界	11 546	二广豫鄂界—南阳	11 054
连霍豫皖界—商丘	19 615	商丘—连霍豫皖界	19 733
商丘—开封	31 183	开封—商丘	30 215
开封—郑州	51 981	郑州—开封	50 522
郑州—洛阳	40 262	洛阳—郑州	39 647
洛阳—三门峡	20 541	三门峡—洛阳	20 196
三门峡—连霍豫陕界	14 366	连霍豫陕界—三门峡	13 298
宁洛豫皖界—漯河	23 859	漯河—宁洛豫皖界	24 745
漯河—平顶山	14 527	平顶山—漯河	15 931
平顶山—汝阳	13 875	汝阳—平顶山	14 025
沪陕豫皖界—南阳	14 266	南阳—沪陕豫皖界	13 371
南阳—沪陕豫陕界	13 307	沪陕豫陕界—南阳	12 264
日兰豫鲁界—兰考	15 249	兰考—日兰豫鲁界	14 872
兰考—许昌	12 891	许昌—兰考	12 843
许昌—南阳	28 757	南阳—许昌	27 793
大广安南互通—林州	8 638	林州—大广安南互通	8 643
濮阳—鹤壁	22 409	鹤壁—濮阳	22 147
长垣—新乡	7 053	新乡—长垣	7 548
新乡—济源	14 693	济源—新乡	15 325
济源—济邵豫晋	6 663	济邵豫晋—济源	6 165
原阳—焦作	34 135	焦作—原阳	32 784
焦作—晋新豫晋界	16 925	晋新豫晋界—焦作	13 718
焦作—温县	5 225	温县—焦作	4 799
济广豫鲁界—济广豫皖界	6 343	济广豫皖界—济广豫鲁界	6 156
商丘—周口	10 119	周口—商丘	9 785
许亳省界—鄢陵	7 597	鄢陵—许亳省界	8 033

续上表

路段起止点	客运密度（人公里/公里）	路段起止点	客运密度（人公里/公里）
十八里河—郑州西	42 449	郑州西—十八里河	38 515
郑州南—机场	94 120	机场—郑州南	99 758
郑州侯寨—禹州	38 701	禹州—郑州侯寨	38 457
禹州—尧山	10 578	尧山—禹州	10 506
郑州站—登封	38 623	登封—郑州站	35 128
登封—洛阳	14 532	洛阳—登封	14 564
登封—许昌	12 386	许昌—登封	12 144
叶县—泌阳	5 567	泌阳—叶县	5 705
泌阳—焦桐豫鄂界	4 981	焦桐豫鄂界—泌阳	4 655
泌阳—新蔡	6 330	新蔡—泌阳	6 591
安阳—南林豫晋界	8 144	南林豫晋界—安阳	6 567
濮阳—龙王庄	6 269	龙王庄—濮阳	8 150
永亳—永登豫皖界	2 715	永登豫皖界—永亳	2 573
新蔡—新阳豫皖界	1 029	新阳豫皖界—新蔡	577
小茴店—固始	4 460	固始—小茴店	4 420
永城—永登豫皖界	2 512	永登豫皖界—永城	2 525
洛龙—栾川	4 291	栾川—洛龙	4 362
周山—灵宝	2 619	灵宝—周山	2 635
灵宝—卢氏	2 021	卢氏—灵宝	2 678

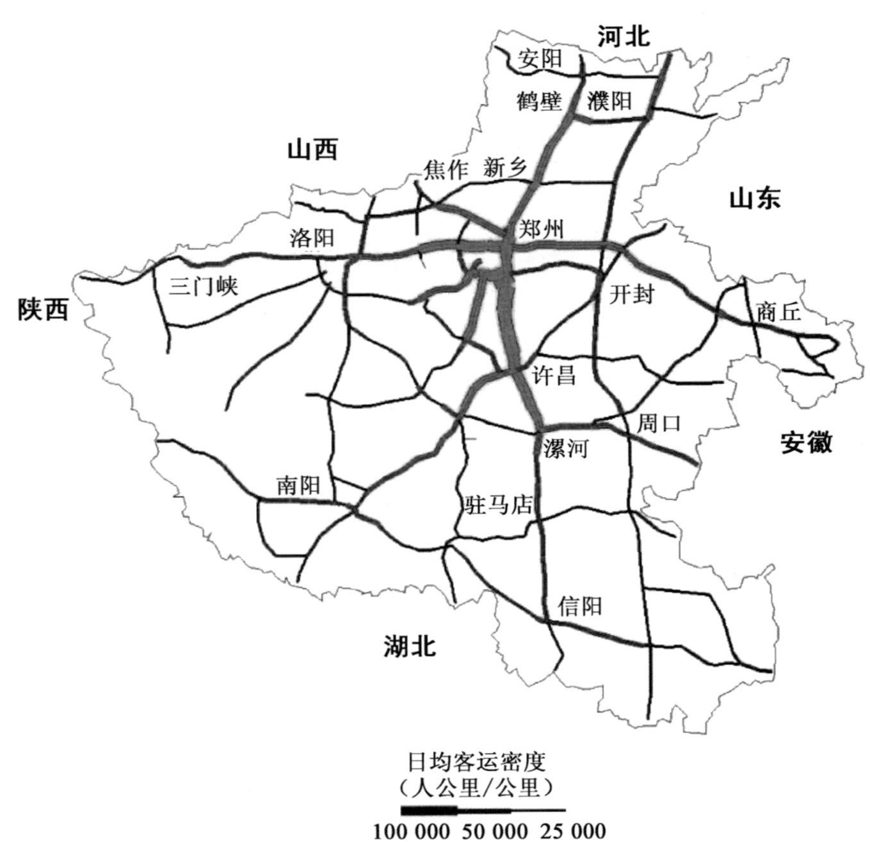

图 4.38　2013 年河南省高速公路日均客运密度

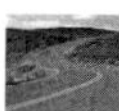

4.12.2　货运密度分布如表4.39和图4.39所示。

2013年河南省高速公路日均货运密度　　表4.39

路段起止点	货运密度（吨公里/公里）	路段起止点	货运密度（吨公里/公里）
京港澳豫冀界—鹤壁	42 642	鹤壁—京港澳豫冀界	37 773
鹤壁—新乡	71 844	新乡—鹤壁	60 841
新乡—郑州	99 194	郑州—新乡	68 854
郑州—许昌	84 631	许昌—郑州	79 387
许昌—漯河	124 172	漯河—许昌	99 404
漯河—驻马店	122 878	驻马店—漯河	114 139
驻马店—京港澳豫鄂界	109 847	京港澳豫鄂界—驻马店	106 730
大广豫冀省界—濮阳	79 481	濮阳—大广豫冀省界	64 727
濮阳—周口	41 546	周口—濮阳	33 455
周口—大广豫鄂界	30 998	大广豫鄂界—周口	26 495
二广豫晋省界—济源	16 260	济源—二广豫晋省界	7 388
济源—洛阳	68 001	洛阳—济源	44 728
洛阳—汝阳	49 101	汝阳—洛阳	35 211
汝阳—南阳	6 124	南阳—汝阳	4 667
南阳—二广豫鄂界	38 319	二广豫鄂界—南阳	29 516
连霍豫皖界—商丘	22 750	商丘—连霍豫皖界	22 349
商丘—开封	36 412	开封—商丘	41 834
开封—郑州	72 537	郑州—开封	63 888
郑州—洛阳	74 668	洛阳—郑州	70 343
洛阳—三门峡	102 971	三门峡—洛阳	102 212
三门峡—连霍豫陕界	107 078	连霍豫陕界—三门峡	121 268
宁洛豫皖界—漯河	36 580	漯河—宁洛豫皖界	53 002
漯河—平顶山	27 630	平顶山—漯河	48 082
平顶山—汝阳	36 379	汝阳—平顶山	54 373
沪陕豫皖界—南阳	11 869	南阳—沪陕豫皖界	12 932
南阳—沪陕豫陕界	18 733	沪陕豫陕界—南阳	18 790
日兰豫鲁界—兰考	91 208	兰考—日兰豫鲁界	61 712
兰考—许昌	66 155	许昌—兰考	54 454
许昌—南阳	53 889	南阳—许昌	51 674
大广安南互通—林州	3 189	林州—大广安南互通	3 227
濮阳—鹤壁	29 042	鹤壁—濮阳	20 083
长垣—新乡	8 797	新乡—长垣	10 481
新乡—济源	35 869	济源—新乡	34 798
济源—济邵豫晋	14 210	济邵豫晋—济源	24 219
原阳—焦作	25 659	焦作—原阳	57 600
焦作—晋新豫晋界	17 066	晋新豫晋界—焦作	28 349
焦作—温县	2 196	温县—焦作	1 778
济广豫鲁界—济广豫皖界	18 321	济广豫皖界—济广豫鲁界	12 716
商丘—周口	16 443	周口—商丘	21 869
许亳省界—鄢陵	6 510	鄢陵—许亳省界	9 884

续上表

路段起止点	货运密度（吨公里/公里）	路段起止点	货运密度（吨公里/公里）
十八里河—郑州西	15 321	郑州西—十八里河	22 825
郑州南—机场	4 211	机场—郑州南	3 878
郑州侯寨—禹州	11 863	禹州—郑州侯寨	15 332
禹州—尧山	2 139	尧山—禹州	4 156
郑州站—登封	11 554	登封—郑州站	13 780
登封—洛阳	10 840	洛阳—登封	15 347
登封—许昌	15 105	许昌—登封	11 162
叶县—泌阳	29 671	泌阳—叶县	22 417
泌阳—焦桐豫鄂界	30 942	焦桐豫鄂界—泌阳	22 462
泌阳—新蔡	11 851	新蔡—泌阳	3 090
安阳—南林豫晋界	1 877	南林豫晋界—安阳	2 809
濮阳—龙王庄	4 549	龙王庄—濮阳	4 171
永亳—永登豫皖界	2 286	永登豫皖界—永亳	5 713
新蔡—新阳豫皖界	9 164	新阳豫皖界—新蔡	1 923
小茴店—固始	1 223	固始—小茴店	1 268
永城—永登豫皖界	1 634	永登豫皖界—永城	1 036
洛龙—栾川	462	栾川—洛龙	302
周山—灵宝	1 275	灵宝—周山	931
灵宝—卢氏	902	卢氏—灵宝	1 564

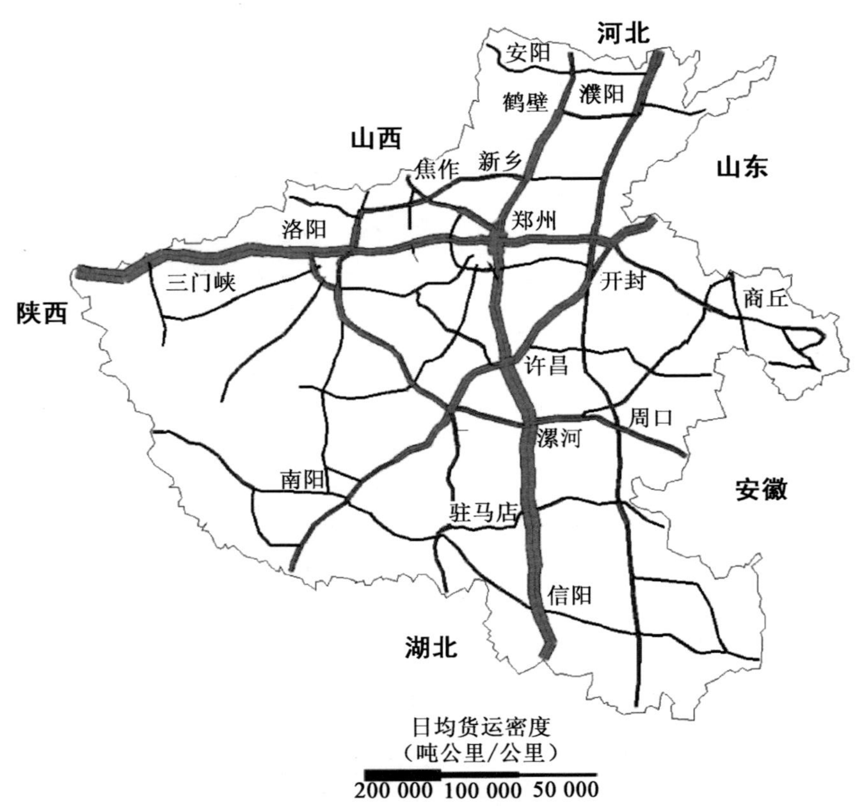

图 4.39　2013 年河南省高速公路日均货运密度

4.12.3　道路负荷分布如表 4.40 和图 4.40 所示。

2013 年河南省高速公路轴载　　表 4.40

路段起止点	轴　载 (标准轴载当量轴次/日)	路段起止点	轴　载 (标准轴载当量轴次/日)
京港澳豫冀界—鹤壁	11 813	鹤壁—京港澳豫冀界	7 743
鹤壁—新乡	17 806	新乡—鹤壁	12 801
新乡—郑州	30 898	郑州—新乡	16 589
郑州—许昌	24 903	许昌—郑州	17 732
许昌—漯河	36 109	漯河—许昌	21 957
漯河—驻马店	32 749	驻马店—漯河	25 350
驻马店—京港澳豫鄂界	28 476	京港澳豫鄂界—驻马店	26 088
大广豫冀省界—濮阳	17 392	濮阳—大广豫冀省界	11 568
濮阳—周口	9 463	周口—濮阳	5 954
周口—大广豫鄂界	7 335	大广豫鄂界—周口	6 794
二广豫晋省界—济源	3 790	济源—二广豫晋省界	1 463
济源—洛阳	16 230	洛阳—济源	10 393
洛阳—汝阳	12 853	汝阳—洛阳	9 041
汝阳—南阳	1 568	南阳—汝阳	1 074
南阳—二广豫鄂界	9 956	二广豫鄂界—南阳	6 196
连霍豫皖界—商丘	6 503	商丘—连霍豫皖界	5 807
商丘—开封	7 514	开封—商丘	10 907
开封—郑州	15 159	郑州—开封	16 242
郑州—洛阳	14 740	洛阳—郑州	16 520
洛阳—三门峡	16 055	三门峡—洛阳	20 197
三门峡—连霍豫陕界	15 460	连霍豫陕界—三门峡	23 585
宁洛豫皖界—漯河	7 384	漯河—宁洛豫皖界	14 112
漯河—平顶山	5 335	平顶山—漯河	13 570
平顶山—汝阳	7 520	汝阳—平顶山	13 552
沪陕豫皖界—南阳	2 486	南阳—沪陕豫皖界	3 109
南阳—沪陕豫陕界	3 354	沪陕豫陕界—南阳	3 760
日兰豫鲁界—兰考	19 368	兰考—日兰豫鲁界	13 813
兰考—许昌	14 970	许昌—兰考	10 865
许昌—南阳	15 259	南阳—许昌	12 722
大广安南互通—林州	778	林州—大广安南互通	943
濮阳—鹤壁	5 674	鹤壁—濮阳	4 191
长垣—新乡	1 741	新乡—长垣	3 107
新乡—济源	6 868	济源—新乡	8 047
济源—济邵豫晋	3 075	济邵豫晋—济源	5 564
原阳—焦作	6 556	焦作—原阳	21 155
焦作—晋新豫晋界	3 429	晋新豫晋界—焦作	7 768
焦作—温县	671	温县—焦作	477
济广豫鲁界—济广豫皖界	5 702	济广豫皖界—济广豫鲁界	3 274
商丘—周口	3 719	周口—商丘	4 672
许亳省界—鄢陵	1 536	鄢陵—许亳省界	3 211

续上表

路段起止点	轴　　载 （标准轴载当量轴次/日）	路段起止点	轴　　载 （标准轴载当量轴次/日）
十八里河—郑州西	3 915	郑州西—十八里河	6 284
郑州南—机场	1 348	机场—郑州南	1 207
郑州侯寨—禹州	3 935	禹州—郑州侯寨	5 033
禹州—尧山	682	尧山—禹州	1 418
郑州站—登封	3 742	登封—郑州站	5 483
登封—洛阳	2 675	洛阳—登封	4 424
登封—许昌	5 245	许昌—登封	3 228
叶县—泌阳	8 300	泌阳—叶县	4 998
泌阳—焦桐豫鄂界	8 231	焦桐豫鄂界—泌阳	4 771
泌阳—新蔡	5 985	新蔡—泌阳	980
安阳—南林豫晋界	576	南林豫晋界—安阳	724
濮阳—龙王庄	1 691	龙王庄—濮阳	1 125
永亳—永登豫皖界	669	永登豫皖界—永亳	1 835
新蔡—新阳豫皖界	4 700	新阳豫皖界—新蔡	812
小苗店—固始	540	固始—小苗店	625
永城—永登豫皖界	528	永登豫皖界—永城	333
洛龙—栾川	145	栾川—洛龙	106
周山—灵宝	285	灵宝—周山	255
灵宝—卢氏	230	卢氏—灵宝	388

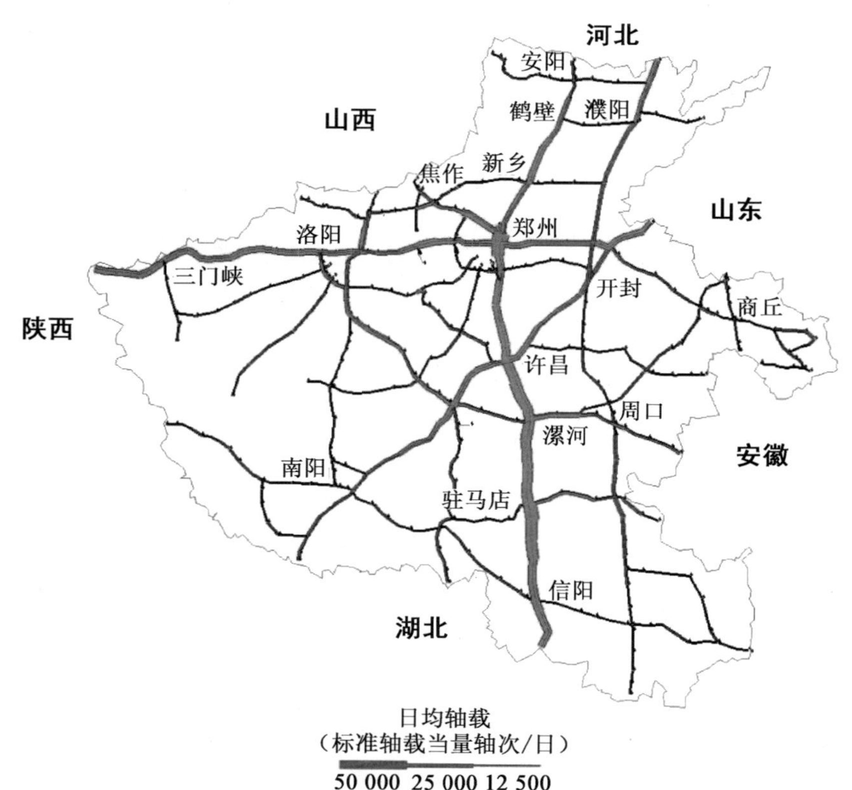

图 4.40　2013 年河南省高速公路日均轴载

4.12.4　交通量分布如表4.41和图4.41所示。

2013年河南省高速公路交通量　　表4.41

路段起止点	正向		小计	反向		小计
	客车折算交通量（辆/日）	货车折算交通量（辆/日）		客车折算交通量（辆/日）	货车折算交通量（辆/日）	
京港澳豫冀界—鹤壁	4 343	4 794	9 137	4 302	5 710	10 012
鹤壁—新乡	7 747	8 050	15 797	7 559	7 700	15 259
新乡—郑州	9 255	10 675	19 930	9 054	10 927	19 981
郑州—许昌	15 064	8 391	23 455	14 967	9 958	24 925
许昌—漯河	9 015	12 755	21 770	8 820	12 898	21 718
漯河—驻马店	4 168	12 534	16 702	4 054	13 285	17 339
驻马店—京港澳豫鄂界	2 020	12 490	14 510	2 008	12 854	14 862
大广豫冀省界—濮阳	3 912	10 426	14 338	3 608	9 300	12 908
濮阳—周口	2 737	4 735	7 472	2 647	4 353	7 000
周口—大广豫鄂界	1 176	3 762	4 938	1 032	2 890	3 922
二广豫晋省界—济源	701	1 565	2 266	681	1 027	1 708
济源—洛阳	3 113	7 145	10 258	3 003	5 372	8 375
洛阳—汝阳	3 482	4 936	8 418	3 501	4 839	8 340
汝阳—南阳	821	352	1 173	766	337	1 103
南阳—二广豫鄂界	1 769	3 993	5 762	1 644	3 691	5 335
连霍豫皖界—商丘	3 338	2 772	6 110	3 280	2 477	5 757
商丘—开封	5 351	4 541	9 892	5 070	4 026	9 096
开封—郑州	11 162	10 434	21 596	10 679	7 450	18 129
郑州—洛阳	8 058	11 272	19 330	7 993	8 366	16 359
洛阳—三门峡	3 475	15 386	18 861	3 435	12 591	16 026
三门峡—连霍豫陕界	2 522	16 943	19 465	2 245	15 315	17 560
宁洛豫皖界—漯河	3 645	5 393	9 038	3 797	5 846	9 643
漯河—平顶山	1 957	4 252	6 209	2 369	4 560	6 929
平顶山—汝阳	2 117	4 839	6 956	2 098	5 445	7 543
沪陕豫皖界—南阳	1 914	1 636	3 550	1 746	1 555	3 301
南阳—沪陕豫陕界	2 247	2 623	4 870	2 004	2 215	4 219
日兰豫鲁界—兰考	2 396	11 586	13 982	2 280	7 837	10 117
兰考—许昌	1 777	7 447	9 224	1 721	6 334	8 055
许昌—南阳	4 329	5 670	9 999	4 165	5 667	9 832
大广安南互通—林州	1 776	510	2 286	1 796	504	2 300
濮阳—鹤壁	4 283	4 089	8 372	4 198	2 702	6 900
长垣—新乡	1 305	986	2 291	1 455	976	2 431
新乡—济源	2 520	4 434	6 954	2 584	3 500	6 084
济源—济邵豫晋	895	2 137	3 032	847	2 564	3 411
原阳—焦作	6 628	6 666	13 294	6 336	6 048	12 384
焦作—晋新(豫晋界)	3 003	5 521	8 524	2 517	3 446	5 963
焦作—温县	1 406	351	1 757	1 298	557	1 855
济广豫鲁界—济广(豫皖界)	1 205	2 400	3 605	1 169	2 222	3 391
商丘—周口	1 617	1 583	3 200	1 533	2 221	3 754
许亳省界—鄢陵	1 075	756	1 831	1 120	627	1 747
十八里河—郑州西	10 531	3 048	13 579	9 577	2 602	12 179

续上表

路段起止点	正向			反向		
	客车折算交通量（辆/日）	货车折算交通量（辆/日）	小计	客车折算交通量（辆/日）	货车折算交通量（辆/日）	小计
郑州南—机场	23 017	481	23 498	24 516	553	25 069
郑州侯寨—禹州	7 204	1 647	8 851	7 164	2 070	9 234
禹州—尧山	2 153	248	2 401	2 052	324	2 376
郑州站—登封	8 411	2 634	11 045	7 167	2 327	9 494
登封—洛阳	2 570	1 267	3 837	2 536	1 392	3 928
登封—许昌	1 845	1 458	3 303	1 825	1 073	2 898
叶县—泌阳	869	2 813	3 682	888	2 440	3 328
泌阳—焦桐豫鄂界	745	3 017	3 762	695	2 546	3 241
泌阳—新蔡	1 131	953	2 084	1 152	1 068	2 220
安阳—南林豫晋界	1 750	1 066	2 816	1 451	342	1 793
濮阳—龙王庄	1 593	672	2 265	1 984	767	2 751
永亳—永登(豫皖界)	551	854	1 405	507	834	1 341
新蔡—新阳(豫皖界)	145	962	1 107	68	918	986
小茴店—固始	537	80	617	566	138	704
永城—永登豫皖界	257	174	431	262	178	440
洛龙—栾川	936	64	1 000	949	39	988
周山—灵宝	547	89	636	557	51	608
灵宝—卢氏	529	107	636	651	372	1 023

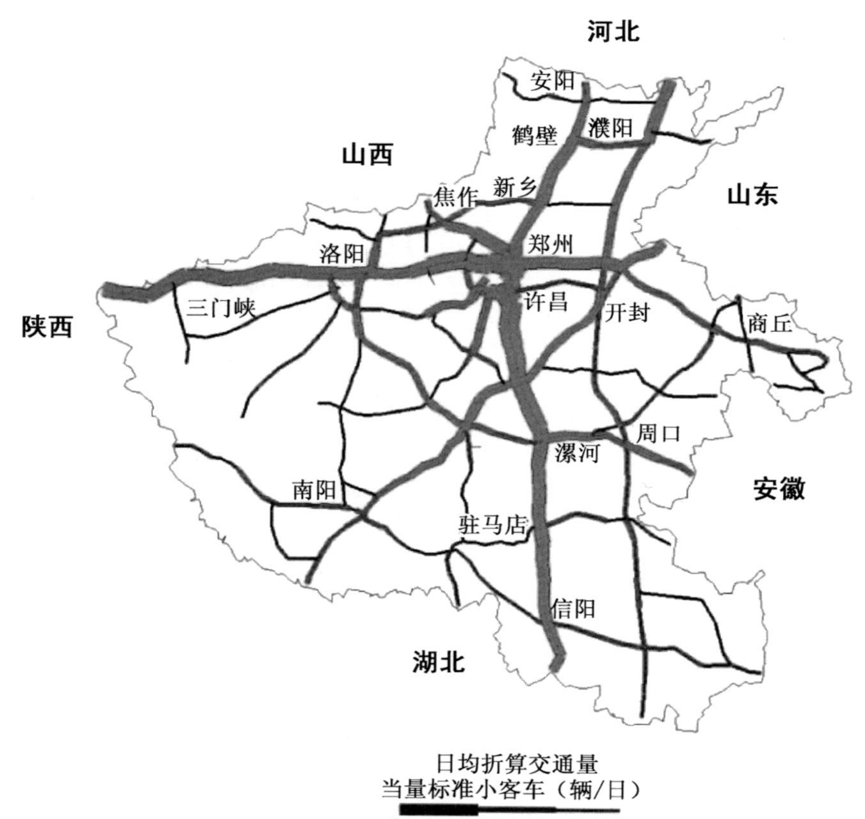

图4.41　2013年河南省高速公路日均交通量

4.13　湖北省高速公路运输密度

4.13.1　客运密度分布如表 4.42 和图 4.42 所示。

2013 年湖北省高速公路日均客运密度　　表 4.42

路段起止点	客运密度（人公里/公里）	路段起止点	客运密度（人公里/公里）
鄂西北—十堰东	4 533	十堰东—鄂西北	4 811
十堰东—襄阳北	15 167	襄阳北—十堰东	15 671
襄阳北—孝感	17 567	孝感—襄阳北	17 797
襄阳—荆门	11 827	荆门—襄阳	11 635
荆门—荆州	7 727	荆州—荆门	7 368
荆州—东岳庙	9 677	东岳庙—荆州	6 874
武汉北—京山	14 090	京山—武汉北	14 435
京山—荆门	7 742	荆门—京山	8 078
荆门—宜都	8 692	宜都—荆门	8 887
宜都—恩施	17 210	恩施—宜都	17 377
恩施—白羊塘	13 052	白羊塘—恩施	12 950
宜昌—枝江	23 330	枝江—宜昌	24 847
枝江—潜江	30 377	潜江—枝江	30 056
潜江—仙桃	38 488	仙桃—潜江	37 801
仙桃—武汉西	46 384	武汉西—仙桃	45 452
鄂豫—潜江	7 366	潜江—鄂豫	6 816
潜江—荆岳桥	13 905	荆岳桥—潜江	13 702
鄂北—武汉北	14 326	武汉北—鄂北	14 437
武汉北—鄂南	21 082	鄂南—武汉北	20 972
武汉—麻城	12 701	麻城—武汉	13 220
麻城—鄂东	6 475	鄂东—麻城	8 355
武汉—杨柳	6 310	杨柳—武汉	5 965
武东—黄石	58 418	黄石—武东	55 886
黄石—黄梅	38 125	黄梅—黄石	30 945
黄梅—鄂皖界	15 826	鄂皖界—黄梅	19 230
黄梅—鄂赣界	34 304	鄂赣界—黄梅	26 123

续上表

路段起止点	客运密度（人公里/公里）	路段起止点	客运密度（人公里/公里）
黄冈北—黄石	7 775	黄石—黄冈北	6 440
黄陂—府河	49 509	府河—黄陂	51 648
武汉绕城（顺时针）	15 638	武汉绕城（逆时针）	16 054
汉南—新滩	4 854	新滩—汉南	4 551
麻城—浠水	10 009	浠水—麻城	8 371
龚家岭—黄石西	8 188	黄石西—龚家岭	8 028
黄石西—鄂赣界	7 167	鄂赣界—黄石西	7 285
鄂东南—鄂湘	2 768	鄂湘—鄂东南	2 481
十堰西—鄂陕	354	鄂陕—十堰西	359
咸安—大冶	4 067	大冶—咸安	4 427
咸宁—通山	581	通山—咸宁	701

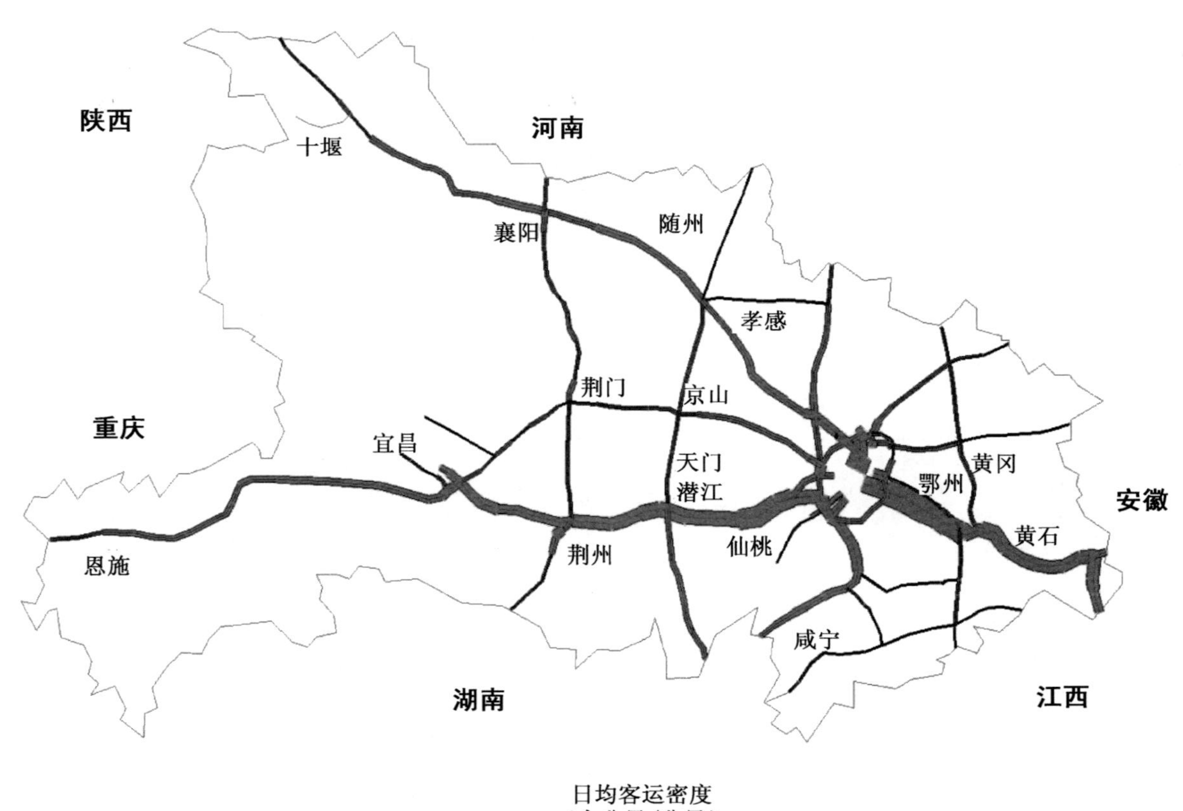

图 4.42　2013 年湖北省高速公路日均客运密度

4.13.2　货运密度分布如表4.43和图4.43所示。

2013年湖北省高速公路日均货运密度　　表4.43

路段起止点	货运密度（吨公里/公里）	路段起止点	货运密度（吨公里/公里）
鄂西北—十堰东	30 603	十堰东—鄂西北	20 030
十堰东—襄阳北	32 872	襄阳北—十堰东	35 055
襄阳北—孝感	38 595	孝感—襄阳北	26 962
襄阳—荆门	45 578	荆门—襄阳	36 054
荆门—荆州	24 445	荆州—荆门	13 322
荆州—东岳庙	18 031	东岳庙—荆州	11 768
武汉北—京山	8 372	京山—武汉北	11 640
京山—荆门	5 878	荆门—京山	8 815
荆门—宜都	31 860	宜都—荆门	22 067
宜都—恩施	43 782	恩施—宜都	26 075
恩施—白羊塘	36 753	白羊塘—恩施	22 462
宜昌—枝江	19 866	枝江—宜昌	29 762
枝江—潜江	40 905	潜江—枝江	50 224
潜江—仙桃	38 709	仙桃—潜江	47 409
仙桃—武汉西	31 455	武汉西—仙桃	38 485
鄂豫—潜江	47 175	潜江—鄂豫	33 492
潜江—荆岳桥	61 182	荆岳桥—潜江	46 141
鄂北—武汉北	104 083	武汉北—鄂北	85 812
武汉北—鄂南	114 811	鄂南—武汉北	105 587
武汉—麻城	26 256	麻城—武汉	38 339
麻城—鄂东	32 654	鄂东—麻城	42 528
武汉—杨柳	7 983	杨柳—武汉	4 992
武东—黄石	53 804	黄石—武东	47 308
黄石—黄梅	50 170	黄梅—黄石	31 442
黄梅—鄂皖界	28 440	鄂皖界—黄梅	58 638
黄梅—鄂赣界	50 016	鄂赣界—黄梅	13 144

续上表

路段起止点	货运密度（吨公里/公里）	路段起止点	货运密度（吨公里/公里）
黄冈北—黄石	31 495	黄石—黄冈北	19 460
黄陂—府河	9 939	府河—黄陂	7 011
武汉绕城（顺时针）	51 608	武汉绕城（逆时针）	52 146
汉南—新滩	2 047	新滩—汉南	1 802
麻城—浠水	38 271	浠水—麻城	23 229
龚家岭—黄石西	13 586	黄石西—龚家岭	10 917
黄石西—鄂赣界	53 947	鄂赣界—黄石西	40 278
鄂东南—鄂湘	10 546	鄂湘—鄂东南	11 517
十堰西—鄂陕	1 451	鄂陕—十堰西	939
咸安—大冶	21 114	大冶—咸安	20 954
咸宁—通山	247	通山—咸宁	218

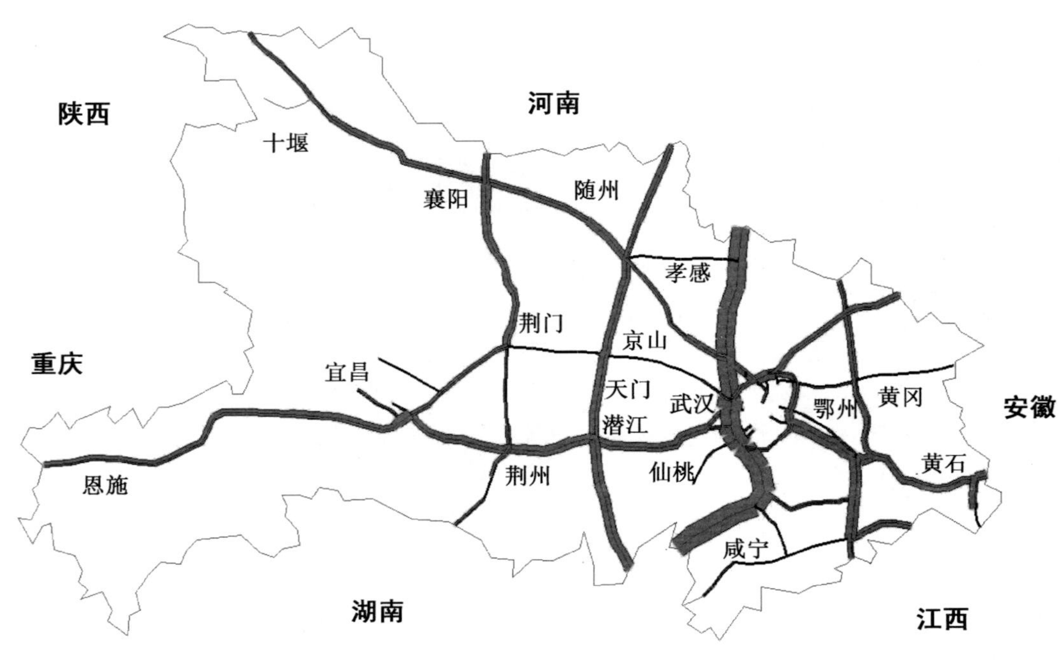

图 4.43　2013 年湖北省高速公路日均货运密度

4.13.3　道路负荷分布如表4.44和图4.44所示。

2013年湖北省高速公路轴载　　表4.44

路段起止点	轴　载（标准轴载当量轴次/日）	路段起止点	轴　载（标准轴载当量轴次/日）
鄂西北—十堰东	6 217	十堰东—鄂西北	2 918
十堰东—襄阳北	7 230	襄阳北—十堰东	6 648
襄阳北—孝感	9 482	孝感—襄阳北	5 511
襄阳—荆门	12 897	荆门—襄阳	8 359
荆门—荆州	8 791	荆州—荆门	3 334
荆州—东岳庙	4 755	东岳庙—荆州	2 542
武汉北—京山	2 569	京山—武汉北	3 506
京山—荆门	1 722	荆门—京山	2 764
荆门—宜都	9 947	宜都—荆门	6 930
宜都—恩施	10 003	恩施—宜都	5 872
恩施—白羊塘	6 886	白羊塘—恩施	4 403
宜昌—枝江	4 610	枝江—宜昌	7 640
枝江—潜江	9 143	潜江—枝江	11 734
潜江—仙桃	8 197	仙桃—潜江	10 596
仙桃—武汉西	6 519	武汉西—仙桃	8 658
鄂豫—潜江	11 764	潜江—鄂豫	6 203
潜江—荆岳桥	12 970	荆岳桥—潜江	9 138
鄂北—武汉北	26 459	武汉北—鄂北	19 396
武汉北—鄂南	29 457	鄂南—武汉北	23 035
武汉—麻城	6 204	麻城—武汉	9 896
麻城—鄂东	7 470	鄂东—麻城	8 692
武汉—杨柳	1 931	杨柳—武汉	1 091
武东—黄石	14 600	黄石—武东	15 921
黄石—黄梅	11 245	黄梅—黄石	6 918
黄梅—鄂皖界	5 987	鄂皖界—黄梅	12 404
黄梅—鄂赣界	11 315	鄂赣界—黄梅	2 627

续上表

路段起止点	轴　　载（标准轴载当量轴次/日）	路段起止点	轴　　载（标准轴载当量轴次/日）
黄冈北—黄石	6 557	黄石—黄冈北	3 925
黄陂—府河	5 209	府河—黄陂	2 092
武汉绕城（顺时针）	12 945	武汉绕城（逆时针）	12 360
汉南—新滩	846	新滩—汉南	392
麻城—浠水	8 233	浠水—麻城	5 141
龚家岭—黄石西	3 708	黄石西—龚家岭	3 369
黄石西—鄂赣界	12 626	鄂赣界—黄石西	8 109
鄂东南—鄂湘	2 074	鄂湘—鄂东南	2 592
十堰西—鄂陕	288	鄂陕—十堰西	142
咸安—大冶	4 600	大冶—咸安	4 345
咸宁—通山	129	通山—咸宁	126

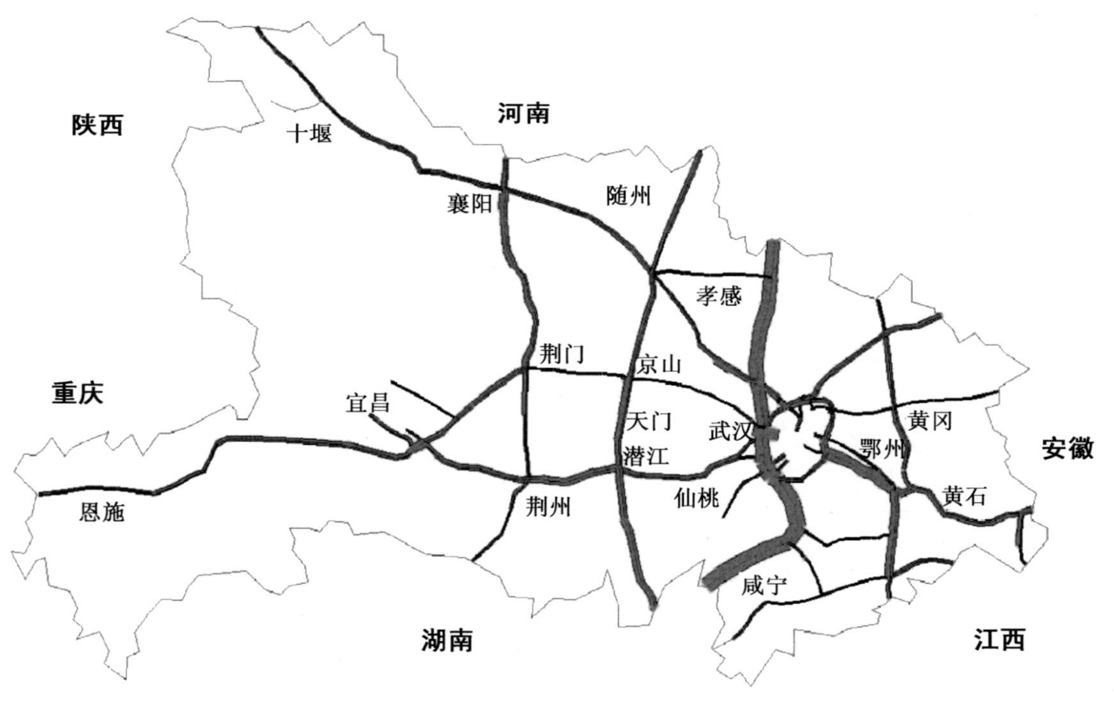

日均轴载
（标准轴载当量轴次/日）
50 000 25 000 12 500

图 4.44　2013 年湖北省高速公路日均轴载

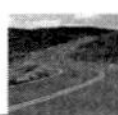

4.13.4　交通量分布如表 4.45 和图 4.45 所示。

2013 年湖北省高速公路交通量　　表 4.45

路段起止点	正　向		小　计	反　向		小　计
	客车折算交通量（辆/日）	货车折算交通量（辆/日）		客车折算交通量（辆/日）	货车折算交通量（辆/日）	
鄂西北—十堰东	935	4 711	5 646	940	4 572	5 512
十堰东—襄阳北	3 411	6 276	9 687	3 257	5 988	9 245
襄阳北—孝感	3 417	6 117	9 534	3 338	4 954	8 292
襄阳—荆门	2 340	6 935	9 275	2 203	6 738	8 941
荆门—荆州	1 580	3 769	5 349	1 509	3 307	4 816
荆州—东岳庙	1 717	3 334	5 051	1 309	2 996	4 305
武汉北—京山	3 372	2 292	5 664	3 338	2 390	5 728
京山—荆门	1 932	1 459	3 391	1 919	1 726	3 645
荆门—宜都	2 027	4 900	6 927	2 023	4 475	6 498
宜都—恩施	2 323	7 337	9 660	2 255	5 984	8 239
恩施—白羊塘	1 831	6 276	8 107	1 748	4 832	6 580
宜昌—枝江	4 788	4 844	9 632	5 186	6 002	11 188
枝江—潜江	4 579	8 022	12 601	4 756	9 178	13 934
潜江—仙桃	6 079	7 453	13 532	6 226	8 524	14 750
仙桃—武汉西	6 852	6 276	13 128	6 902	7 097	13 999
鄂豫—潜江	1 111	6 626	7 737	1 086	5 672	6 758
潜江—荆岳桥	1 937	8 899	10 836	2 012	7 667	9 679
鄂北—武汉北	2 432	13 879	16 311	2 539	13 853	16 392
武汉北—鄂南	3 690	15 511	19 201	3 624	16 431	20 055
武汉—麻城	2 478	5 134	7 612	2 625	6 410	9 035
麻城—鄂东	1 327	5 568	6 895	1 415	6 898	8 313
武汉—杨柳	1 277	1 405	2 682	1 168	1 030	2 198
武东—黄石	10 702	10 646	21 348	9 807	9 049	18 856
黄石—黄梅	5 281	8 825	14 106	4 253	6 058	10 311
黄梅—鄂皖界	2 259	5 496	7 755	2 815	9 642	12 457

续上表

路段起止点	正向			反向		
	客车折算交通量（辆/日）	货车折算交通量（辆/日）	小计	客车折算交通量（辆/日）	货车折算交通量（辆/日）	小计
黄梅—鄂赣界	5 455	9 285	14 740	4 095	4 043	8 138
黄冈北—黄石	1 334	4 589	5 923	1 212	3 387	4 599
黄陂—府河	10 171	2 088	12 259	10 548	2 091	12 639
武汉绕城（顺时针）	2 939	9 445	12 384	2 950	9 229	12 179
汉南—新滩	1 165	623	1 788	1 088	631	1 719
麻城—浠水	1 696	5 692	7 388	1 543	3 977	5 520
龚家岭—黄石西	2 152	2 326	4 478	2 214	2 084	4 298
黄石西—鄂赣界	1 174	7 572	8 746	1 254	6 252	7 506
鄂东南—鄂湘	573	1 622	2 195	520	1 724	2 244
十堰西—鄂陕	81	230	311	83	219	302
咸安—大冶	481	3 154	3 635	555	3 052	3 607
咸宁—通山	160	60	220	189	47	236

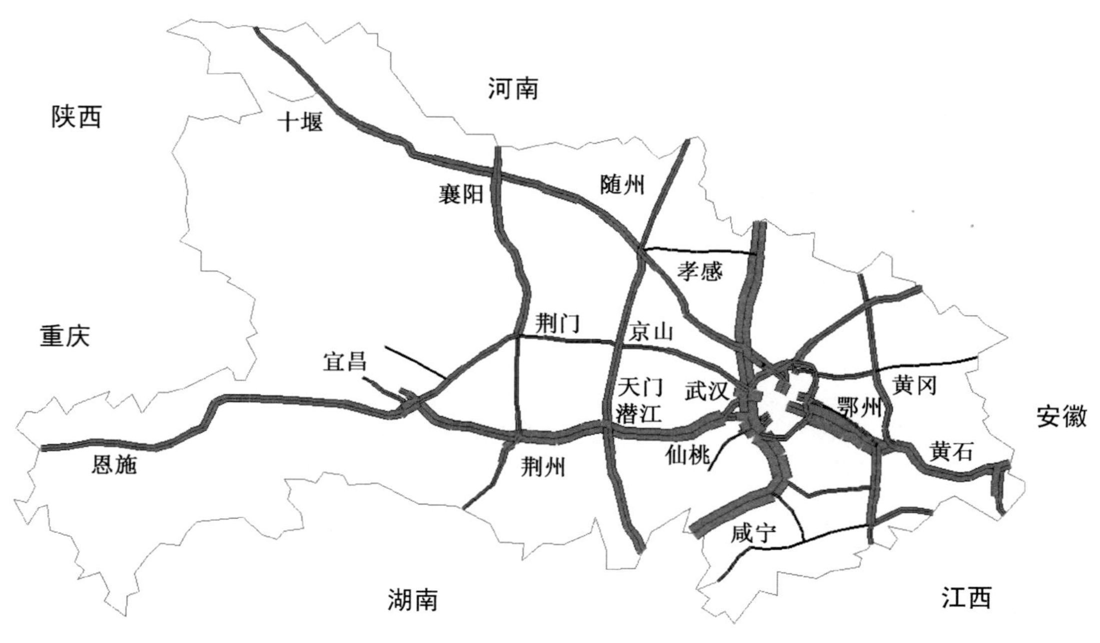

图 4.45　2013 年湖北省高速公路日均交通量

4.14　湖南省高速公路运输密度

4.14.1　客运密度分布如表4.46和图4.46所示。

2013年湖南省高速公路日均客运密度　　表4.46

路段起止点	客运密度（人公里/公里）	路段起止点	客运密度（人公里/公里）
羊楼司(湘鄂界)—岳阳	17 408	岳阳—羊楼司(湘鄂界)	17 707
岳阳—长沙	45 928	长沙—岳阳	46 028
长沙—永安	42 197	永安—长沙	42 415
长沙—湘潭	77 656	湘潭—长沙	76 343
湘潭—醴陵	42 333	醴陵—湘潭	40 874
望城区—湘潭	11 787	湘潭—望城区	11 658
湘潭—衡阳蒸湘	18 811	衡阳蒸湘—湘潭	18 158
衡阳—常宁	12 678	常宁—衡阳	12 757
常宁—临武	12 262	临武—常宁	12 351
新晃(湘黔界)—怀化南	23 070	怀化南—新晃(湘黔界)	22 823
怀化南—洞口	39 257	洞口—怀化南	38 595
洞口—隆回	47 336	隆回—洞口	49 127
隆回—邵阳南	53 488	邵阳南—隆回	56 710
邵阳南—娄底	45 741	娄底—邵阳南	47 616
娄底—新化	14 545	新化—娄底	14 847
娄底—韶山	51 390	韶山—娄底	53 276
韶山—湘潭	54 253	湘潭—韶山	54 874
小塘(湘粤界)—宜章	30 072	宜章—小塘(湘粤界)	34 272
宜章—郴州	38 182	郴州—宜章	35 445
郴州—耒阳	36 763	耒阳—郴州	34 713
耒阳—衡阳	37 082	衡阳—耒阳	35 162
衡阳—湘潭	45 766	湘潭—衡阳	44 258
枣木铺(湘桂界)—永州	11 230	永州—枣木铺(湘桂界)	11 083
永州—石埠	14 823	石埠—永州	14 998
石埠—衡阳	18 888	衡阳—石埠	19 659
张家界—常德	18 648	常德—张家界	20 986
常德—益阳	51 310	益阳—常德	53 560
益阳—长沙	77 230	长沙—益阳	79 628
常德—吉首	14 981	吉首—常德	14 424
吉首—茶峒	14 078	茶峒—吉首	12 372
吉首—怀化南	17 526	怀化南—吉首	16 947
邵阳县—永州东	17 574	永州东—邵阳县	17 824
永州东—宁远	18 898	宁远—永州东	19 087
宁远东—蓝山	17 599	蓝山—宁远东	17 083
衡东—炎陵	7 932	炎陵—衡东	5 647
大浦—松木塘	4 843	松木塘—大浦	5 119
松木塘—邵阳	8 804	邵阳—松木塘	9 813

续上表

路段起止点	客运密度（人公里/公里）	路段起止点	客运密度（人公里/公里）
长沙—株洲	16 221	株洲—长沙	16 515
郴州南—嘉禾	3 580	嘉禾—郴州南	3 557
嘉禾—宁远南	5 439	宁远南—嘉禾	4 853
宁远南—道州西	2 194	道州西—宁远南	2 259
道州—江永	1 895	江永—道州	1 878
郴州—汝城	6 387	汝城—郴州	6 642
宜章—堡城	7 873	堡城—宜章	6 520
张家界—花垣东	2 065	花垣东—张家界	2 725
怀化南—通道	2 677	通道—怀化南	2 098
醴陵—上塔市	2 895	上塔市—醴陵	3 176
蕉溪—张坊	1 876	张坊—蕉溪	2 424
洞阳—大瑶	747	大瑶—洞阳	872
凤凰—凤凰西	3 164	凤凰西—凤凰	1 187
醴陵工业园—攸县	7 594	攸县—醴陵工业园	4 413

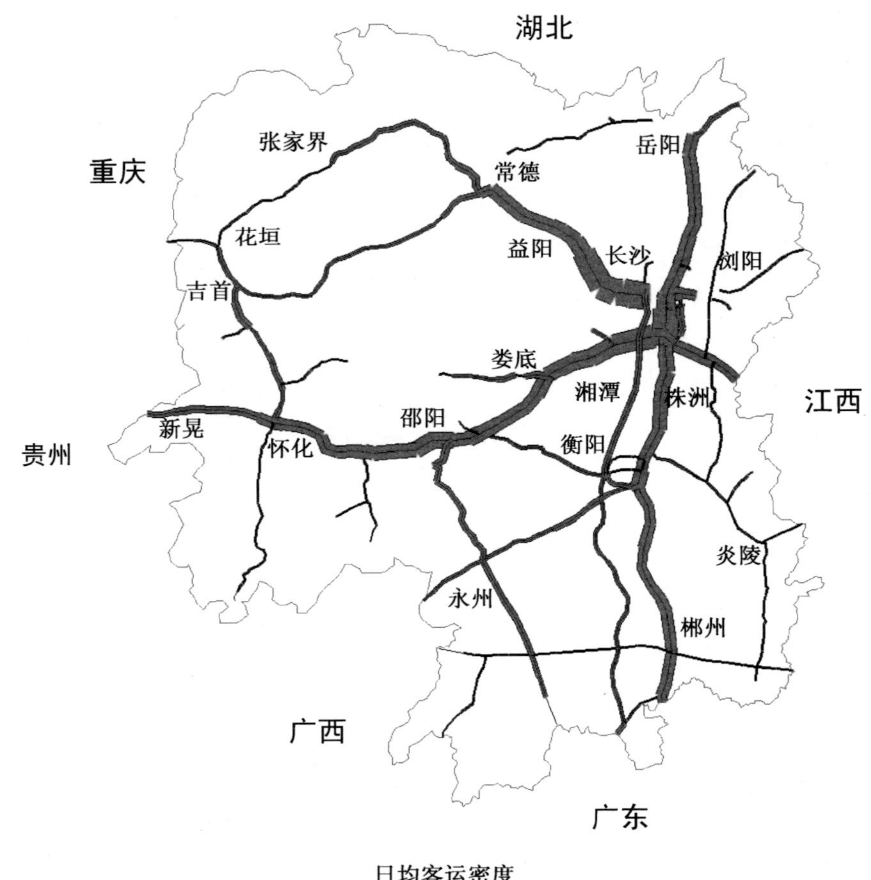

图 4.46 2013 年湖南省高速公路日均客运密度

4.14.2　货运密度分布如表4.47和图4.47所示。

2013年湖南省高速公路日均货运密度　　　　表4.47

路段起止点	货运密度(吨公里/公里)	路段起止点	货运密度(吨公里/公里)
羊楼司(湘鄂界)—岳阳	107 426	岳阳—羊楼司(湘鄂界)	97 735
岳阳—长沙	172 110	长沙—岳阳	137 258
长沙—永安	13 475	永安—长沙	12 988
长沙—湘潭	166 139	湘潭—长沙	152 164
湘潭—醴陵	60 687	醴陵—湘潭	60 275
望城区—湘潭	9 466	湘潭—望城区	7 515
湘潭—衡阳蒸湘	11 692	衡阳蒸湘—湘潭	10 970
衡阳—常宁	7 232	常宁—衡阳	4 959
常宁—临武	6 886	临武—常宁	4 827
新晃(湘黔界)—怀化南	27 420	怀化南—新晃(湘黔界)	38 639
怀化南—洞口	36 442	洞口—怀化南	50 579
洞口—隆回	37 253	隆回—洞口	52 914
隆回—邵阳南	37 602	邵阳南—隆回	55 318
邵阳南—娄底	31 843	娄底—邵阳南	51 580
娄底—新化	5 387	新化—娄底	5 221
娄底—韶山	36 905	韶山—娄底	50 374
韶山—湘潭	34 250	湘潭—韶山	37 086
小塘(湘粤界)—宜章	81 697	宜章—小塘(湘粤界)	87 070
宜章—郴州	88 715	郴州—宜章	86 424
郴州—耒阳	87 014	耒阳—郴州	84 794
耒阳—衡阳	86 076	衡阳—耒阳	83 692
衡阳—湘潭	117 199	湘潭—衡阳	105 809
枣木铺(湘桂界)—永州	61 533	永州—枣木铺(湘桂界)	48 195
永州—石埠	59 615	石埠—永州	50 799
石埠—衡阳	58 648	衡阳—石埠	51 668
张家界—常德	5 686	常德—张家界	10 636
常德—益阳	17 924	益阳—常德	21 688
益阳—长沙	28 451	长沙—益阳	29 446
常德—吉首	15 779	吉首—常德	9 394
吉首—茶峒	14 796	茶峒—吉首	13 104
吉首—怀化南	13 127	怀化南—吉首	13 487
邵阳县—永州东	9 382	永州东—邵阳县	9 418
永州东—宁远	9 196	宁远—永州东	7 800
宁远东—蓝山	6 686	蓝山—宁远东	5 809
衡东—炎陵	4 642	炎陵—衡东	3 066
大浦—松木塘	2 561	松木塘—大浦	2 101
松木塘—邵阳	7 015	邵阳—松木塘	6 048
长沙—株洲	4 079	株洲—长沙	4 684
郴州南—嘉禾	3 137	嘉禾—郴州南	3 411
嘉禾—宁远南	6 090	宁远南—嘉禾	4 855
宁远南—道州西	3 717	道州西—宁远南	3 299

续上表

路段起止点	货运密度（吨公里/公里）	路段起止点	货运密度（吨公里/公里）
道州—江永	3 158	江永—道州	2 733
郴州—汝城	13 478	汝城—郴州	12 543
宜章—堡城	9 894	堡城—宜章	6 329
张家界—花垣东	1 945	花垣东—张家界	1 004
怀化南—通道	1 782	通道—怀化南	1 303
醴陵—上塔市	1 546	上塔市—醴陵	1 636
蕉溪—张坊	1 164	张坊—蕉溪	778
洞阳—大瑶	169	大瑶—洞阳	282
凤凰—凤凰西	5 731	凤凰西—凤凰	491
醴陵工业园—攸县	2 924	攸县—醴陵工业园	1 093

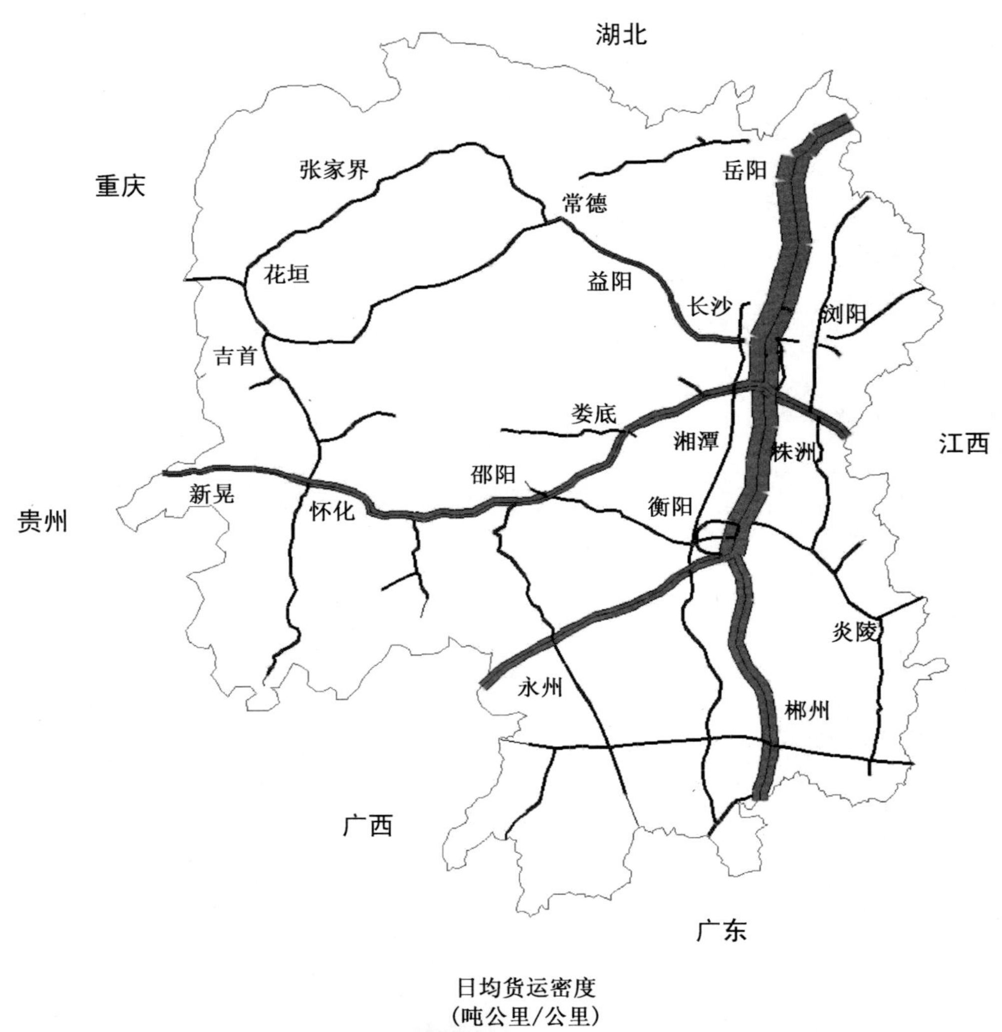

图 4.47　2013 年湖南省高速公路日均货运密度

4.14.3　交通量分布如表4.48和图4.48所示。

2013年湖南省高速公路交通量　　表4.48

路段起止点	正向			反向		
	客车折算交通量（辆/日）	货车折算交通量（辆/日）	小计	客车折算交通量（辆/日）	货车折算交通量（辆/日）	小计
羊楼司(湘鄂界)—岳阳	2 450	15 102	17 552	2 514	15 299	17 813
岳阳—长沙	6 771	24 412	31 183	6 972	23 421	30 393
长沙—永安	10 057	4 212	14 269	10 035	3 972	14 007
长沙—湘潭	13 587	28 030	41 617	13 370	28 089	41 459
湘潭—醴陵	5 905	10 393	16 298	5 563	10 193	15 756
望城区—湘潭	1 543	1 646	3 189	1 625	1 384	3 009
湘潭—衡阳蒸湘	2 955	2 072	5 027	2 964	2 022	4 986
衡阳—常宁	2 005	1 287	3 292	2 104	1 065	3 169
常宁—临武	1 411	1 207	2 618	1 462	948	2 410
新晃(湘黔界)—怀化南	2 389	4 884	7 273	2 408	6 526	8 934
怀化南—洞口	4 053	6 750	10 803	4 074	8 332	12 406
洞口—隆回	5 207	7 050	12 257	5 666	8 858	14 524
隆回—邵阳南	6 083	7 424	13 507	6 827	9 304	16 131
邵阳南—娄底	6 515	6 666	13 181	6 838	8 688	15 526
娄底—新化	3 114	1 331	4 445	3 146	1 285	4 431
娄底—韶山	8 108	7 000	15 108	8 526	8 844	17 370
韶山—湘潭	9 218	6 519	15 737	9 292	6 885	16 177
小塘(湘粤界)—宜章	2 931	11 569	14 500	3 658	13 448	17 106
宜章—郴州	4 394	13 868	18 262	3 821	12 520	16 341
郴州—耒阳	4 354	13 747	18 101	3 886	12 375	16 261
耒阳—衡阳	4 514	13 729	18 243	4 051	12 282	16 333
衡阳—湘潭	6 438	18 488	24 926	6 184	16 215	22 399
枣木铺(湘桂界)—永州	1 646	8 970	10 616	1 605	7 443	9 048
永州—石埠	2 312	8 817	11 129	2 317	7 542	9 859
石埠—衡阳	2 762	8 715	11 477	2 907	7 609	10 516
张家界—常德	2 459	1 697	4 156	2 854	2 109	4 963
常德—益阳	7 070	4 130	11 200	7 450	4 590	12 040
益阳—长沙	12 863	6 063	18 926	13 367	6 697	20 064
常德—吉首	1 813	2 816	4 629	1 767	2 365	4 132
吉首—茶峒	2 053	2 699	4 752	1 633	2 872	4 505
吉首—怀化南	2 394	2 920	5 314	2 319	2 648	4 967
邵阳县—永州东	1 600	1 987	3 587	1 641	1 797	3 438
永州东—宁远	1 916	1 753	3 669	1 964	1 461	3 425
宁远东—蓝山	1 564	1 274	2 838	1 557	1 084	2 641
衡东—炎陵	1 075	948	2 023	899	721	1 620
大浦—松木塘	958	527	1 485	1 001	615	1 616
松木塘—邵阳	1 328	1 106	2 434	1 307	1 361	2 668
长沙—株洲	3 707	1 305	5 012	3 816	1 297	5 113
郴州南—嘉禾	748	565	1 313	779	642	1 421

续上表

路段起止点	正向			反向		
	客车折算交通量（辆/日）	货车折算交通量（辆/日）	小计	客车折算交通量（辆/日）	货车折算交通量（辆/日）	小计
嘉禾—宁远南	845	1 012	1 857	803	971	1 774
宁远南—道州西	560	691	1 251	560	679	1 239
道州—江永	490	685	1 175	479	630	1 109
郴州—汝城	857	2 029	2 886	893	2 135	3 028
宜章—堡城	1 196	1 819	3 015	1 002	1 377	2 379
张家界—花垣东	426	391	817	612	372	984
怀化南—通道	478	395	873	350	309	659
醴陵—上塔市	662	354	1 016	732	372	1 104
蕉溪—张坊	435	297	732	592	235	827
洞阳—大瑶	215	117	332	253	109	362
凤凰—凤凰西	527	1 011	1 538	147	228	375
醴陵工业园—攸县	1 554	616	2 170	965	324	1 289

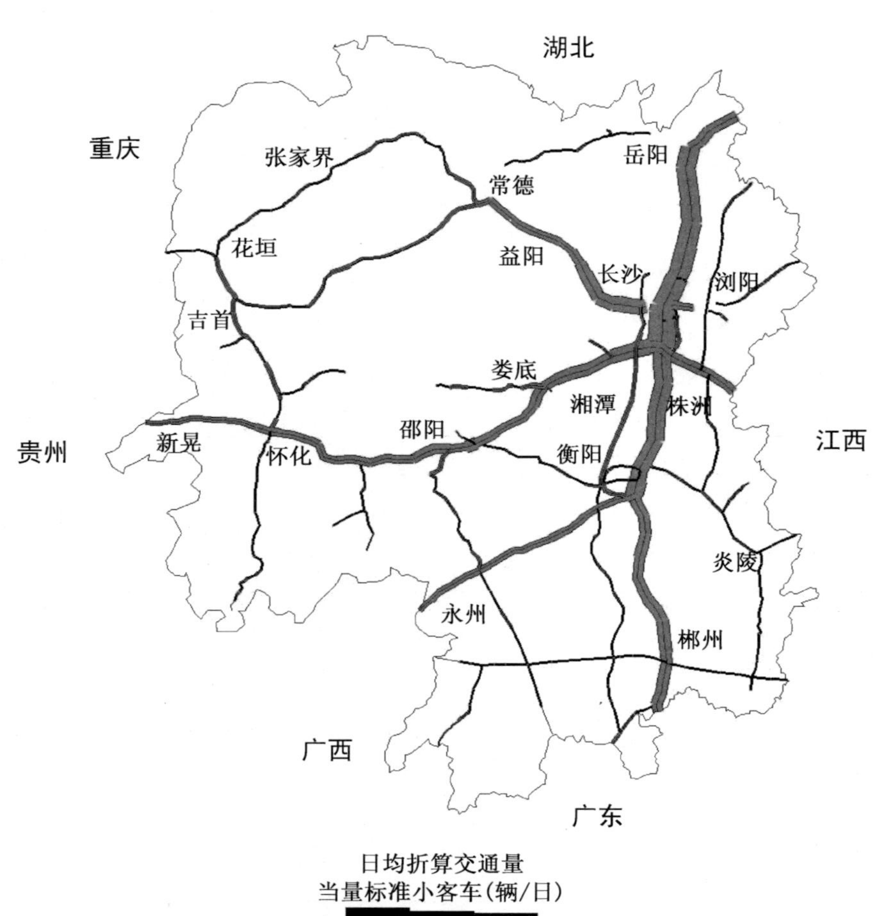

图 4.48　2013 年湖南省高速公路日均交通量

4.15　广东省高速公路运输密度

4.15.1　客运密度分布如表4.49和图4.49所示。

2013年广东省高速公路日均客运密度　　表4.49

路段起止点	客运密度（人公里/公里）	路段起止点	客运密度（人公里/公里）
广州—阳江	63 615	阳江—广州	58 375
阳江—湛江	38 630	湛江—阳江	31 879
粤西—湛江	7 556	湛江—粤西	9 547
湛江—徐闻	10 017	徐闻—湛江	11 075
广州—三水	113 328	三水—广州	121 318
三水—云浮	66 270	云浮—三水	63 642
云浮—平台	41 524	平台—云浮	42 267
粤北主线—广州	30 108	广州—粤北主线	32 788
韶关—梅关	8 389	梅关—韶关	7 883
广州—太平	150 037	太平—广州	119 660
太平—深圳皇岗	128 140	深圳皇岗—太平	120 699
广州—惠州	44 215	惠州—广州	42 689
惠州—河源	48 486	河源—惠州	47 368
惠州—凌坑	19 435	凌坑—惠州	18 697
惠州—龙岗	61 688	龙岗—惠州	54 977
河源—粤赣	21 196	粤赣—河源	20 801
东源—梅州	17 792	梅州—东源	17 295
城西—广福主线	5 168	广福主线—城西	4 920
梅州—揭阳	8 659	揭阳—梅州	8 472
揭阳—潮州	9 143	潮州—揭阳	8 475
揭阳—东港	18 891	东港—揭阳	17 624
汾水关—汕头	20 393	汕头—汾水关	21 511
汕头—陆丰	31 143	陆丰—汕头	34 921
陆丰—惠东	57 666	惠东—陆丰	62 314
惠东—深圳	52 854	深圳—惠东	51 185
珠海—东城	6 698	东城—珠海	7 396
江门—珠海西	16 835	珠海西—江门	16 891
司前—斗山	8 874	斗山—司前	7 223
广州—怀集	27 905	怀集—广州	25 209
清新—凤头岭	40 581	凤头岭—清新	41 220
义和—沥林	7 320	沥林—义和	6 643
月环—南屏主线	13 840	南屏主线—月环	13 143
沙溪—坦洲	21 181	坦洲—沙溪	17 449

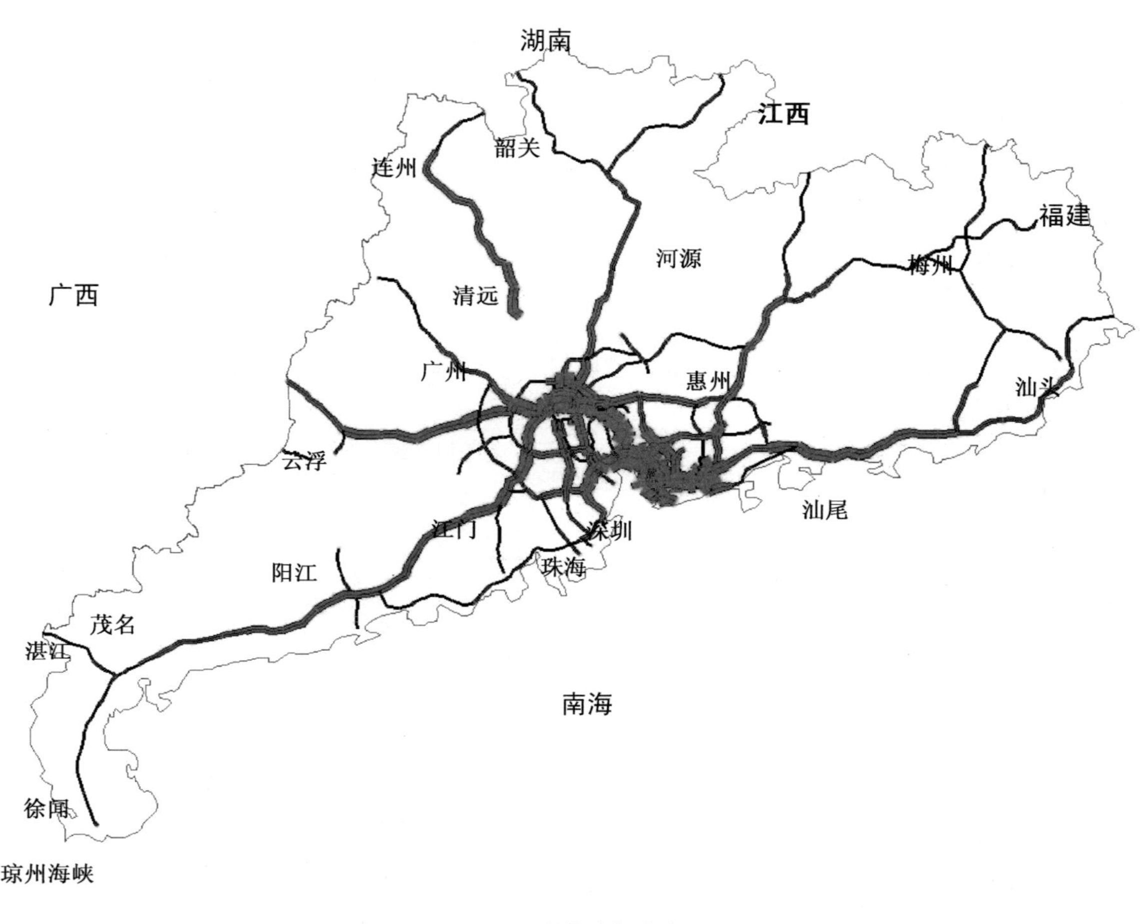

图 4.49　2013 年广东省高速公路日均客运密度

4.15.2　货运密度分布如表 4.50 和图 4.50 所示。

2013 年广东省高速公路日均货运密度　　表 4.50

路段起止点	货运密度（吨公里/公里）	路段起止点	货运密度（吨公里/公里）
广州—阳江	90 318	阳江—广州	95 034
阳江—湛江	66 644	湛江—阳江	59 399
粤西—湛江	20 472	湛江—粤西	24 525
湛江—徐闻	23 516	徐闻—湛江	31 794
广州—三水	87 317	三水—广州	96 967
三水—云浮	70 476	云浮—三水	83 210
云浮—平台	41 126	平台—云浮	53 653
粤北主线—广州	140 060	广州—粤北主线	137 951
韶关—梅关	86 602	梅关—韶关	72 236
广州—太平	94 325	太平—广州	84 882
太平—深圳皇岗	59 821	深圳皇岗—太平	54 039
广州—惠州	57 085	惠州—广州	56 341
惠州—河源	47 923	河源—惠州	61 427
惠州—凌坑	42 001	凌坑—惠州	36 808
惠州—龙岗	50 612	龙岗—惠州	33 352
河源—粤赣	32 334	粤赣—河源	51 752
东源—梅州	16 830	梅州—东源	15 389
城西—广福主线	14 873	广福主线—城西	26 456
梅州—揭阳	58 092	揭阳—梅州	44 019
揭阳—潮州	22 150	潮州—揭阳	24 427
揭阳—东港	34 514	东港—揭阳	28 043
汾水关—汕头	48 265	汕头—汾水关	47 977
汕头—陆丰	58 418	陆丰—汕头	60 532
陆丰—惠东	74 158	惠东—陆丰	79 212
惠东—深圳	31 600	深圳—惠东	24 939
珠海—东城	7 533	东城—珠海	6 351
江门—珠海西	13 489	珠海西—江门	13 023
司前—斗山	6 986	斗山—司前	7 693
广州—怀集	33 498	怀集—广州	40 814
清新—凤头岭	27 985	凤头岭—清新	38 979
义和—沥林	6 852	沥林—义和	6 106
月环—南屏主线	6 353	南屏主线—月环	6 511
沙溪—坦洲	13 142	坦洲—沙溪	10 615

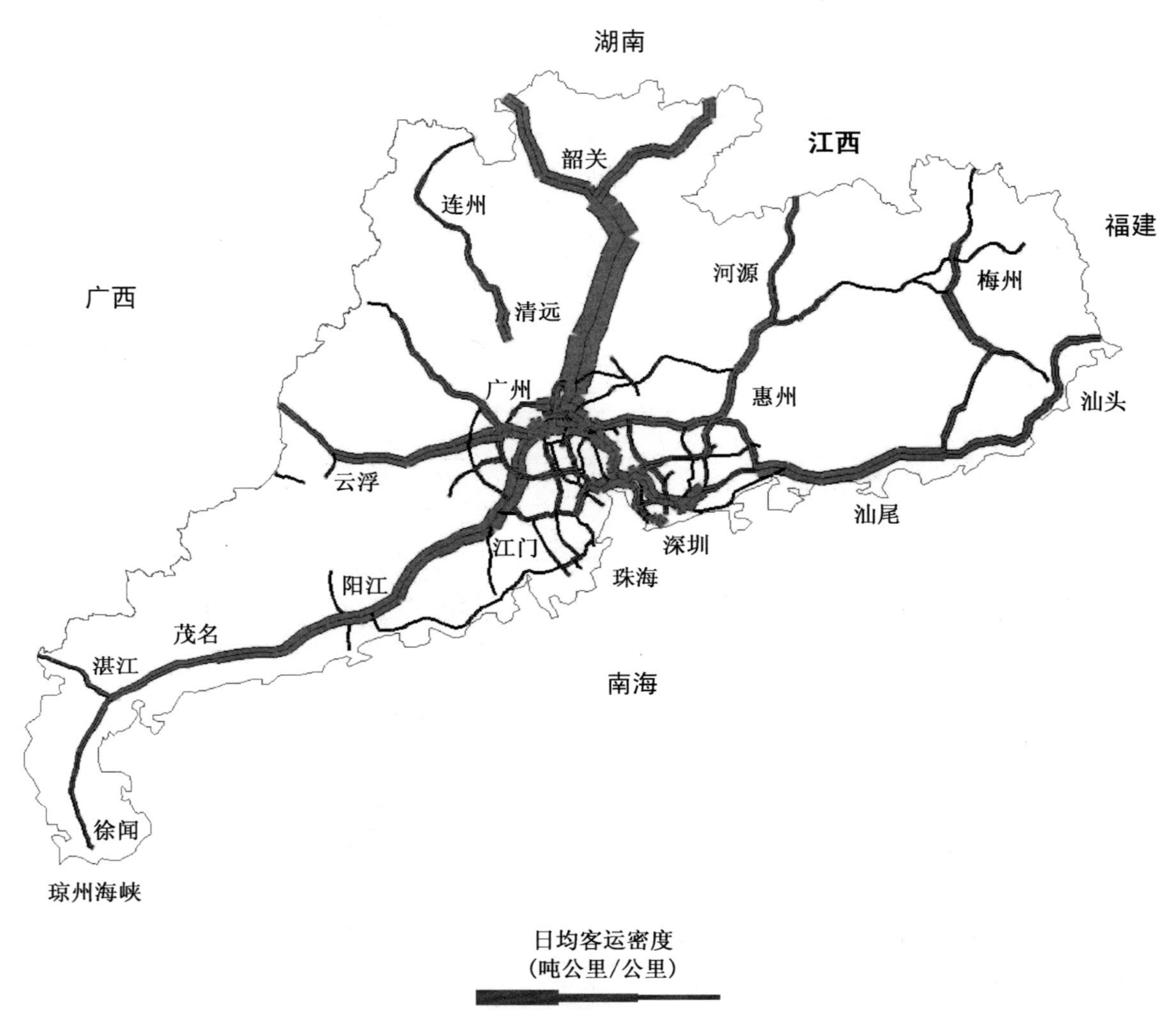

图 4.50 2013 年广东省高速公路日均货运密度

4.16　重庆市高速公路运输密度

4.16.1　客运密度分布如表4.51和图4.51所示。

2013年重庆市高速公路日均客运密度　　表4.51

路段起止点	客运密度（人公里/公里）	路段起止点	客运密度（人公里/公里）
G50江北—长寿	76 975	长寿—G50江北	73 935
长寿—垫江	35 187	垫江—长寿	33 884
垫江—万州	19 021	万州—垫江	18 437
万州—云阳	15 114	云阳—万州	14 819
云阳—巫山	6 184	巫山—云阳	5 566
小周—开县	14 452	开县—小周	10 885
夔门—巫溪	1 724	巫溪—夔门	10
垫江—牡丹源	7 733	牡丹源—垫江	7 077
垫江—忠县	11 053	忠县—垫江	11 757
忠县—冷水	10 601	冷水—忠县	10 673
长寿—涪陵	27 109	涪陵—长寿	25 331
G65渝北—草坝场	25 398	草坝场—G65渝北	25 858
G65巴南—南川	35 187	南川—G65巴南	33 615
南川—武隆	22 612	武隆—南川	22 593
武隆—黔江	14 669	黔江—武隆	14 699
黔江—濯水	11 746	濯水—黔江	11 650
濯水—G65洪安	11 628	G65洪安—濯水	11 312
G75巴南—綦江	52 403	綦江—G75巴南	48 693
綦江—观音桥	32 103	观音桥—綦江	27 099
綦江—南川	6 948	南川—綦江	6 894
西彭—白沙	17 136	白沙—西彭	13 462
G85九龙坡—永川	75 446	永川—G85九龙坡	73 417
永川—渝箭	39 809	渝箭—永川	39 228
G93沙坪坝—铜梁	45 125	铜梁—G93沙坪坝	43 252
铜梁—书房坝	24 563	书房坝—铜梁	23 438
G75北碚—合川	46 364	合川—G75北碚	44 603
合川—钱塘	19 953	钱塘—合川	18 934
西彭—一品	22 567	一品—西彭	22 195
一品—复盛	9 948	复盛—一品	9 841

续上表

路段起止点	客运密度（人公里/公里）	路段起止点	客运密度（人公里/公里）
复盛—G75 北碚	21 719	G75 北碚—复盛	19 527
G75 北碚—壁山	26 871	壁山—G75 北碚	24 793
壁山—西彭	23 143	西彭—壁山	21 756
G50 南岸—麻柳嘴	2 840	麻柳嘴—G50 南岸	3 031
茶店互通—涪陵南	3 899	涪陵南—茶店互通	4 764
涪陵南—丰都	10 359	丰都—涪陵南	8 624
丰都—石柱	6 550	石柱—丰都	7 384
马鞍—双河口	5 496	双河口—马鞍	6 296
沙坪坝—大足	5 246	大足—沙坪坝	635

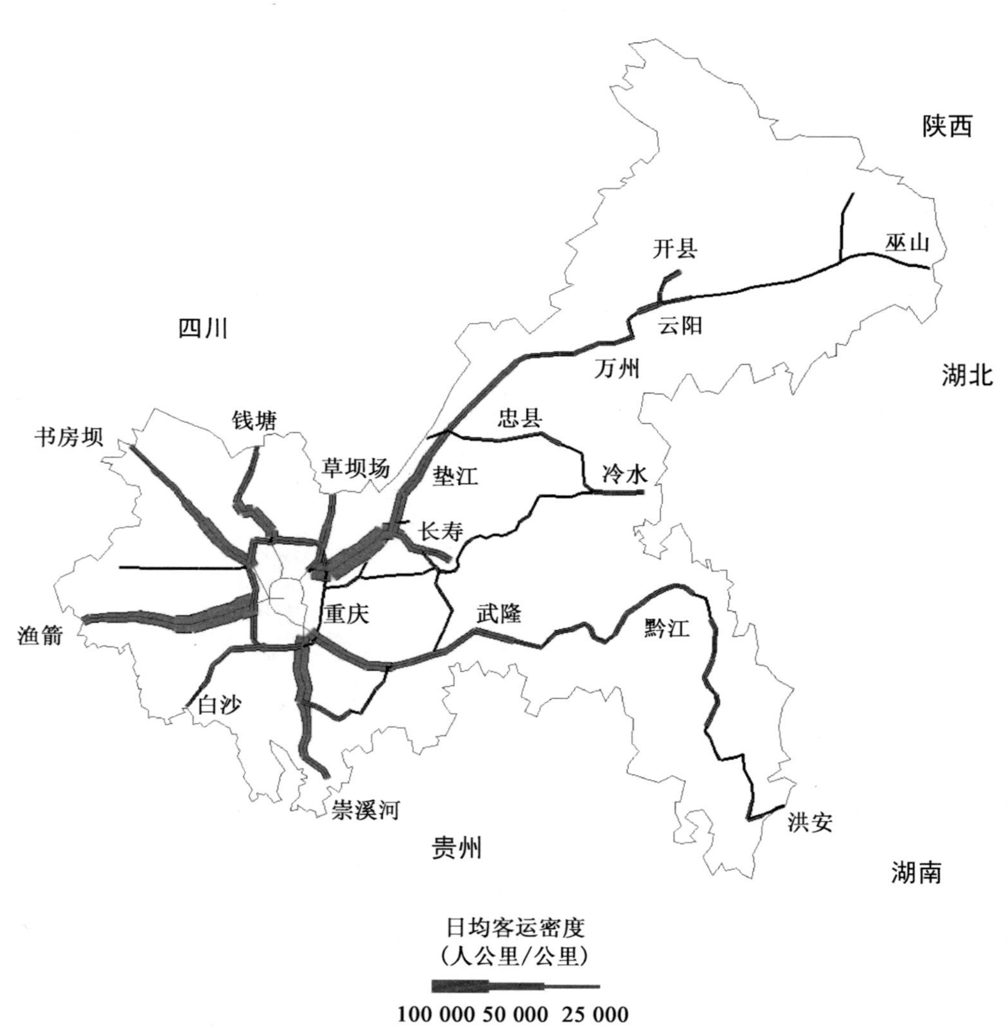

图 4.51　2013 年重庆市高速公路日均客运密度

4.16.2　货运密度分布如表 4.52 和图 4.52 所示。

2013 年重庆市高速公路日均货运密度　　表 4.52

路段起止点	货运密度（吨公里/公里）	路段起止点	货运密度（吨公里/公里）
G50 江北—长寿	32 506	长寿—G50 江北	34 907
长寿—垫江	13 392	垫江—长寿	8 335
垫江—万州	8 540	万州—垫江	5 157
万州—云阳	4 862	云阳—万州	2 458
云阳—巫山	1 841	巫山—云阳	743
小周—开县	5 674	开县—小周	3 794
夔门—巫溪	718	巫溪—夔门	4
垫江—牡丹源	22 677	牡丹源—垫江	17 060
垫江—忠县	13 406	忠县—垫江	21 746
忠县—冷水	17 872	冷水—忠县	28 473
长寿—涪陵	18 153	涪陵—长寿	19 651
G65 渝北—草坝场	14 615	草坝场—G65 渝北	21 823
G65 巴南—南川	17 828	南川—G65 巴南	21 910
南川—武隆	16 464	武隆—南川	21 394
武隆—黔江	17 674	黔江—武隆	22 756
黔江—濯水	14 974	濯水—黔江	21 295
濯水—G65 洪安	15 042	G65 洪安—濯水	21 902
G75 巴南—綦江	31 211	綦江—G75 巴南	28 348
綦江—观音桥	29 312	观音桥—綦江	24 688
綦江—南川	1 562	南川—綦江	3 802
西彭—白沙	9 229	白沙—西彭	4 483
G85 九龙坡—永川	37 333	永川—G85 九龙坡	30 122
永川—渝箐	29 261	渝箐—永川	20 791
G93 沙坪坝—铜梁	45 647	铜梁—G93 沙坪坝	37 882
铜梁—书房坝	47 143	书房坝—铜梁	36 010
G75 北碚—合川	17 869	合川—G75 北碚	19 978
合川—钱塘	10 465	钱塘—合川	6 140
西彭——品	20 782	一品—西彭	20 104
一品—复盛	15 508	复盛——品	17 227

续上表

路段起止点	货运密度（吨公里/公里）	路段起止点	货运密度（吨公里/公里）
复盛—G75 北碚	19 833	G75 北碚—复盛	20 716
G75 北碚—壁山	25 291	壁山—G75 北碚	20 975
壁山—西彭	20 319	西彭—壁山	19 229
G50 南岸—麻柳嘴	1 815	麻柳嘴—G50 南岸	2 072
茶店互通—涪陵南	3 630	涪陵南—茶店互通	4 908
涪陵南—丰都	10 802	丰都—涪陵南	17 251
丰都—石柱	10 229	石柱—丰都	17 597
马鞍—双河口	7 276	双河口—马鞍	8 930
沙坪坝—大足	1 740	大足—沙坪坝	210

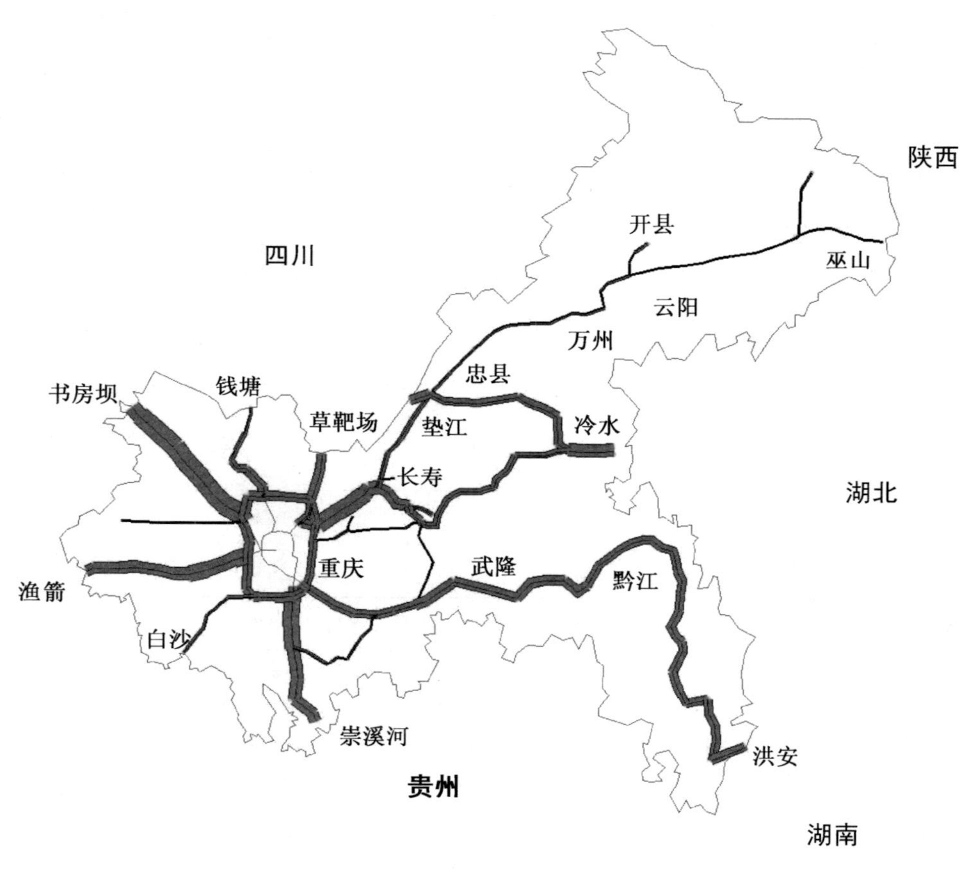

图 4.52　2013 年重庆市高速公路日均货运密度

4.16.3　交通量分布如表 4.53 和图 4.53 所示。

2013 年重庆市高速公路交通量　　表 4.53

路段起止点	正向		小计	反向		小计
	客车折算交通量（辆/日）	货车折算交通量（辆/日）		客车折算交通量（辆/日）	货车折算交通量（辆/日）	
G50 江北—长寿	14 053	7 903	21 956	13 302	8 113	21 415
长寿—垫江	6 179	2 823	9 002	5 796	2 485	8 281
垫江—万州	3 521	1 808	5 329	3 348	1 522	4 870
万州—云阳	2 912	1 199	4 111	2 800	1 070	3 870
云阳—巫山	1 171	490	1 661	1 009	376	1 385
小周—开县	3 072	1 487	4 559	2 385	1 108	3 493
夔门—巫溪	475	228	703	3	2	5
垫江—牡丹源	1 463	3 880	5 343	1 288	3 064	4 352
垫江—忠县	1 718	2 631	4 349	1 912	3 563	5 475
忠县—冷水	1 434	3 580	5 014	1 449	4 687	6 136
长寿—涪陵	5 330	4 096	9 426	4 967	4 300	9 267
G65 渝北—草坝场	4 588	3 749	8 337	4 706	3 830	8 536
G65 巴南—南川	6 389	3 843	10 232	6 026	4 575	10 601
南川—武隆	3 698	3 251	6 949	3 637	4 187	7 824
武隆—黔江	2 060	3 208	5 268	2 039	4 183	6 222
黔江—濯水	1 585	2 803	4 388	1 509	3 833	5 342
濯水—G65 洪安	1467	2 854	4 321	1 386	3 883	5 269
G75 巴南—綦江	10 526	6 331	16 857	9 843	6 090	15 933
綦江—观音桥	5 524	5 356	10 880	4 664	4 923	9 587
綦江—南川	1 456	676	2 132	1 444	651	2 095
西彭—白沙	3 619	1 886	5 505	2 820	1 443	4 263
G85 九龙坡—永川	12 049	8 290	20 339	11 729	7 603	19 332
永川—渝箭	5 622	5 136	10 758	5 493	4 386	9 879
G93 沙坪坝—铜梁	9 300	8 869	18 169	8 818	8 089	16 907
铜梁—书房坝	4 976	7 793	12 769	4 771	7 218	11 989
G75 北碚—合川	7 997	4 354	12 351	8 417	4 209	12 626
合川—钱塘	3 439	1 987	5 426	3 268	1 782	5 050
西彭—一品	4 210	4 360	8 570	4 241	3 972	8 213

续上表

路段起止点	正向		小计	反向		小计
	客车折算交通量（辆/日）	货车折算交通量（辆/日）		客车折算交通量（辆/日）	货车折算交通量（辆/日）	
一品—复盛	1 988	3 276	5 264	1 906	3 247	5 153
复盛—G75 北碚	4 456	4 627	9 083	3 830	4 568	8 398
G75 北碚—璧山	6 109	6 327	12 436	5 588	6 148	11 736
璧山—西彭	4 845	4 823	9 668	4 617	4 488	9 105
G50 南岸—麻柳嘴	627	450	1 077	666	417	1 083
茶店互通—涪陵南	847	816	1 663	1 053	947	2 000
涪陵南—丰都	1 980	2 403	4 383	1 570	3 135	4 705
丰都—石柱	1 203	2 258	3 461	1 335	3 196	4 531
马鞍—双河口	797	1 410	2 207	1 040	1 678	2 718
沙坪坝—大足	1 285	331	1 616	187	83	270

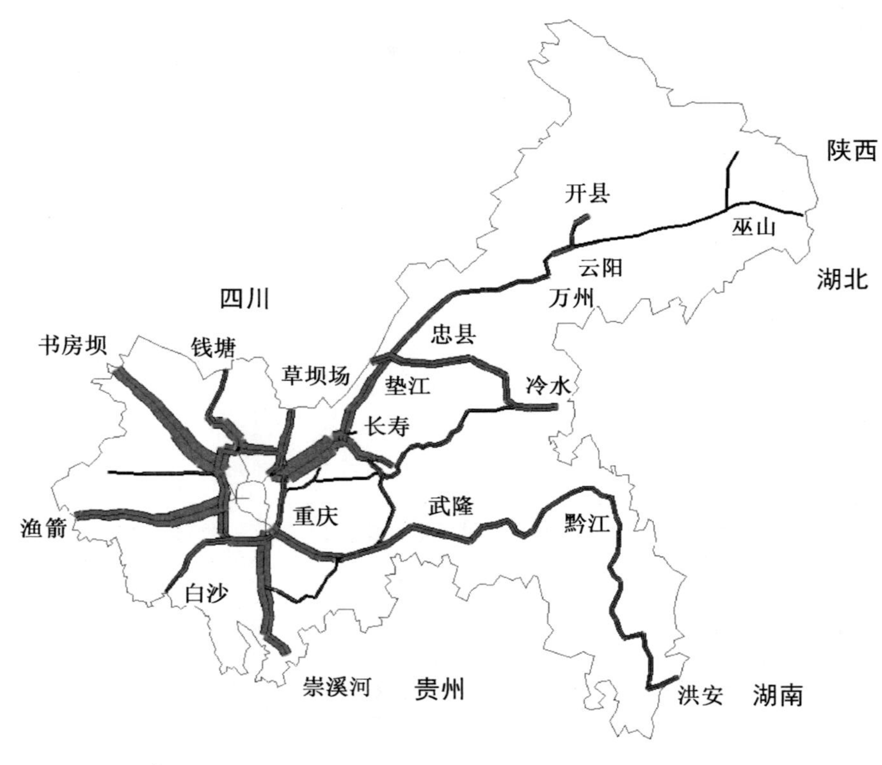

图 4.53　2013 年重庆市高速公路日均交通量

4.17　四川省高速公路运输密度

4.17.1　客运密度分布如表 4.54 和图 4.54 所示。

2013 年四川省高速公路日均客运密度　　表 4.54

路段起止点	客运密度（人公里/公里）	路段起止点	客运密度（人公里/公里）
棋盘关—广元	16 707	广元—棋盘关	15 614
广元—绵阳	27 544	绵阳—广元	28 160
绵阳—德阳	38 916	德阳—绵阳	40 904
德阳—成都	69 648	成都—德阳	70 779
绵阳南—什邡北	14 835	什邡北—绵阳南	14 260
什邡北—成都	34 707	成都—什邡北	37 288
成都—崇州	97 381	崇州—成都	92 914
崇州—邛崃	41 076	邛崃—崇州	41 897
桑园—名山	12 792	名山—桑园	11 172
名山—汉源北	19 609	汉源北—名山	19 704
汉源北—西昌	12 962	西昌—汉源北	13 393
西昌—盐边	9 552	盐边—西昌	9 260
盐边—田房	3 682	田房—盐边	3 954
成都机场—成都	40 816	成都—成都机场	34 721
成都—眉山	81 195	眉山—成都	76 507
眉山—乐山	39 457	乐山—眉山	36 629
乐山—宜宾北	10 874	宜宾北—乐山	9 797
名山—青龙	22 813	青龙—名山	22 688
成都—简阳	75 753	简阳—成都	73 167
简阳—内江	46 068	内江—简阳	42 464
内江—隆昌	40 471	隆昌—内江	40 184
隆昌—渔箭	28 704	渔箭—隆昌	28 632
隆昌—泸州	28 832	泸州—隆昌	27 651
泸州—纳溪	14 857	纳溪—泸州	13 911
纳溪—麻城	8 209	麻城—纳溪	8 005
内江—自贡	34 173	自贡—内江	33 141
自贡—宜宾北	27 858	宜宾北—自贡	26 890
宜宾北—四川主线	14 248	四川主线—宜宾北	14 015
成都—都江堰	54 623	都江堰—成都	45 210
都江堰—映秀	30 913	映秀—都江堰	15 785
映秀—汶川	6 227	汶川—映秀	5 686

续上表

路段起止点	客运密度（人公里/公里）	路段起止点	客运密度（人公里/公里）
成都绕城（顺时针）	94 899	成都绕城（逆时针）	93 385
成都—仁寿	29 693	仁寿—成都	30 146
仁寿—自贡东	20 813	自贡东—仁寿	21 439
自贡东—龙贯山	8 804	龙贯山—自贡东	8 552
象鼻—白鹤林	8 526	白鹤林—象鼻	6 502
白鹤林—泸渝四川	12 129	泸渝四川—白鹤林	9 022
内江北—安居	8 337	安居—内江北	7 752
成都—红涪	51 097	红涪—成都	49 631
红涪—西眉	11 983	西眉—红涪	11 794
红涪—南充	29 100	南充—红涪	27 976
南充—武胜	16 106	武胜—南充	15 586
南充—邻水	20 024	邻水—南充	20 830
邻水—垫江	10 561	垫江—邻水	10 978
邻水—达渝四川	21 832	达渝四川—邻水	21 703
邻水—达州	15 182	达州—邻水	16 997
达州—达州南	8 179	达州南—达州	10 218
魏兴虚—万源	5 630	万源—魏兴虚	5 425
成都—三台	18 912	三台—成都	19 758
三台—遂宁东	7 589	遂宁东—三台	7 731
遂宁东—西眉	19 776	西眉—遂宁东	19 714
三台—李桥	9 266	李桥—三台	9 658
三台—张家坪	8 626	张家坪—三台	8 461
南充绕城（顺时针）	10 031	南充绕城（逆时针）	9 709
南充北—李桥	19 900	李桥—南充北	21 660
李桥—苍溪	18 518	苍溪—李桥	18 554
苍溪—张家湾	13 399	张家湾—苍溪	13 133
广元—元坝	16 100	元坝—广元	15 923
元坝—巴中西	19 051	巴中西—元坝	17 509
巴中—李桥	7 476	李桥—巴中	7 087
达县—达万四川	1 910	达万四川—达县	1 841
乐山南—峨眉山	16 251	峨眉山—乐山南	15 268
峨眉山—雅安东	3 563	雅安东—峨眉山	3 317
遂宁西—资阳东	2 422	资阳东—遂宁西	1 763
昭化—广甘四川	2 647	广甘四川—昭化	1 777

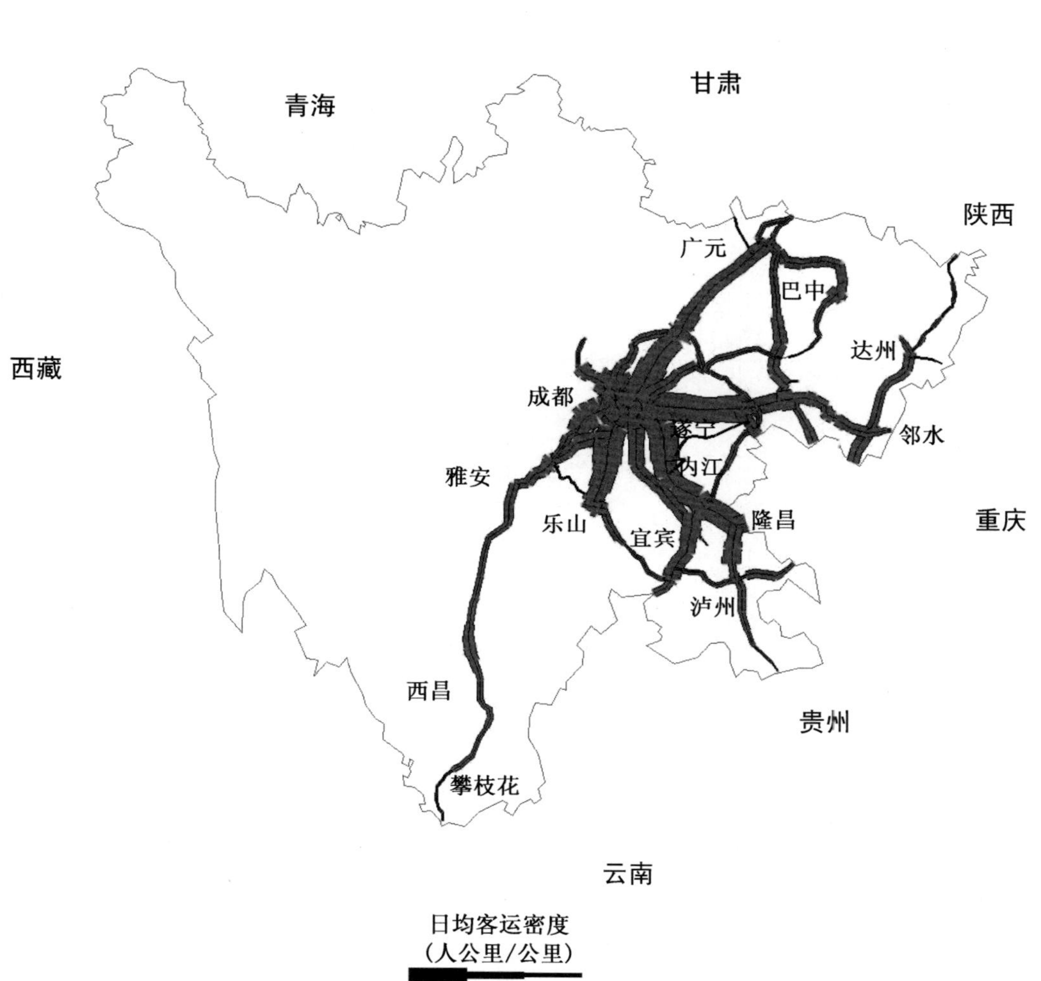

图 4.54　2013 年四川省高速公路日均客运密度

4.17.2 货运密度分布如表4.55和图4.55所示。

2013年四川省高速公路日均货运密度 表4.55

路段起止点	货运密度（吨公里/公里）	路段起止点	货运密度（吨公里/公里）
棋盘关—广元	64 965	广元—棋盘关	45 579
广元—绵阳	63 052	绵阳—广元	48 671
绵阳—德阳	39 422	德阳—绵阳	36 460
德阳—成都	42 374	成都—德阳	35 196
绵阳南—什邡北	28 878	什邡北—绵阳南	24 147
什邡北—成都	28 968	成都—什邡北	24 706
成都—崇州	33 330	崇州—成都	36 011
崇州—邛崃	17 421	邛崃—崇州	18 009
桑园—名山	12 620	名山—桑园	13 903
名山—汉源北	13 185	汉源北—名山	14 407
汉源北—西昌	9 853	西昌—汉源北	10 991
西昌—盐边	10 360	盐边—西昌	13 646
盐边—田房	7 942	田房—盐边	8 902
成都机场—成都	32 872	成都—成都机场	38 062
成都—眉山	33 567	眉山—成都	40 277
眉山—乐山	18 690	乐山—眉山	22 258
乐山—宜宾北	10 220	宜宾北—乐山	6 461
名山—青龙	5 721	青龙—名山	8 830
成都—简阳	30 464	简阳—成都	19 928
简阳—内江	27 073	内江—简阳	19 770
内江—隆昌	34 068	隆昌—内江	33 970
隆昌—渔箭	21 052	渔箭—隆昌	25 979
隆昌—泸州	17 098	泸州—隆昌	17 218
泸州—纳溪	8 789	纳溪—泸州	11 517
纳溪—麻城	5 288	麻城—纳溪	5 068
内江—自贡	27 055	自贡—内江	25 199
自贡—宜宾北	25 212	宜宾北—自贡	26 348
宜宾北—四川主线	20 557	四川主线—宜宾北	16 370
成都—都江堰	8 841	都江堰—成都	8 976
都江堰—映秀	7 312	映秀—都江堰	14 558
映秀—汶川	1 540	汶川—映秀	1 058
成都绕城（顺时针）	48 396	成都绕城（逆时针）	49 562

续上表

路段起止点	货运密度（吨公里/公里）	路段起止点	货运密度（吨公里/公里）
成都—仁寿	10 851	仁寿—成都	9 313
仁寿—自贡东	12 938	自贡东—仁寿	10 790
自贡东—龙贯山	7 042	龙贯山—自贡东	5 012
象鼻—白鹤林	6 056	白鹤林—象鼻	4 350
白鹤林—泸渝四川	5 869	泸渝四川—白鹤林	3 826
内江北—安居	6 561	安居—内江北	8 060
成都—红涪	56 515	红涪—成都	52 870
红涪—西眉	43 957	西眉—红涪	37 137
红涪—南充	31 792	南充—红涪	30 232
南充—武胜	6 028	武胜—南充	7 581
南充—邻水	21 659	邻水—南充	35 522
邻水—垫江	16 845	垫江—邻水	19 170
邻水—达渝四川	21 146	达渝四川—邻水	16 153
邻水—达州	21 209	达州—邻水	26 112
达州—达州南	19 909	达州南—达州	14 934
魏兴虚—万源	9 029	万源—魏兴虚	14 193
成都—三台	5 557	三台—成都	3 680
三台—遂宁东	5 695	遂宁东—三台	4 657
遂宁东—西眉	22 781	西眉—遂宁东	23 031
三台—李桥	5 164	李桥—三台	2 211
三台—张家坪	3 794	张家坪—三台	6 298
南充绕城(顺时针)	10 653	南充绕城(逆时针)	7 599
南充北—李桥	12 330	李桥—南充北	10 046
李桥—苍溪	11 006	苍溪—李桥	10 333
苍溪—张家湾	8 487	张家湾—苍溪	10 117
广元—元坝	12 829	元坝—广元	6 408
元坝—巴中西	15 387	巴中西—元坝	3 347
巴中—李桥	3 810	李桥—巴中	5 403
达县—达万四川	459	达万四川—达县	323
乐山南—峨眉山	8 181	峨眉山—乐山南	12 394
峨眉山—雅安东	4 050	雅安东—峨眉山	3 178
遂宁西—资阳东	1 662	资阳东—遂宁西	467
昭化—广甘四川	1 092	广甘四川—昭化	467

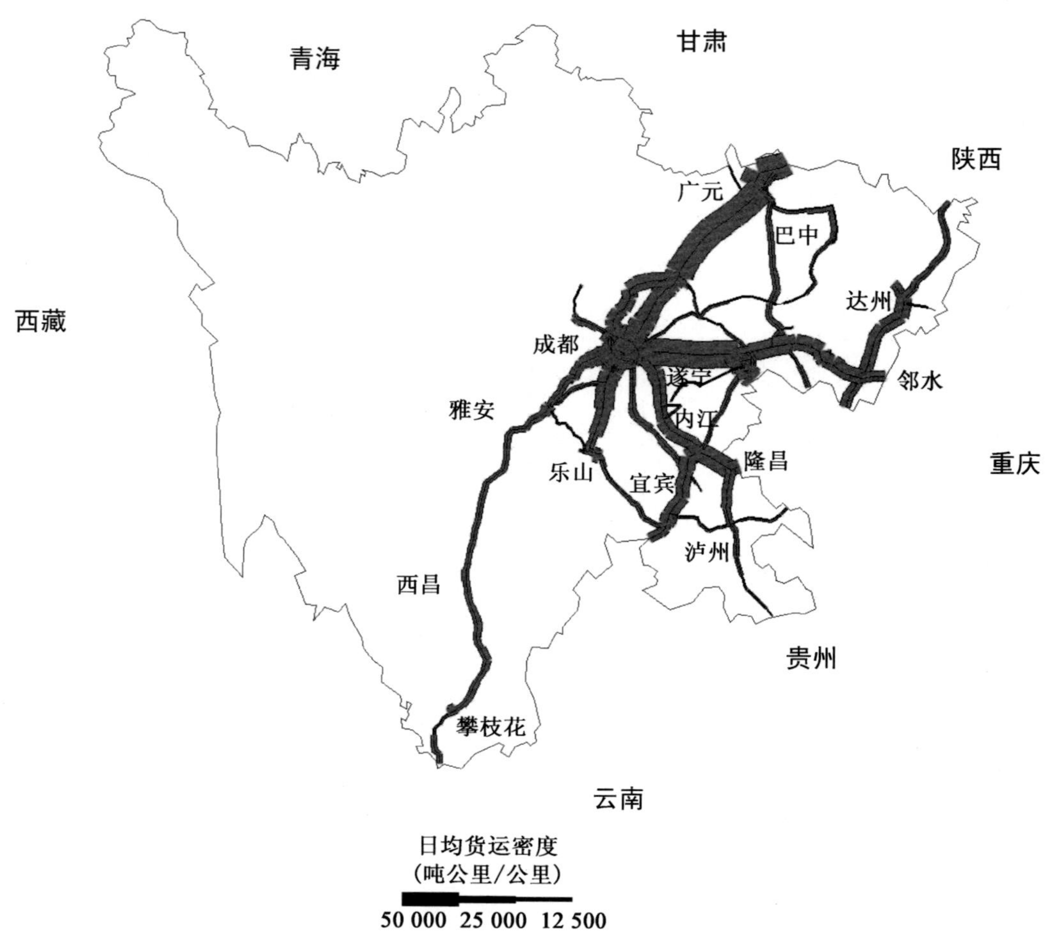

图 4.55 2013 年四川省高速公路日均货运密度

4.17.3　交通量分布如表4.56和图4.56所示。

2013年四川省高速公路交通量　　表4.56

路段起止点	正向			反向		
	客车折算交通量（辆/日）	货车折算交通量（辆/日）	小计	客车折算交通量（辆/日）	货车折算交通量（辆/日）	小计
棋盘关—广元	2 091	8 930	11 021	1 956	9 533	11 489
广元—绵阳	4 619	10 731	15 350	4 844	12 287	17 131
绵阳—德阳	7 450	7 959	15 409	7 967	9 199	17 166
德阳—成都	14 783	10 046	24 829	15 174	10 192	25 366
绵阳南—什邡北	3 545	5 601	9 146	3 354	6 112	9 466
什邡北—成都	8 447	6 586	15 033	9 087	7 304	16 391
成都—崇州	23 330	11 422	34 752	22 200	11 614	33 814
崇州—邛崃	9 472	4 996	14 468	9 619	5 353	14 972
桑园—名山	2 774	2 913	5 687	2 397	3 157	5 554
名山—汉源北	3 587	3 095	6 682	3 621	3 152	6 773
汉源北—西昌	2 319	2 247	4 566	2 401	2 302	4 703
西昌—盐边	1 771	2 838	4 609	1 768	2 506	4 274
盐边—田房	762	1 703	2 465	829	1 730	2 559
成都机场—成都	10 838	11 023	21 861	9 293	11 777	21 070
成都—眉山	16 444	10 737	27 181	15 498	9 360	24 858
眉山—乐山	7 524	5 832	13 356	7 162	4 626	11 788
乐山—宜宾北	2 056	1 975	4 031	1 836	1 650	3 486
名山—青龙	4 339	1 777	6 116	4 369	1 984	6 353
成都—简阳	12 858	6 874	19 732	12 337	6 481	18 818
简阳—内江	7 352	5 587	12 939	6 745	5 085	11 830
内江—隆昌	5 934	6 480	12 414	6 033	6 952	12 985
隆昌—渔箭	3 637	4 115	7 752	3 732	4 798	8 530
隆昌—泸州	4 625	4 063	8 688	4 400	3 774	8 174
泸州—纳溪	2 248	2 450	4 698	2 075	2 166	4 241
纳溪—麻城	1 396	1 232	2 628	1 354	1 174	2 528
内江—自贡	5 357	5 838	11 195	5 126	4 922	10 048
自贡—宜宾北	4 756	5 659	10 415	4 553	4 596	9 149
宜宾北—四川主线	2 764	4 412	7 176	2 675	3 224	5 899
成都—都江堰	11 360	3 270	14 630	10 251	3 711	13 962
都江堰—映秀	4 225	1 743	5 968	2 594	3 458	6 052
映秀—汶川	1 203	435	1 638	1 036	349	1 385
成都绕城(顺时针)	24 665	17 003	41 668	24 288	16 937	41 225

续上表

路段起止点	正向			反向		
	客车折算交通量（辆/日）	货车折算交通量（辆/日）	小计	客车折算交通量（辆/日）	货车折算交通量（辆/日）	小计
成都—仁寿	6 523	2 804	9 327	6 572	2 510	9 082
仁寿—自贡东	4 591	2 712	7 303	4 688	2 475	7 163
自贡东—龙贯山	1 943	1 319	3 262	1 866	1 202	3 068
象鼻—白鹤林	1 745	1 370	3 115	1 416	1 023	2 439
白鹤林—泸渝四川	2 238	1 428	3 666	1 747	1 010	2 757
内江北—安居	1 376	1 544	2 920	1 242	1 537	2 779
成都—红涪	10 404	11 115	21 519	10 137	11 716	21 853
红涪—西眉	2 126	2 921	5 047	2 098	2 875	4 973
红涪—南充	5 567	6 287	11 854	5 353	6 716	12 069
南充—武胜	2 595	1 562	4 157	2 519	1 633	4 152
南充—邻水	3 877	5 410	9 287	4 067	5 873	9 940
邻水—垫江	1 770	3 345	5 115	1 901	3 942	5 843
邻水—达渝四川	3 707	3 749	7 456	3 677	3 718	7 395
邻水—达州	2 941	4 711	7 652	3 270	4 488	7 758
达州—达州南	1 782	3 299	5 081	2 290	3 492	5 782
魏兴虚—万源	1 129	2 780	3 909	1 071	2 402	3 473
成都—三台	3 656	1 375	5 031	3 859	1 404	5 263
三台—遂宁东	1 463	1 050	2 513	1 479	1 047	2 526
遂宁东—西眉	3 664	6 829	10 493	3 675	6 771	10 446
三台—李桥	1 761	897	2 658	1 844	905	2 749
三台—张家坪	1 797	1 333	3 130	1 737	1 189	2 926
南充绕城（顺时针）	1 713	2 345	4 058	1 635	2 319	3 954
南充北—李桥	3 927	2 701	6 628	4 375	2 783	7 158
李桥—苍溪	3 470	2 527	5 997	3 430	2 487	5 917
苍溪—张家湾	2 356	2 148	4 504	2 266	1 965	4 231
广元—元坝	2 522	2 402	4 924	2 450	2 047	4 497
元坝—巴中西	3 459	2 452	5 911	3 023	2 057	5 080
巴中—李桥	1 411	1 224	2 635	1 363	972	2 335
达县—达万四川	408	139	547	399	144	543
乐山南—峨眉山	4 119	1 966	6 085	3 815	1 917	5 732
峨眉山—雅安东	747	615	1 362	666	763	1 429
遂宁西—资阳东	639	344	983	476	239	715
昭化—广甘四川	615	378	993	412	197	609

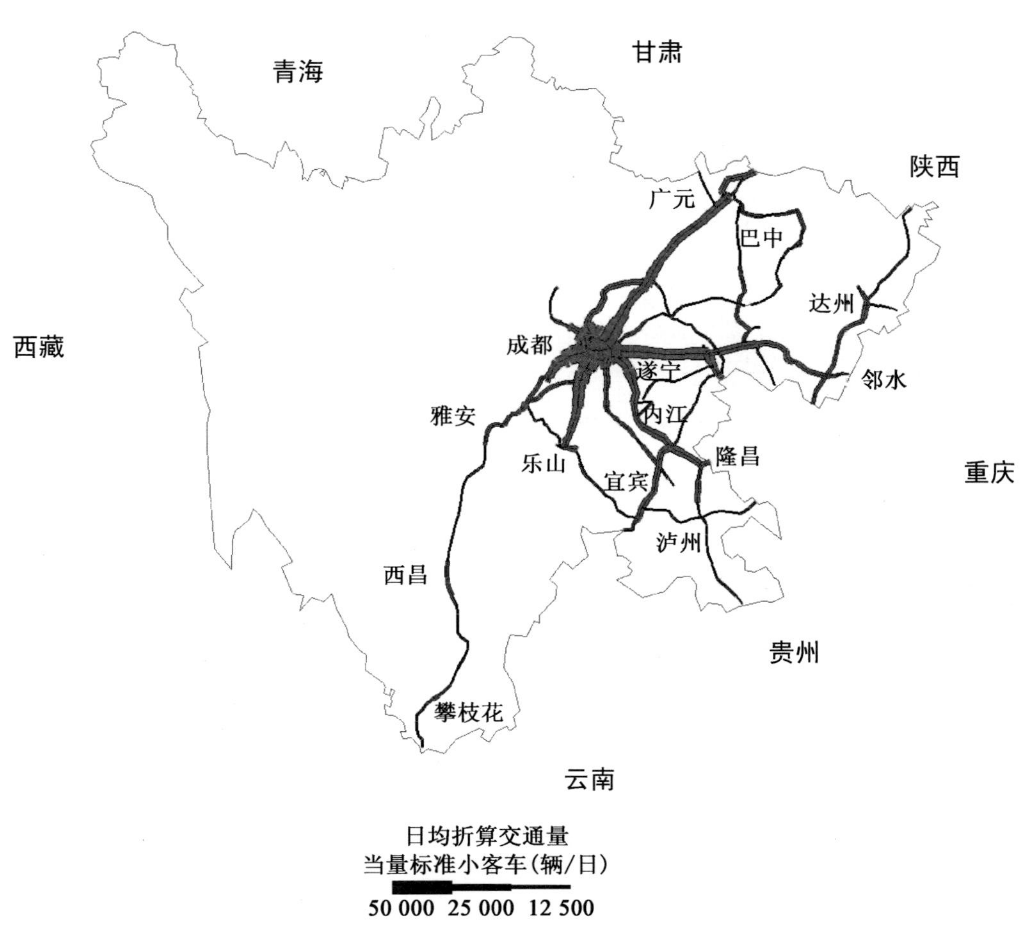

图 4.56　2013 年四川省高速公路日均交通量

4.18 陕西省高速公路运输密度

4.18.1 客运密度分布如表4.57和图4.57所示。

2013年陕西省高速公路日均客运密度　　表4.57

路段起止点	客运密度（人公里/公里）	路段起止点	客运密度（人公里/公里）
陕蒙界—榆林	8 037	榆林—陕蒙界	7 726
榆林—店塔	11 540	店塔—榆林	11 289
榆林—靖边	12 204	靖边—榆林	12 911
靖边—延安南	12 068	延安南—靖边	12 644
延安南—铜川	19 760	铜川—延安南	18 209
铜川—聂冯(绕城)	27 923	聂冯(绕城)—铜川	24 139
新筑—禹门口	20 525	禹门口—新筑	20 141
灞桥—潼关	37 371	潼关—灞桥	36 230
香王—商洛西	22 167	商洛西—香王	23 337
商洛西—界碑	8 568	界碑—商洛西	8 637
阎村—漫川关主线	5 546	漫川关主线—阎村	5 520
曲江—五里	13 555	五里—曲江	13 158
流水—陕川界	4 613	陕川界—流水	4 312
河池寨—汉中	22 979	汉中—河池寨	22 548
汉中—宁强	12 330	宁强—汉中	12 028
三桥—咸阳西	61 761	咸阳西—三桥	52 104
咸阳西—杨凌	49 059	杨凌—咸阳西	44 576
杨凌—宝鸡	29 119	宝鸡—杨凌	26 194
宝鸡—陈仓	6 065	陈仓—宝鸡	5 237
六村堡—永寿南	39 152	永寿南—六村堡	37 890
永寿南—彬县	22 374	彬县—永寿南	20 631
彬县—陕甘界	13 296	陕甘界—彬县	12 307
汉城—机场	42 953	机场—汉城	40 768
法门寺—太白山	3 943	太白山—法门寺	4 004
西安南环城(逆时针)	43 755	西安南环城(顺时针)	43 201
西安北环城(逆时针)	31 912	西安北环城(顺时针)	31 441
牛家梁—史家湾	4 120	史家湾—牛家梁	4 151
吴堡主线—靖边	3 391	靖边—吴堡主线	3 147
靖边—王圈梁	7 386	王圈梁—靖边	7 550
陕西壶口—富县	2 076	富县—陕西壶口	2 118
富县—张家湾	596	张家湾—富县	581

续上表

路段起止点	客运密度（人公里/公里）	路段起止点	客运密度（人公里/公里）
虢镇—陇关	2 678	陇关—虢镇	2 677
茅坪—安康	2 184	安康—茅坪	2 437
安康—汉中	3 579	汉中—安康	3 442
汉中东—略阳	2 428	略阳—汉中东	2 248
神木—府谷	4 514	府谷—神木	4 217
渭南东—孙镇	8 192	孙镇—渭南东	7 948
商州—商洛	5 858	商洛—商州	5 485
榆林—陕西佳县	1 321	陕西佳县—榆林	1 246

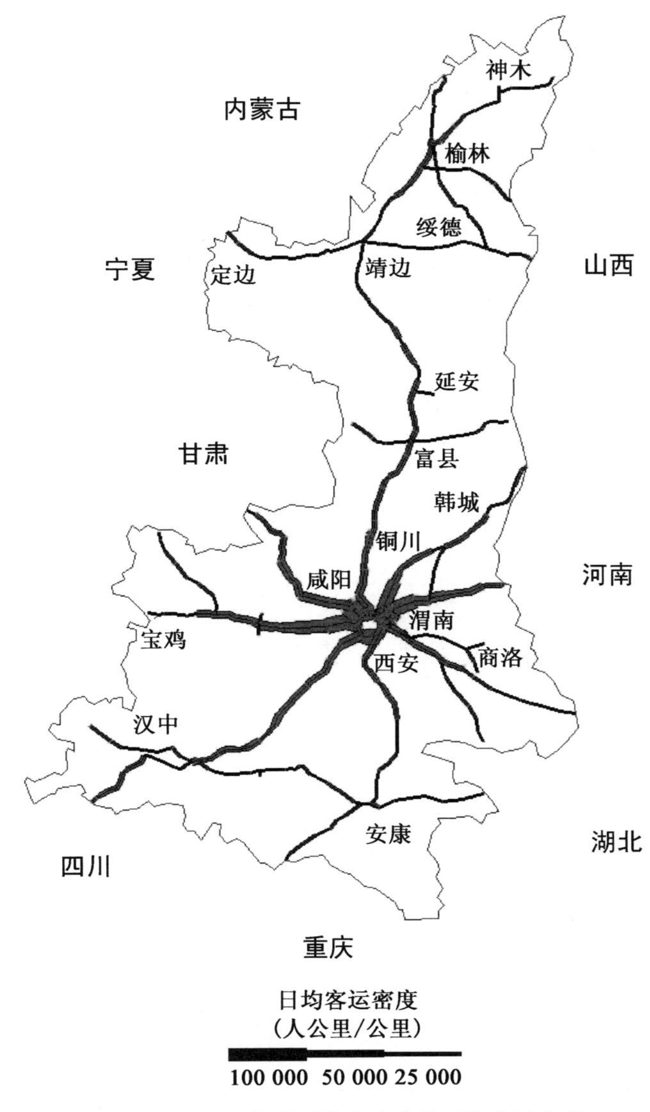

图 4.57　2013 年陕西省高速公路日均客运密度

4.18.2 货运密度分布如表4.58和图4.58所示。

2013年陕西省高速公路日均货运密度　　表4.58

路段起止点	货运密度（吨公里/公里）	路段起止点	货运密度（吨公里/公里）
陕蒙界—榆林	103 462	榆林—陕蒙界	15 017
榆林—店塔	10 421	店塔—榆林	18 162
榆林—靖边	66 386	靖边—榆林	21 218
靖边—延安南	78 560	延安南—靖边	28 497
延安南—铜川	90 394	铜川—延安南	50 033
铜川—聂冯(绕城)	88 889	聂冯(绕城)—铜川	36 033
新筑—禹门口	24 947	禹门口—新筑	41 485
灞桥—潼关	112 148	潼关—灞桥	130 381
香王—商洛西	115 160	商洛西—香王	66 414
商洛西—界碑	62 068	界碑—商洛西	39 433
阎村—漫川关主线	35 344	漫川关主线—阎村	22 729
曲江—五里	22 651	五里—曲江	11 645
流水—陕川界	15 617	陕川界—流水	10 453
河池寨—汉中	61 083	汉中—河池寨	44 217
汉中—宁强	75 431	宁强—汉中	46 667
三桥—咸阳西	63 860	咸阳西—三桥	50 033
咸阳西—杨凌	76 142	杨凌—咸阳西	56 010
杨凌—宝鸡	68 586	宝鸡—杨凌	51 279
宝鸡—陈仓	39 409	陈仓—宝鸡	29 806
六村堡—永寿南	53 939	永寿南—六村堡	93 030
永寿南—彬县	53 445	彬县—永寿南	76 216
彬县—陕甘界	48 185	陕甘界—彬县	51 168
汉城—机场	26	机场—汉城	10
法门寺—太白山	2 618	太白山—法门寺	1 352
西安南环城(逆时针)	36 988	西安南环城(顺时针)	45 951
西安北环城(逆时针)	95 072	西安北环城(顺时针)	125 608
牛家梁—史家湾	30 008	史家湾—牛家梁	4 077
吴堡主线—靖边	74 658	靖边—吴堡主线	82 877
靖边—王圈梁	70 641	王圈梁—靖边	57 698
陕西壶口—富县	3 416	富县—陕西壶口	4 379
富县—张家湾	906	张家湾—富县	417
虢镇—陇关	4 158	陇关—虢镇	11 834

续上表

路段起止点	货运密度（吨公里/公里）	路段起止点	货运密度（吨公里/公里）
茅坪—安康	5 138	安康—茅坪	3 349
安康—汉中	4 259	汉中—安康	4 387
汉中东—略阳	1 167	略阳—汉中东	897
神木—府谷	40 066	府谷—神木	8 672
渭南东—孙镇	10 409	孙镇—渭南东	15 074
商州—商洛	3 120	商洛—商州	2 575
榆林—陕西佳县	5 466	陕西佳县—榆林	730

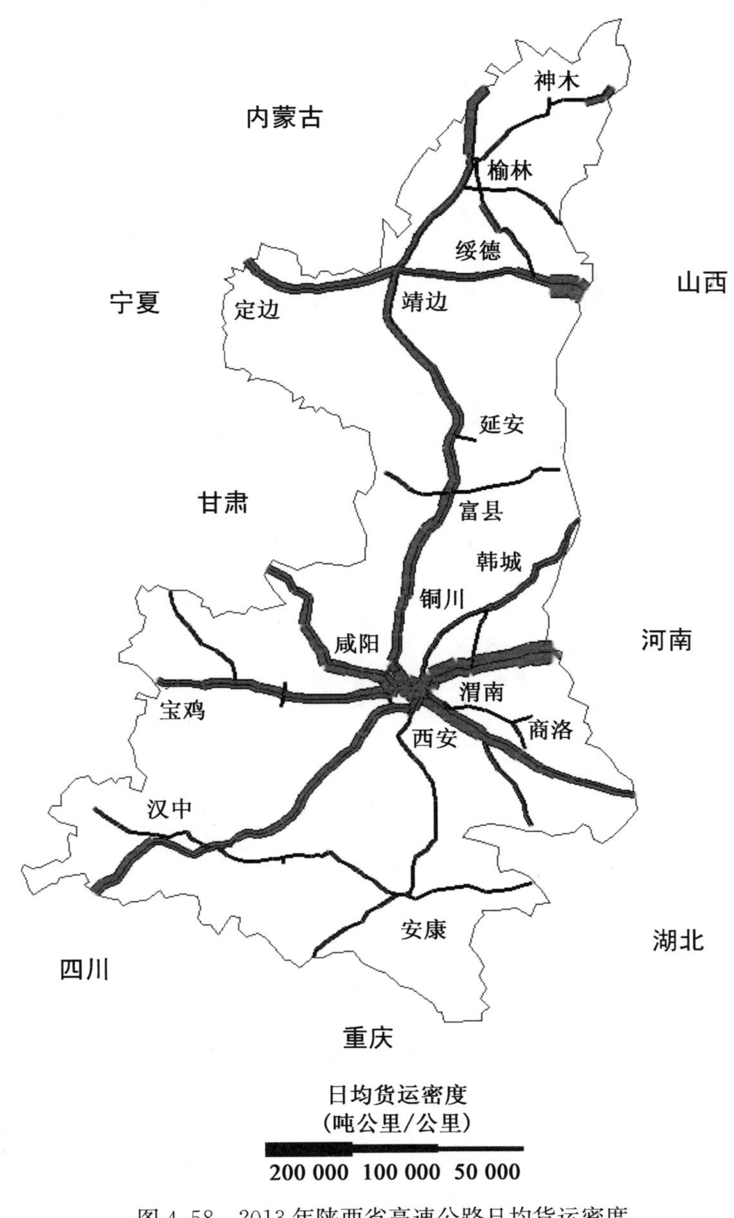

图 4.58　2013 年陕西省高速公路日均货运密度

4.18.3 道路负荷分布如表 4.59 和图 4.59 所示。

2013 年陕西省高速公路轴载　　表 4.59

路段起止点	轴　载（标准轴载当量轴次/日）	路段起止点	轴　载（标准轴载当量轴次/日）
陕蒙界—榆林	25 053	榆林—陕蒙界	3 705
榆林—店塔	3 276	店塔—榆林	4 125
榆林—靖边	15 133	靖边—榆林	5 001
靖边—延安南	18 980	延安南—靖边	5 538
延安南—铜川	22 914	铜川—延安南	10 820
铜川—聂冯(绕城)	26 446	聂冯(绕城)—铜川	7 625
新筑—禹门口	5 061	禹门口—新筑	9 888
灞桥—潼关	19 452	潼关—灞桥	28 826
香王—商洛西	25 738	商洛西—香王	12 531
商洛西—界碑	12 606	界碑—商洛西	7 264
阎村—漫川关主线	9 772	漫川关主线—阎村	4 399
曲江—五里	7 765	五里—曲江	2 650
流水—陕川界	5 192	陕川界—流水	2 756
河池寨—汉中	16 637	汉中—河池寨	7 791
汉中—宁强	19 776	宁强—汉中	8 632
三桥—咸阳西	18 082	咸阳西—三桥	12 309
咸阳西—杨凌	21 736	杨凌—咸阳西	13 390
杨凌—宝鸡	19 881	宝鸡—杨凌	11 077
宝鸡—陈仓	10 669	陈仓—宝鸡	6 232
六村堡—永寿南	12 989	永寿南—六村堡	26 613
永寿南—彬县	11 889	彬县—永寿南	21 264
彬县—陕甘界	9 630	陕甘界—彬县	13 781
汉城—机场	3	机场—汉城	1
法门寺—太白山	870	太白山—法门寺	565
西安南环城(逆时针)	8 126	西安南环城(顺时针)	11 577
西安北环城(逆时针)	23 255	西安北环城(顺时针)	28 454
牛家梁—史家湾	7 078	史家湾—牛家梁	977
吴堡主线—靖边	11 828	靖边—吴堡主线	20 177
靖边—王圈梁	10 151	王圈梁—靖边	13 286
陕西壶口—富县	913	富县—陕西壶口	1 015
富县—张家湾	271	张家湾—富县	147
虢镇—陇关	1 222	陇关—虢镇	3 865
茅坪—安康	1 340	安康—茅坪	1 110
安康—汉中	1 181	汉中—安康	1 223
汉中东—略阳	299	略阳—汉中东	218
神木—府谷	9 049	府谷—神木	2 096
渭南东—孙镇	1 833	孙镇—渭南东	4 156
商州—商洛	1 099	商洛—商州	585
榆林—陕西佳县	1 289	陕西佳县—榆林	169

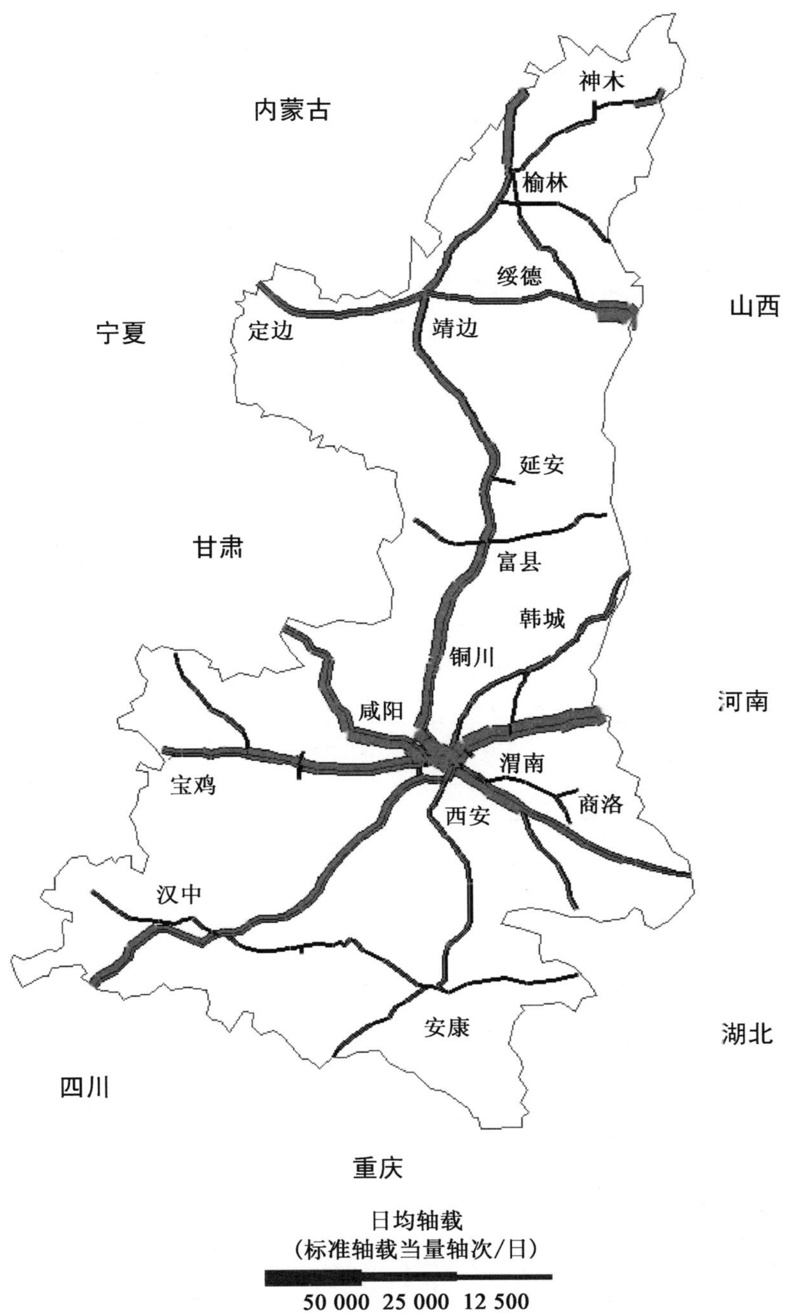

图 4.59　2013 年陕西省高速公路日均轴载

4.18.4 交通量分布如表4.60和图4.60所示。

2013年陕西省高速公路交通量 表4.60

路段起止点	正向		小计	反向		小计
	客车折算交通量（辆/日）	货车折算交通量（辆/日）		客车折算交通量（辆/日）	货车折算交通量（辆/日）	
陕蒙界—榆林	1 578	10 698	12 276	1 541	9 914	11 455
榆林—店塔	2 648	4 307	6 955	2 611	3 029	5 640
榆林—靖边	2 398	7 630	10 028	2 603	9 680	12 283
靖边—延安南	2 257	8 646	10 903	2 404	9 825	12 229
延安南—铜川	3 650	10 393	14 043	3 335	10 835	14 170
铜川—聂冯(绕城)	6 464	11 318	17 782	5 775	11 214	16 989
新筑—禹门口	4 506	5 374	9 880	4 337	5 623	9 960
灞桥—潼关	7 464	15 601	23 065	7 149	18 023	25 172
香王—商洛西	3 588	13 139	16 727	3 647	11 779	15 426
商洛西—界碑	1 216	6 943	8 159	1 192	6 042	7 234
阎村—漫川关主线	986	4 101	5 087	969	4 227	5 196
曲江—五里	2 390	3 082	5 472	2 280	3 588	5 868
流水—陕川界	940	2 235	3 175	874	2 408	3 282
河池寨—汉中	3 500	7 750	11 250	3 400	9 283	12 683
汉中—宁强	1 913	8 976	10 889	1 853	9 864	11 717
三桥—咸阳西	13 814	10 636	24 450	10 700	9 119	19 819
咸阳西—杨凌	9 934	11 460	21 394	8 523	9 523	18 046
杨凌—宝鸡	6 242	9 364	15 606	5 396	7 861	13 257
宝鸡—陈仓	1 261	4 948	6 209	1 057	3 946	5 003
六村堡—永寿南	7 972	13 056	21 028	7 742	11 318	19 060
永寿南—彬县	3 898	11 056	14 954	3 597	8 992	12 589
彬县—陕甘界	2 225	7 582	9 807	2 065	6 187	8 252
汉城—机场	10 350	51	10 401	9 753	41	9 794
法门寺—太白山	875	428	1 303	862	434	1 296
西安南环城(逆时针)	11 874	6 942	18 816	11 664	7 811	19 475
西安北环城(逆时针)	8 463	17 164	25 627	8 331	18 188	26 519
牛家梁—史家湾	1 089	3 137	4 226	1 117	1 913	3 030
吴堡主线—靖边	771	11 755	12 526	720	8 659	9 379
靖边—王圈梁	1 553	9 806	11 359	1 588	7 311	8 899
陕西壶口—富县	390	744	1 134	365	606	971
富县—张家湾	168	183	351	161	202	363
虢镇—陇关	666	1 177	1 843	657	1 383	2 040

续上表

路段起止点	正向		小　计	反向		小　计
	客车折算交通量（辆/日）	货车折算交通量（辆/日）		客车折算交通量（辆/日）	货车折算交通量（辆/日）	
茅坪—安康	459	919	1 378	511	617	1 128
安康—汉中	736	737	1 473	711	777	1 488
汉中东—略阳	477	270	747	420	234	654
神木—府谷	1 175	4 332	5 507	1 093	13 703	14 796
渭南东—孙镇	2 146	2 239	4 385	2 051	2 120	4 171
商州—商洛	1 353	696	2 049	1 268	589	1 857
榆林—陕西佳县	386	664	1 050	368	515	883

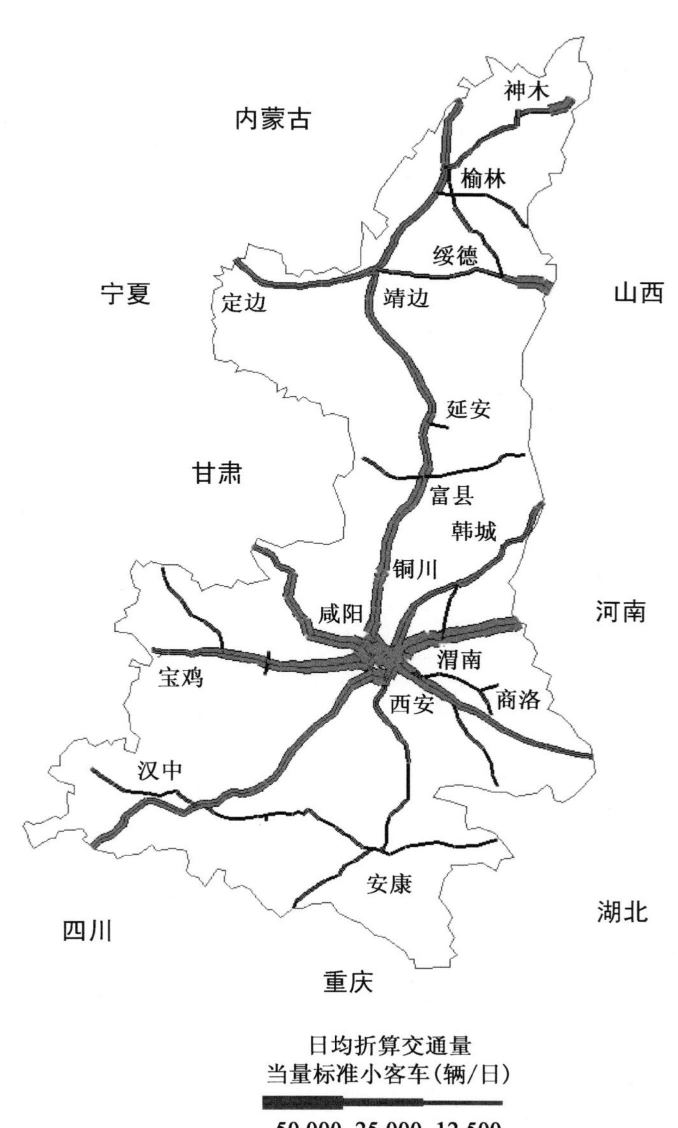

图4.60　2013年陕西省高速公路日均交通量

4.19 贵州省高速公路运输密度

4.19.1 客运密度分布见表4.61和图4.61。

2013年贵州省高速公路日均客运密度

表4.61

路段起止点	客运密度（人公里/公里）	路段起止点	客运密度（人公里/公里）
黔渝界松坎主线—桐梓	23 427	桐梓—黔渝界松坎主线	23 485
桐梓—遵义	29 437	遵义—桐梓	29 299
遵义—黔川界茅台主线	18 505	黔川界茅台主线—遵义	17 091
遵义—金沙	7 574	金沙—遵义	8 180
金沙—毕节	3 635	毕节—金沙	4 044
遵义—息烽	39 796	息烽—遵义	42 506
息烽—贵阳	59 867	贵阳—息烽	62 285
贵阳—清镇	54 109	清镇—贵阳	51 424
清镇—安顺	45 574	安顺—清镇	43 387
安顺—普定	5 058	普定—安顺	4 975
安顺—晴隆	21 977	晴隆—安顺	22 181
晴隆—黔滇界胜境关主线	10 248	黔滇界胜境关主线—晴隆	10 566
晴隆—兴仁	6 481	兴仁—晴隆	7 082
惠水—紫云	2 552	紫云—惠水	2 427
紫云—兴仁	6 111	兴仁—紫云	4 928
兴仁—兴义	10 779	兴义—兴仁	11 040
兴义—黔滇界岔江主线	2 915	黔滇界岔江主线—兴义	2 897
兴义—黔桂界板坝主线	4 133	黔桂界板坝主线—兴义	4 153
贵阳绕城(顺时针)	29 107	贵阳绕城(逆时针)	29 446
贵阳 —贵定	39 928	贵定—贵阳	42 035
贵定—台江	32 765	台江—贵定	34 592
台江—三穗	23 548	三穗—台江	24 675
三穗—铜仁	14 269	铜仁—三穗	14 998
龙里—都匀	7 884	都匀—龙里	7 831
都匀—榕江	4 361	榕江—都匀	4 381
榕江—黔桂界雷洞主线	2 012	黔桂界雷洞主线—榕江	2 027
从江—黎平	3 629	黎平—从江	3 664

续上表

路段起止点	客运密度（人公里/公里）	路段起止点	客运密度（人公里/公里）
都匀—黔桂界新寨主线	17 505	黔桂界新寨主线—都匀	17 917
独山—荔波	1 228	荔波—独山	1 380
赤水—怀仁	1 211	怀仁—赤水	2 889
遵义汇川区高坪镇—绥阳	12 341	绥阳—遵义汇川区高坪镇	11 031
遵义—思南	7 076	思南—遵义	4 888
思南—镇远	789	镇远—思南	834
贵阳—惠水	6 876	惠水—贵阳	5 888
安顺—六枝	1 877	六枝—安顺	509
盘县—水城	2 387	水城—盘县	1 358

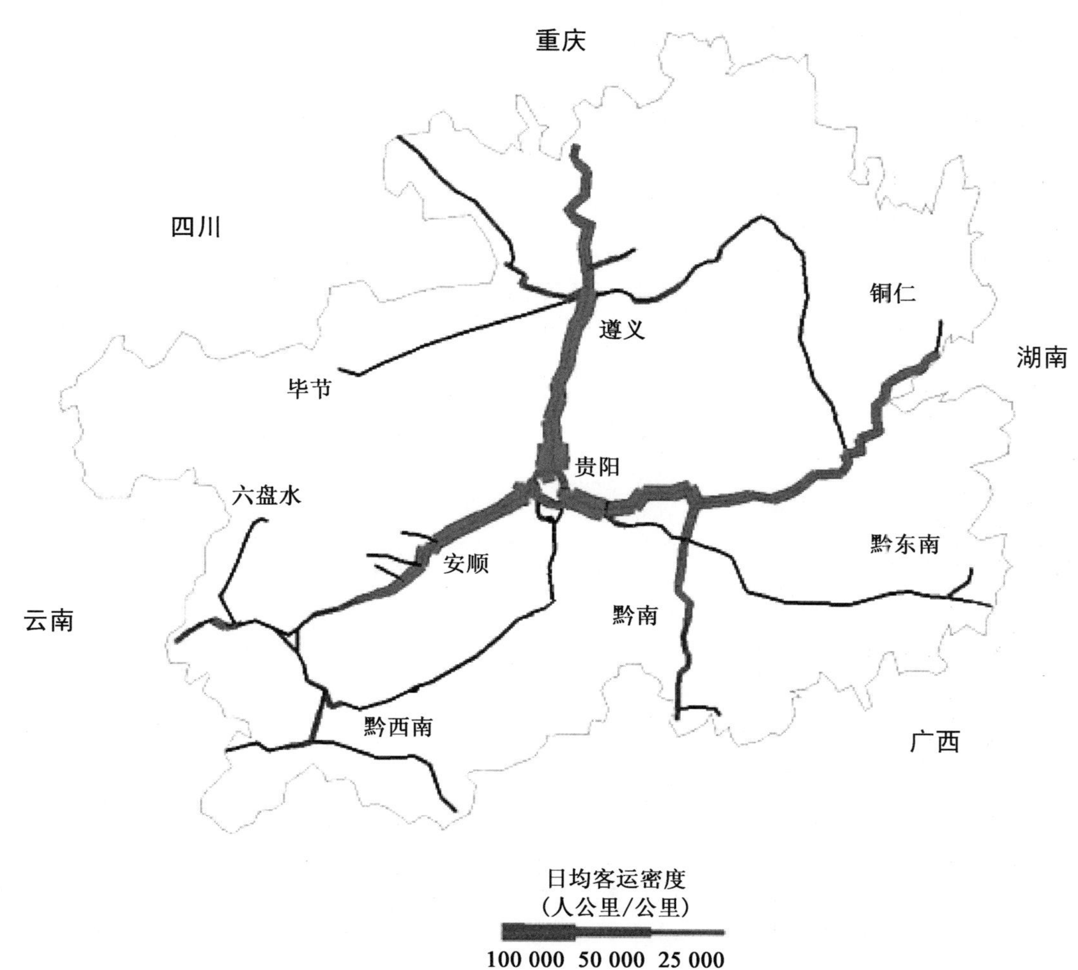

图 4.61　2013 年贵州省高速公路日均客运密度

4.19.2 货运密度分布见表4.62和图4.62。

2013年贵州省高速公路日均货运密度 表4.62

路段起止点	货运密度（吨公里/公里）	路段起止点	货运密度（吨公里/公里）
黔渝界松坎主线—桐梓	25 255	桐梓—黔渝界松坎主线	22 386
桐梓—遵义	25 490	遵义—桐梓	23 562
遵义—黔川界茅台主线	11 882	黔川界茅台主线—遵义	7 432
遵义—金沙	4 263	金沙—遵义	8 068
金沙—毕节	2 363	毕节—金沙	1 611
遵义—息烽	27 327	息烽—遵义	29 082
息烽—贵阳	30 545	贵阳—息烽	33 551
贵阳—清镇	24 245	清镇—贵阳	24 728
清镇—安顺	34 606	安顺—清镇	34 926
安顺—普定	1 608	普定—安顺	1 980
安顺—晴隆	25 193	晴隆—安顺	28 222
晴隆—黔滇界胜境关主线	20 925	黔滇界胜境关主线—晴隆	25 199
晴隆—兴仁	4 005	兴仁—晴隆	3 502
惠水—紫云	450	紫云—惠水	503
紫云—兴仁	2 204	兴仁—紫云	1 799
兴仁—兴义	6 184	兴义—兴仁	7 073
兴义—黔滇界岔江主线	5 072	黔滇界岔江主线—兴义	11 869
兴义—黔桂界板坝主线	15 274	黔桂界板坝主线—兴义	6 427
贵阳绕城（顺时针）	24 336	贵阳绕城（逆时针）	21 421
贵阳 —贵定	47 002	贵定—贵阳	51 078
贵定—台江	38 562	台江—贵定	43 712
台江—三穗	27 066	三穗—台江	35 498
三穗—铜仁	15 386	铜仁—三穗	19 860
龙里—都匀	1 700	都匀—龙里	1 447
都匀—榕江	2 628	榕江—都匀	1 786
榕江—黔桂界雷洞主线	997	黔桂界雷洞主线—榕江	1 346
从江—黎平	1 161	黎平—从江	992
都匀—黔桂界新寨主线	24 666	黔桂界新寨主线—都匀	22 837
独山—荔波	92	荔波—独山	81
赤水—怀仁	169	怀仁—赤水	349
遵义汇川区高坪镇—绥阳	1 170	绥阳—遵义汇川区高坪镇	479
遵义—思南	4 456	思南—遵义	1 174
思南—镇远	418	镇远—思南	296
贵阳—惠水	1 700	惠水—贵阳	779
安顺—六枝	899	六枝—安顺	147
盘县—水城	3 096	水城—盘县	616

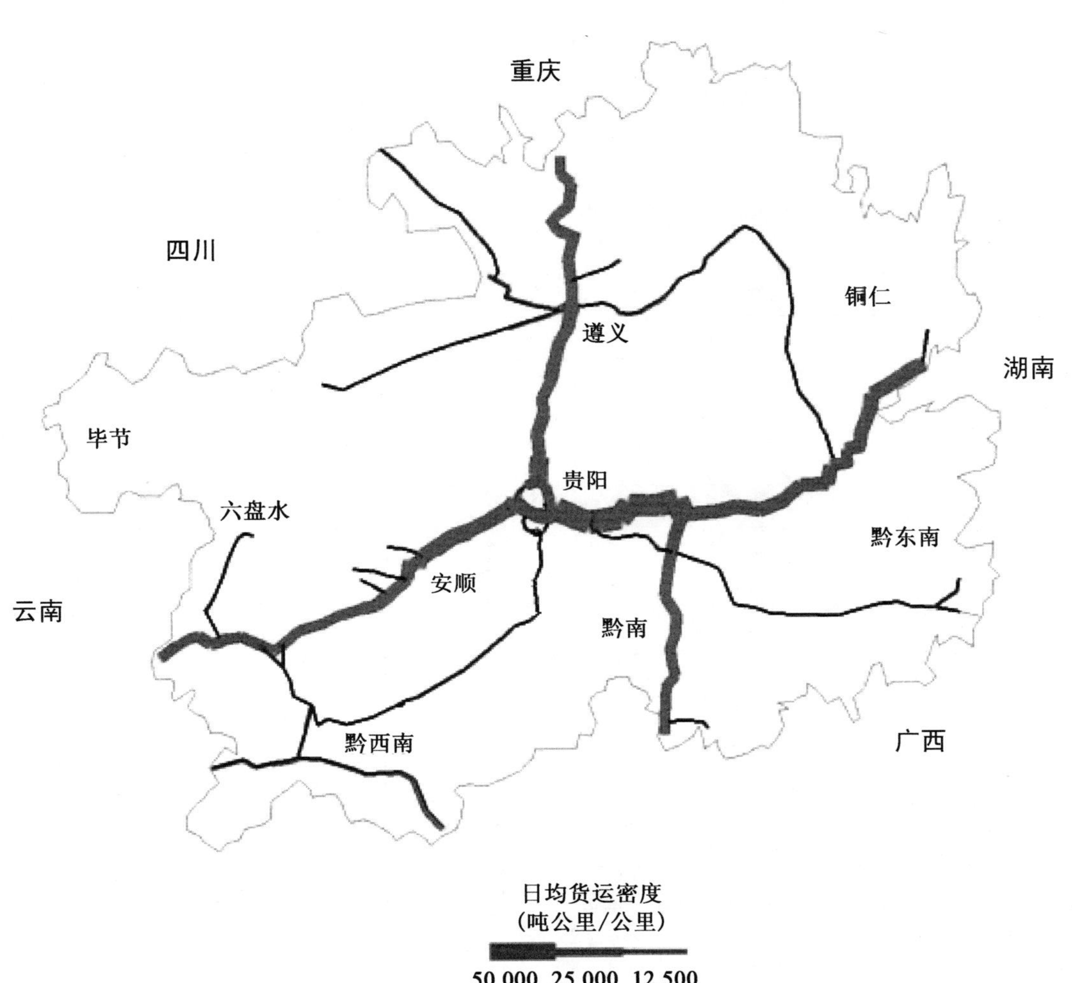

图 4.62　2013年贵州省高速公路日均货运密度

4.19.3 交通量分布如表4.63和图4.63所示。

2013年贵州省高速公路交通量

表4.63

路段起止点	正向			反向		
	客车折算交通量（辆/日）	货车折算交通量（辆/日）	小计	客车折算交通量（辆/日）	货车折算交通量（辆/日）	小计
黔渝界松坎主线—桐梓	3 856	4 024	7 880	3 720	3 958	7 678
桐梓—遵义	5 138	4 536	9 674	5 015	4 462	9 477
遵义—黔川界茅台主线	4 484	2 672	7 156	4 059	2 465	6 524
遵义—金沙	1 771	1 516	3 287	1 861	1 389	3 250
金沙—毕节	865	446	1 311	935	484	1 419
遵义—息烽	7 522	5 254	12 776	8 115	5 611	13 726
息烽—贵阳	10 581	6 352	16 933	11 258	6 862	18 120
贵阳—清镇	11 103	6 736	17 839	10 517	5 921	16 438
清镇—安顺	9 089	7 326	16 415	8 618	6 635	15 253
安顺—普定	1 149	588	1 737	1 092	567	1 659
安顺—晴隆	4 262	4 853	9 115	4 362	4 656	9 018
晴隆—黔滇界胜境关主线	2 134	3 692	5 826	2 246	3 898	6 144
晴隆—兴仁	1 541	900	2 441	1 693	863	2 556
惠水—紫云	651	215	866	628	229	857
紫云—兴仁	1351	732	2 083	1 153	550	1 703
兴仁—兴义	2 456	1 605	4 061	2 540	1 790	4 330
兴义—黔滇界岔江主线	578	1 216	1 794	578	1 893	2 471
兴义—黔桂界板坝主线	806	2 050	2 856	818	1 231	2 049
贵阳绕城(顺时针)	5 019	4 870	9 889	5 164	4 483	9 647
贵阳 —贵定	5 661	7 280	12 941	5 920	8 018	13 938
贵定—台江	4 440	5 683	10 123	4 616	6 799	11 415
台江—三穗	2 827	3 950	6 777	2 876	5 163	8 039
三穗—铜仁	1 762	2 327	4 089	1 827	2 928	4 755
龙里—都匀	1 401	499	1 900	1 392	501	1 893
都匀—榕江	843	551	1 394	852	535	1 387
榕江—黔桂界雷洞主线	377	285	662	379	260	639
从江—黎平	599	309	908	601	336	937
都匀—黔桂界新寨主线	1 953	3 781	5 734	2 024	3 291	5 315
独山—荔波	193	34	227	210	41	251
赤水—怀仁	270	116	386	697	268	965
遵义汇川区高坪镇—绥阳	2 518	547	3 065	2 206	466	2 672
遵义—思南	1 519	832	2 351	952	612	1 564
思南—镇远	169	108	277	175	90	265
贵阳—惠水	1 720	593	2 313	1 491	448	1 939
安顺—六枝	557	290	847	157	99	256
盘县—水城	736	566	1 302	415	321	736

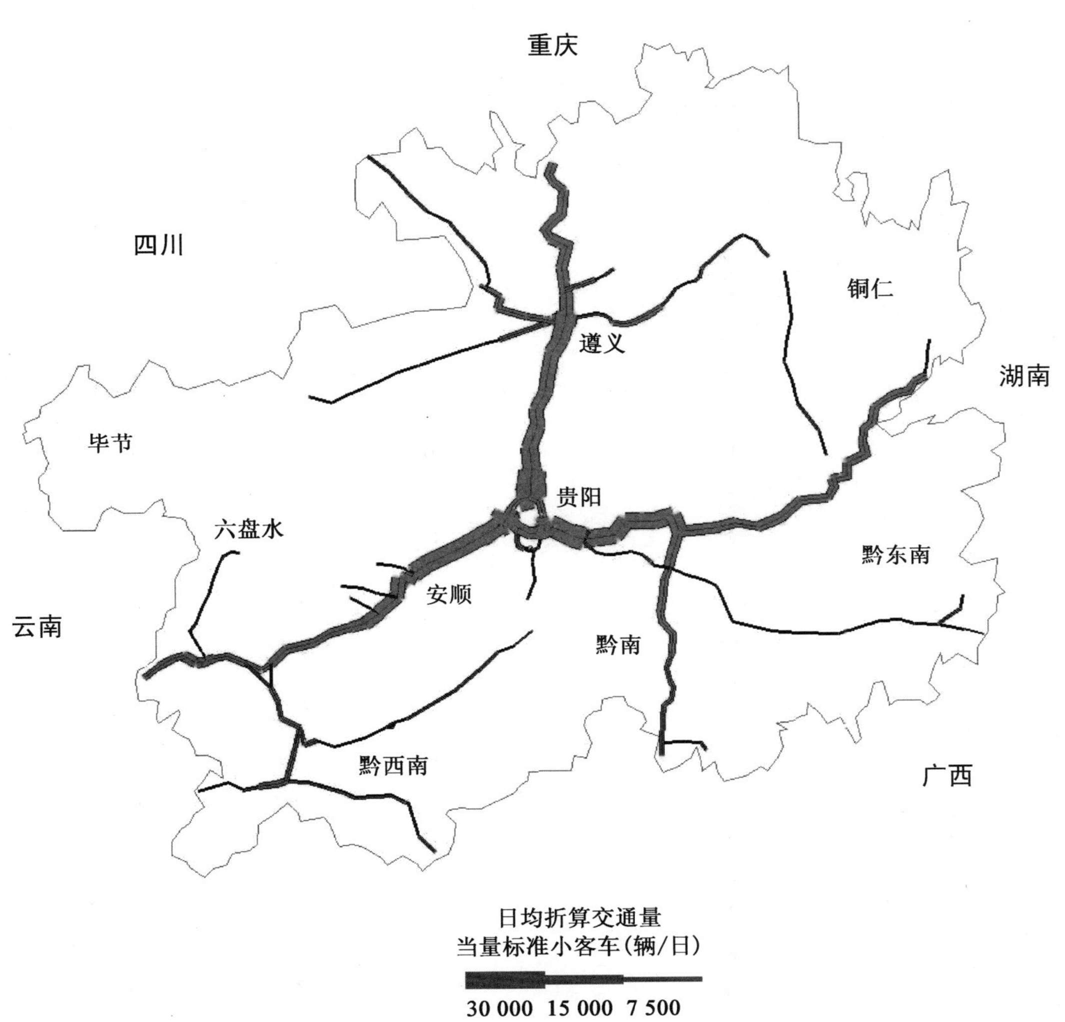

图4.63　2013年贵州省高速公路日均交通量

附　　录

附录1　各省(区、市)高速公路收费系统数据库信息类型

2013年,广东省高速公路进一步拓展计重收费里程。高速公路运输量统计主要数据来源更加完善,见附表1。

2013年度各省(区、市)收费系统数据库信息　　附表1

省　份	车型	客车车型	货车车型	货车轴型	货车轴重	货车总重	货车轴数
北京	●						
天津		●		●		●	
河北		●		●	●	●	
山西		●		●	●	●	
内蒙古		●				●	●
辽宁		●				●	●
吉林		●				●	●
黑龙江		●		●	●	●	
上海		●	●				
江苏		●		●	●	●	
浙江		●				●	●
安徽		●				●	●
福建		●		●	●	●	
江西		●		●	●	●	
山东		●		●	●	●	
河南		●		●	●	●	
湖北		●		●	●	●	
湖南		●		●	●	●	
广东		●	●		●	●	●
广西		●				●	●
重庆		●		●		●	
四川		●				●	●
贵州		●		●		●	
云南		●				●	●
陕西		●		●	●	●	
甘肃		●				●	●
宁夏		●		●	●	●	
青海		●		●	●	●	
新疆		●				●	●

注:1. 表中●项表示数据库中有该项信息;
　2. 海南省高速公路因不设收费站,无数据库信息。

附录 2　各省(区、市)客车收费车型划分标准

北京、天津、河北、山西、内蒙古、辽宁、吉林、黑龙江、上海、江苏、浙江、安徽、江西、福建、山东、湖南、广西、四川、贵州、陕西、宁夏、青海、新疆等省(区、市)执行部标 JT/T 489—2003《收费公路车辆通行费车型分类》(见附表 2)。

收费客车车型划分(JT/T 489—2003)　　附表 2

车型	Ⅰ	Ⅱ	Ⅲ	Ⅳ
座位数	≤7	8～19	20～39	≥40

其他省市见附表 3～附表 8。

河南省收费客车车型划分　　附表 3

车型	Ⅰ	Ⅱ	Ⅲ
座位数	≤9	10～29	≥30

湖北省收费客车车型划分　　附表 4

车型	Ⅰ	Ⅱ	Ⅲ	Ⅳ	Ⅴ
座位数	≤5	6～17	18～30	31～50	≥51

广东省收费客车车型划分　　附表 5

车型	Ⅰ	Ⅱ	Ⅲ	Ⅳ
轴数	2	2	2	3
轮胎数	2～4	4	6	6～10
车头高度(m)	<1.3	≥1.3	≥1.3	≥1.3
轴距(m)	<3.2	≥3.2	≥3.2	≥3.2

重庆市收费客车车型划分　　附表 6

车型	Ⅰ	Ⅱ	Ⅲ	Ⅳ
座位数	≤9	10～25	26～50	≥51

云南省收费客车车型划分　　附表 7

车型	Ⅰ	Ⅲ	Ⅴ
座位数	≤10	11～30	≥31

注:鸡石、通建、玉江高速公路路段执行上述标准;其余路段执行部颁标准(JT/T 489—2003)。

甘肃省收费客车车型划分　　附表 8

车型	Ⅰ	Ⅱ	Ⅲ	Ⅳ
座位数	≤6	7～20	21～50	51

附录 3　运输结构主要数据说明

在统计运输指标时,没有包括香港、澳门特别行政区和台湾省相关数据。各省(区、市)(不含海南省)已通车而相关数据未进入收费系统数据库的路段运输量也未计入。

高速公路运输结构指标性数据的处理和统计学测试等项参见《2008 中国高速公路运输量调查分析

报告》。

高速公路运输量统计调查工作采取统一核算方式。派专人到各省(区、市)高速公路管理部门和业主单位采集收费系统数据库数据和相关资料。全部数据汇总后,集中进行处理、核算和分析,撰写调查分析报告。

统一核算方式有助于提高高速公路运输量统计数据的质量,增强运输经济运行分析的可信度。同时,可以减轻各省(区、市)被调查部门和单位的工作量。

1.高速公路运输与国民经济

(1)每万元国内生产总值(按现价计算)的高速公路货运量

$$=\frac{\text{年度全国高速公路货运量(吨)}}{\text{年度国内生产总值(按当年价格计算)(万元)}}。$$

(2)每万元国内生产总值(按现价计算)的高速公路货物周转量

$$=\frac{\text{年度全国高速公路货物周转量(吨公里)}}{\text{年度国内生产总值(按当年价格计算)(万元)}}。$$

(3)全国平均每人高速公路乘车次数

$$=\frac{\text{年度全国高速公路客运量(人次)}}{\text{年度全国总人口}}。$$

(4)全国平均每人高速公路乘行距离(公里)

$$=\frac{\text{年度全国高速公路旅客周转量(人公里)}}{\text{年度全国总人口}}。$$

2.高速公路基础设施

(1)通车里程(公里)是指高速公路已建成通车的里程。

(2)车道里程(公里)是用于车辆通行的主线车道的长度,用于反映公路的综合通行能力。

(3)平均道数(条)$=\frac{\text{车道里程(公里)}}{\text{通车里程(公里)}}$。

3.高速公路交通状况

(1)货车在行驶量中比例(%)$=\frac{\text{货车行驶量(车公里)}}{\text{行驶量(车公里)}}\times 100\%$。

(2)路负荷以标准轴载当量轴次计。

在取得车辆轴重数据的省(区、市),绝大部分可按照部标《公路沥青路面设计规范》(JTG D50—2006)计算各个路段的道路负荷。

4.高速公路旅客运输

(1)客运量

为避免重复计算,全国高速公路客运量只汇总各省(区、市)的省(区、市)内客运量和出省(区、市)客运量。由23个省(区、市)(里程占全国高速公路通车里程的82.29%)可以同时求取高速公路客运量和旅客周转量两项指标;其他省(区、市)可以求取高速公路旅客周转量指标。通过23个省(区、市)的高速公路旅客周转量在全国高速公路旅客周转量中的比例,可以推算出全国高速公路客运量。

(2)客运密度

$$\text{客运密度(万人公里/公里)}=\frac{\text{旅客周转量(万人公里)}}{\text{通车里程(公里)}}$$

客运密度是指每公里高速公路上通过的旅客人数。客运密度分布就是将各个路段的客运密度汇总在某一干线、某一省(区、市)或全国高速公路路网上。

(3)旅客平均行程

$$\text{旅客平均行程(公里)}=\frac{\text{旅客周转量(亿人公里)}}{\text{客运量(亿人)}}$$

旅客平均行程是指旅客在高速公路网中的旅行距离，是旅客完成一次旅行总距离的一部分。它是由 23 个省(区、市)(里程占全国高速公路通车里程的 82.29%)的旅客周转量除以省(区、市)内客运量和出省(区、市)客运量之和得到的。

(4)省(区、市)内旅客平均行程

省(区、市)内旅客平均行程(公里)是由 23 个省(区、市)(里程占全国高速公路通车里程的82.29%)的省(区、市)内旅客周转量除以省(区、市)内客运量得到的。

(5)跨省(区、市)的旅客平均行程

跨省(区、市)的旅客平均行程(公里)是由 23 个省(区、市)(里程占全国高速公路通车里程的 82.29%)的跨省(区、市)旅客周转量除以出省(区、市)的客运量得到的。

(6)客车平均速度(公里/小时)

$$\text{每辆客车的速度}=\frac{\text{客车行驶距离(公里)}}{\text{运行时间(小时)}}$$

这里的运行时间是指出口时刻与入口时刻之差，包括行驶时间、服务区(或停车区)休息时间、路边暂停时间以及出口交费等待时间。

客车平均速度是由河北、江苏、山东、福建、湖北、湖南、四川、山西、河南、陕西、江西、广西、安徽和重庆等 14 个省(区、市)数据计算出的。

(7)高速公路客运结构分析

①≤7 座客运车辆在客车车数中的比例(%)。

②≤7 座客运车辆人数在客运量中的比例(%)。

③≤7 座客运车辆完成的周转量在旅客周转量中的比例(%)。

未执行部颁标准 JT/T 489—2003《收费公路车辆通行费车型分类》的省市，统计时把 I 型客车划入≤7 座客运车辆项目内。

④客运车辆平均座位数和乘坐率

大多数省(区、市)执行部颁标准 JT/T 489—2003《收费公路车辆通行费车型分类》，通过收费站的调查，求取各个车型客运车辆的平均座位数和乘坐率：

$$\text{车型客运车辆的平均乘坐率(\%)}=\frac{\text{该车型客运车辆乘客数}}{\text{该车型客运车辆座位数}}\times100\%$$

⑤轿车平均乘坐人数

它是指 5 座轿车的平均乘坐人数(人/车)$=\frac{\text{轿车乘客人数(人)}}{\text{轿车数(车)}}$。通过在收费站的调查求得。

5. 高速公路货物运输

(1)货运量

各省(区、市)高速公路货运量(亿吨)包括省(区、市)内货运量、出省(区、市)货运量、进省(区、市)货运量和穿越货运量。

为避免重复计算，全国高速公路货运量只汇总各省(区、市)的省(区、市)内货运量和出省(区、市)货运量。由 23 个省(区、市)(里程占全国高速公路通车里程的 82.29%)可以同时求取高速公路货运量和货物周转量两项指标；其他省(区、市)可以求取高速公路货物周转量指标。通过 23 个省(区、市)的高速公路货物周转量在全国高速公路货物周转量中的比例，放大推算全国高速公路货运量。

(2)货运密度

$$\text{货运密度(万吨公里/公里)}=\frac{\text{货物周转量(万吨公里)}}{\text{通车里程(公里)}}$$

货运密度是指每公里高速公路上通过的货物量。货运密度分布就是将各个路段的货运密度汇总在某一干线、某一省区市或全国高速公路路网上。

(3)货物平均运距

$$货物平均运程=\frac{货物周转量(亿吨公里)}{货运量(亿吨)}$$

货物平均运程是指货物在高速公路网中的运输距离,是货物完成一次运输过程总距离的一部分。它是由23个省(区、市)(里程占全国高速公路通车里程的82.29%)的货物周转量除以省(区、市)内货运量和出省(区、市)货运量之和求出的。

(4)省(区、市)内货物平均运距

省(区、市)内货物平均运距(公里)是由23个省(区、市)(里程占全国高速公路通车里程的82.29%)的省(区、市)内货物周转量除以省(区、市)内货运量求出的。

(5)跨省(区、市)的货物平均运距

跨省(区、市)的货物平均运距(公里)是由23个省(区、市)(里程占全国高速公路通车里程的82.29%)的跨省货物周转量除以出省(区、市)货运量求出的。

(6)货车平均速度

$$每辆货车的平均速度(公里/小时)=\frac{货车行驶距离(公里)}{运行时间(小时)}$$

这里的运行时间是指出口时刻与入口时刻之差,包括行驶时间、服务区(或停车区)休息时间、路边暂停时间以及出口交费等待时间。

货车平均速度是由河北、江苏、山东、福建、湖北、湖南、山西、河南、陕西、江西、广西、安徽和重庆等13个省(区、市)数据求出的。

(7)高速公路货运结构分析

①货车轴型构成

货车轴型构成是指各种轴型货车在高速公路网的货车车数、货车行驶量以及完成的货物周转量中的比重。轴型按轴数、轮胎数、单一车体和汽车列车划分为2轴4胎、2轴6胎、3轴和4轴单车以及半挂列车四大类。

②货车空驶状况

货车空驶状况用空车走行率来衡量。

$$空车走行率(\%)=\frac{空车行驶量(车公里)}{重车行驶量(车公里)}\times100\%$$

③货车超限运输状况

车辆的轴载质量限值按国标GB 1589—2004《道路车辆外廓尺寸、轴载及质量限值》规定为:

a. 单轴(每侧单轮胎)7吨;

b. 单轴(每侧双轮胎)10吨;

c. 并装双轴(每侧双轮胎)18吨(每少两个轮胎减4吨);

d. 并装三轴(每侧双轮胎)24吨(每少两个轮胎减少4吨)。

根据车辆轴型确定车辆总质量限值。

按照行政治超的限值规定,车辆总质量的限值为:

a. 2轴货车:20吨;

b. 3轴货车:30吨;

c. 4轴货车:40吨;

d. 5轴货车:50吨;

e. 6轴货车:55吨。

分别按两种规定的限值,计算超限0～30%(含30%)、30%～50%(含50%)、50%～100%(含100%)以及>100%的超限运输车辆在货车总数中的比重(超限率)。

6. 县乡运输量比重(%)

县乡运输量比例是指从县级及县级以下地区内的高速公路收费站进入的客运量和货运量与总客运量和总货运量之比。

所列指标根据河北、山西、辽宁、江苏、浙江、安徽、江西、福建、山东、河南、湖北、湖南、广西、陕西、甘肃等15个省区(里程占全国高速公路通车里程的62.75%)统计得到。其中江苏省长江以南地区、浙江省杭州、嘉兴、湖州、绍兴、宁波五市全部辖区都列入城市区域。

7. 省(区、市)的穿越车流状况

省(区、市)的穿越车流是指起止点都不在省(区、市)域高速公路网内的车流。穿越车流与被穿越的省份社会经济发展并无直接关系,但这部分车流的畅通影响全国高速公路网整体平稳有序的运营。

8. 道路负荷分布

按照JTG D50—2006《公路沥青路面设计规范》的规定,标准轴载为单轴双胎轴载10吨。

各型车轴标准轴载当量轴次 m 为:

(1)单轴单胎:$m = 6.4 \times \left(\frac{P}{10}\right)^{4.35}$;

(2)单轴双胎:$m = 1.0 \times \left(\frac{P}{10}\right)^{4.35}$;

(3)双联轴单胎:$m = 2.2 \times 6.4 \times \left(\frac{P}{20}\right)^{4.35}$;

(4)双联轴双胎:$m = 2.2 \times \left(\frac{P}{20}\right)^{4.35}$;

(5)三联轴单胎:$m = 3.4 \times 6.4 \times \left(\frac{P}{30}\right)^{4.35}$;

(6)三联轴双胎:$m = 3.4 \times \left(\frac{P}{30}\right)^{4.35}$。

式中:P 为该型车轴的总轴重(吨)。

高速公路多为沥青路面,上述当量轴次算式用在以设计弯沉值为指标及沥青层层底拉应力验算时。

省(市)的道路负荷分布是把各个路段的标准轴载当量轴次汇总在省(市)高速公路路网上。

9. 交通量分布

按交通运输部办公厅文件《关于调整公路交通情况调查车型分类及折算系数的通知》(厅规划字〔2010〕205号),对公路交通情况调查机动车车型分类和公路交通情况调查机动车型折算系数参考值进行了修订,其中与高速公路有关的车型划分见附表10。

公路交通情况调查机动车型折算系数参考值 附表10

序 号	车 型	特 征 值	当量标准小客车换算系数
1	小型客车	≤19座	1.0
2	大型客车	≥20座	1.5
3	小型货车	载货量≤2吨	1.0
4	中型货车	>2吨,≤7吨	1.5
5	大型货车	>7吨,≤14吨	3.0
6	特大型货车	>14吨	4.0
7	拖挂车		4.0
8	集装箱车		4.0

把公路交通情况调查机动车型折算系数参考值与部颁标准JT/T 489—2003《收费公路车辆通行费车型分类》(见附表2)对照后,高速公路客车交通量的当量标准小客车换算系数可按附表11计算。

高速公路客车的当量标准小客车换算系数 附表 11

收费车型	座位数	交通车型	当量标准小客车换算系数
Ⅰ型	≤7	小型客车	1.0
Ⅱ型	8～19	小型客车	1.0
Ⅲ型	20～39	大型客车	1.5
Ⅳ型	≥40	大型客车	1.5

在附表 2 中一些省(市)收费客车车型划分与部颁标准 JT/T 489—2003《收费公路车辆通行费车型分类》有出入,但是也可以参照部颁标准进行划分。

将高速公路货车按轴型分类后,与公路交通情况调查机动车型折算系数参考值对比后,高速公路货车交通量的当量标准小客车换算系数可按附表 12 计算。

2013 高速公路货车的当量标准小客车换算系数 附表 12

轴型	轴数	交调车型	当量标准小客车换算系数
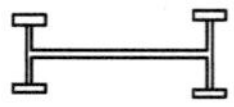	2 轴 4 胎	小型货车	1.0
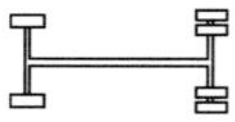	2 轴 6 胎	中型货车	1.23
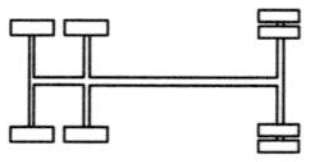	3 轴单车	大型货车	3.0
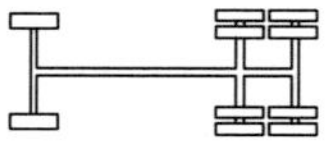			
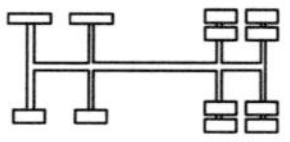	4 轴单车	大型货车	3.0
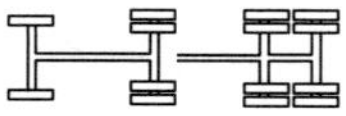	4 轴半挂列车	拖挂车、集装箱车	4.0
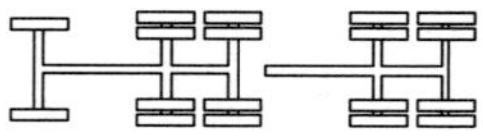	5 轴半挂列车		
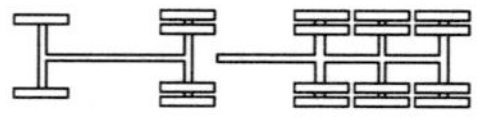			
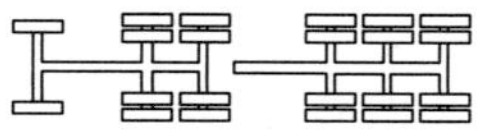	6 轴半挂列车		
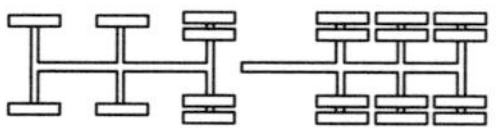			

省(市)的交通量分布是把各个路段(含重车和空车)的标准小客车当量车次汇总在省(市)高速公路路网上。